中山供电局企业文化丛书

百年梦想
电亮中山

中山供电局　编著

企业管理出版社
ENTERPRISE MANAGEMENT PUBLISHING HOUSE

图书在版编目（CIP）数据

百年梦想　电亮中山 / 中山供电局编著 . — 北京：企业管理出版社，2021.11
ISBN 978-7-5164-2506-0

Ⅰ.①百… Ⅱ.①中… Ⅲ.①电力工业—工业史—中山 Ⅳ.① F426.61

中国版本图书馆 CIP 数据核字（2021）第 211973 号

书　　名：	百年梦想　电亮中山
书　　号：	ISBN 978-7-5164-2506-0
作　　者：	中山供电局
策划编辑：	赵喜勤
责任编辑：	侯春霞
出版发行：	企业管理出版社
经　　销：	新华书店
地　　址：	北京市海淀区紫竹院南路 17 号　　邮编：100048
网　　址：	www.emph.cn　　电子信箱：zhaoxq13@163.com
电　　话：	编辑部（010）68420309　　发行部（010）68701816
印　　刷：	北京博海升彩色印刷有限公司
版　　次：	2022 年 9 月第 1 版
印　　次：	2022 年 9 月第 1 次印刷
开　　本：	185mm×260mm　　1/16
印　　张：	19.75 印张
字　　数：	330 千字
定　　价：	98.00 元

版权所有　翻印必究·印装有误　负责调换

《百年梦想 电亮中山》编辑委员会

主　任： 谭跃凯

副主任： 潘　斌　陈琼娜　邓智明　陈旗展　李　黔　宫　旭

主　编： 欧　炜

副主编： 简笔锋　方颖之　高　锋

编　委： 郑广权　崔益国　林韶文　叶华艺　徐宝军　陆　明　李加伟
　　　　　黄文生　杨　蓉　郭　畅　陈宇恒　冷　松　蔡春元　刘文韬
　　　　　胡民结　方永松　范新洪　李京平　刘晓燕

编　校： 党燕萍　麦　涵　谭茂茜　傅　利　孙嘉彪　黄　瑶　谢鎏阳
　　　　　沈豪华　马　婷　胡家玥　伍展文　范德和　刘美凤　李仃仃
　　　　　刘晔琳　李成隆　黄弟生　陈佳健　王丹莹　孙　蓉　黄语嫣
　　　　　于　乔　冉千慧　何晓丹　何绮宁　梁莹莹　于昌剑　张　雷
　　　　　白文元　毕　竟　李红梅　成龙杰　张春梅　林洪栋　吴金珠
　　　　　尹雁和　陈嘉俊　冯灿成　马斯明　柯　森　董思辰

序言

一世纪风雨兼程，九万里风鹏正举。1921—2021年，中国共产党百年岁月峥嵘，带领中华民族书写了一段波澜壮阔的百年发展史，成就百年辉煌。从建党的开天辟地，到中华人民共和国成立的改天换地，到改革开放的翻天覆地，再到党的十八大以来党和国家事业取得历史性成就、发生历史性变革，中国共产党坚守初心使命，团结带领人民创造了"当惊世界殊"的发展成就，书写了人类发展史上的伟大传奇，社会主义中国以更加雄伟的身姿屹立于世界东方，中华民族实现了从站起来、富起来到强起来的伟大飞跃。

习近平总书记在庆祝中国共产党成立100周年大会上深刻指出："初心易得，始终难守。以史为鉴，可以知兴替。我们要用历史映照现实、远观未来，从中国共产党的百年奋斗中看清楚过去我们为什么能够成功、弄明白未来我们怎样才能继续成功，从而在新的征程上更加坚定、更加自觉地守牢初心使命，开创美好未来。"在百年接续奋斗中，中国共产党团结带领人民开辟了伟大道路，建立了伟大功业，铸就了伟大精神，积累了宝贵经验，创造了中华民族发展史、人类社会进步史上令人刮目相看的奇迹。

中华人民共和国成立以来，广东省实现社会发展和经济腾飞。特别是党的十一届三中全会以来的四十多年，在中共中央的正确领导下，在毛泽东思想、邓小平理论、"三个代表"重要思想、科学发展观、习近平新时代中国特色社会主义思想的指引下，广东各级党组织团结和带领南粤人民，在前无古人的改革开放伟大实践中"先行一步"，创造出举世瞩目的奇迹，为中国的社会主义现代化建设做出了重大的贡献，并向全国人民诠释了什么是改革开放、怎样搞改革开放，什么是社会主义市场经济、怎样发展社会主义市场经济，什么是中国特色社会主义、怎样建设中国特色社会主义。这段开拓创新、勇敢探索、拼搏奋斗的历史，非常值得我们回顾和总结。

中华人民共和国成立以来，广东省中山市电力事业蓬勃发展。可靠的电力供应在保障社会生产和人民生活中起着至关重要的作用，中山供电局始终跟随中国共产党的步伐，为中山市的社会生活生产提供持续可靠的电力保障，助推当地经济蓬勃发展。

1888年，大清两广总督张之洞在广州总督府安装了一台从国外购进的柴油发电

机，从此拉开了南方用电的序幕。1894年，孙中山先生上书清政府北洋大臣李鸿章，洋洋八千言谈富强之大经、治国之大本，并陈述对电能的认识。从那时起，孙中山先生就萌发了实业救国的政治思想。在孙中山先生"实业救国"思想的影响下，1912年，中山南朗籍华侨严迪光先生从美国返回中山，创办了香山第一家火力发电厂——迪光电厂。电力文明的星星之火，在孙中山先生的影响下，在他的家乡——广东中山这块人杰地灵的土地上开始燃烧。

中山从开始有电到中华人民共和国成立前的30余年间，电力事业发展缓慢，广大乡村多数是用油灯照明。1949年，中国历史掀开新的一页，中山电力也迎来了崭新时代。1951年，经营30多年的迪光电厂正式更名为国营石岐发电厂，真正成为人民的电厂，由此开启了人民的电力时代。

通电后，党的政策传遍了中山，中山电力在党的领导下大步前行。1960年，全国吹响"四化"号角，中山县响应号召成立"四化"办公室，积极开展中山电网建设。1961年，中山建成第一座变电站，中山县城开始转为由大电网供电。1962年，中山县政府组建了"中山县电业公司"，统一规划电网建设工作，从此开始了由国家投资的大规模的电网建设。1970年，中山地区出现第一座110千伏变电站——石岐变电站，中山首次实现了真正意义上的全系统电网供电。

1978年，党的十一届三中全会做出改革开放的重大决策。中山供电公司乘着改革开放的浪潮，鼓足干劲，加快电力建设。1987年，中山地区第一座220千伏变电站——中山变电站顺利投产运行，标志着中山电力事业进入新纪元。2002年，中国南方电网有限责任公司成立，中山电力也进入了全面快速发展阶段，先后建成三座500千伏变电站，电网规模实现几何式增长，形成配电自动化"中山模式"，并全面推进配网自动化实用化，全力打造安全、可靠、绿色、高效的智能电网。如今，中山的电力事业与当年相比已产生翻天覆地的变化。

赓续百年初心，在中国共产党的坚强领导下，中山供电局始终脚踏实地、全力以赴，推动中山电网稳步发展，确保中山电网安全稳定运行，打造适合中山市发展的现代坚强智慧电网，为全市人民提供"安全可靠、便捷高效、绿色智能"的供电服务，推动中山新发展。至2021年,中山供电局供电可靠性连续十一年排名全国前十,第三方客户满意度连续八年居南网首位,广东政府公共服务满意度评价连续五年位列全省第一。

传承人文底蕴,在无数革命先烈的精神感召下,中山供电局攻坚克难、砥砺前行,不断成长、发展、壮大,形成了具有电力特色的中山供电文化。中山供电局成为南方电网唯一一个获得国资委授予的"中央企业企业文化建设示范单位"荣誉称号的供电局。挺立新时代,中山供电局秉持"人民电业为人民"的服务宗旨,在抗灾抢修、脱贫攻坚和新冠肺炎疫情防控工作中充分彰显责任与担当,并打造了"六张名片""书记有约·知行有为""三'性'三'精'"特色品牌,展现了中山电力开拓创新的精神面貌。进入"十四五",中山供电局将不忘初心,围绕中山市城市发展规划,全力建设与"湾区枢纽、精品中山"相匹配的坚强电网。

《百年梦想 电亮中山》的编写,是中山供电局落实党史学习教育、服务党和国家大局的重要体现。本书为中山供电局党员干部党史知识普及教育提供了一本简明、生动、系统的教材,值得广大党员干部认真阅读和学习。由于这段历史时间跨度长,涉及的人和事很多,内容丰富,而我们的能力和水平以及资料有限,错漏之处在所难免,敬请各位领导同志、老同志和其他知情者批评指正,以便再版时修正。

百年梦想,百年创业,百年奋斗!长征永远在路上!我们和光明一路同行!中山电力人将深入学习贯彻习近平新时代中国特色社会主义思想,不忘初心、牢记使命,弘扬伟大的建党精神,继承光荣传统,努力拼搏奋斗,为全面建成富强民主文明和谐美丽的社会主义现代化强国做出新的更大的贡献。

中山供电局党委书记:谭跃凯
2021年6月

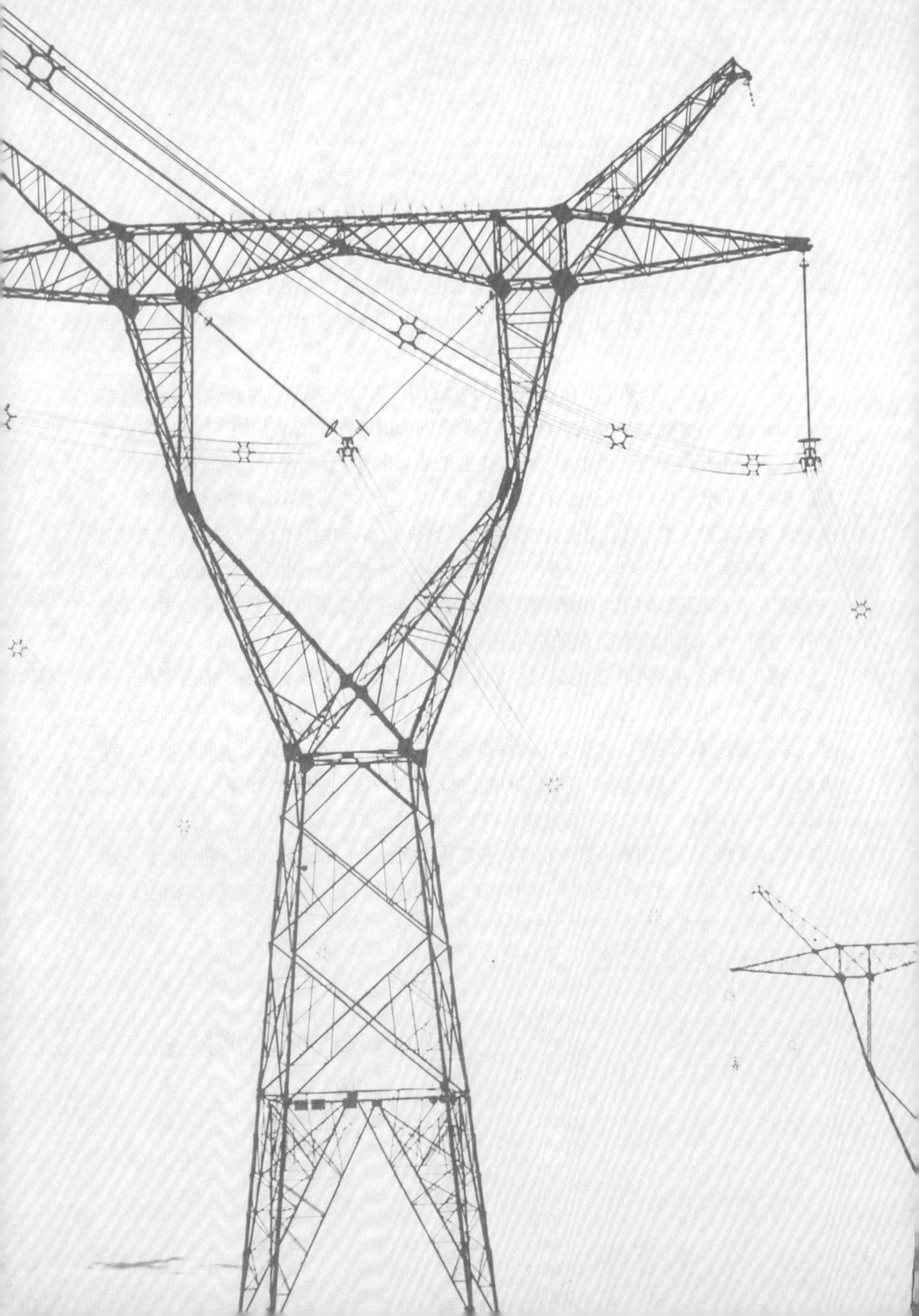

目 录

第一部分 百年征程 灯火辉煌

第一章 党建领航 / 3
第一节 星星之火，逐步燎原（1921—1949年）/ 4
第二节 自力更生，艰苦创业（1949—1977年）/ 6
第三节 乘潮就势，改革奋进（1978—2012年）/ 9
第四节 开创新局，跨越发展（2012年以来）/ 13

第二章 廉洁正道 / 25
第一节 初成·探索廉洁新道路（1949—1978年）/ 26
第二节 提升·制定廉洁新规章（1978—2012年）/ 27
第三节 夯实·深化廉洁新建设（2012年以来）/ 36

第三章 队伍建设 / 52
第一节 组织机构 / 53
第二节 职工队伍 / 60
第三节 干部管理 / 63
第四节 薪酬福利制度 / 67

第二部分　党建引领　兴企有为

第四章　电网建设 / 73
第一节　初建电厂，点亮暗夜（1921—1949 年）/ 74
第二节　构建电网，全面覆盖（1949—1978 年）/ 75
第三节　乘势而上，升级改造（1978—2002 年）/ 77
第四节　持续升级，走向智能（2002—2012 年）/ 79
第五节　规划融合，智能提升（2012 年以来）/ 84

第五章　生产运营 / 97
第一节　资产管理工作变迁 / 98
第二节　供电可靠性管理沿革 / 102
第三节　设备检修试验工作发展历程 / 105
第四节　生产项目管理模式变迁 / 107
第五节　智能技术应用及实用化 / 109

第六章　安全生产 / 116
第一节　建章立制，持续规范安全管理模式 / 117
第二节　基于风险，深入应用安全生产风险管理体系 / 121
第三节　根植理念，构筑本质安全文化 / 125
第四节　全面升级，优化应急管理体系 / 131
第五节　以人为本，员工健康促企业发展 / 133

第七章　科技创新 / 136
第一节　配网自动化变迁 / 137
第二节　信息化建设和数字化转型 / 140
第三节　智能化发展 / 154

第八章　客户服务 / 166
第一节　客户服务品牌体系建设 / 167
第二节　客户用电报装业务发展 / 175
第三节　计量装置及抄表变迁 / 178

　　　　第四节　节电及需求侧管理 / 184

　　第九章　企业经营 / 190
　　　　第一节　经营有方，转型有道 / 191
　　　　第二节　审计管理，保驾护航 / 204
　　　　第三节　依法治企，稳步推进 / 213

第三部分　砥砺初心　奉献光热

　　第十章　文化铸魂 / 223
　　　　第一节　文化建设 / 224
　　　　第二节　教育培训 / 242
　　　　第三节　工会组织建设 / 255

　　第十一章　社会责任 / 265
　　　　第一节　抗灾抢修 / 266
　　　　第二节　脱贫攻坚 / 271
　　　　第三节　疫情防控 / 277

　　第十二章　特色品牌 / 285
　　　　第一节　特色品牌一："三张名片"和新"三张名片" / 286
　　　　第二节　特色品牌二："书记有约·知行有为" / 290
　　　　第三节　特色品牌三：三"性"三"精" / 293

　　第十三章　未来展望 / 296

　　后记 / 301

第一部分

百年征程 灯火辉煌

第一章 党建领航

1912年，中山南朗籍旅美华侨严迪光响应孙中山"实业救国"的号召，从美国引进两台威士丁透平汽轮发电机组，创办了香山第一家火力发电厂——迪光电厂，拉开了中山电力的序幕。

1949年中华人民共和国成立，时为中山电力工人的中共地下党员冯一初等遵照党组织指示，舍命保护中山迪光安记电灯所（迪光电厂），为企业打上了"红色烙印"。百年征程波澜壮阔，在中国共产党的领导下，中山电力党组织不断发展壮大，一代又一代的中山电力人前赴后继，积极投身电力事业建设，逐步点燃中山的"星星之火"。

随着电灯的发明，新兴的电能开始作为一种主要的能量形式支配着社会经济生活。中国人对电力的认识和运用，推动了中国电力的发展，也拉开了电力事业在中山的序幕。

第一节　星星之火，逐步燎原（1921—1949年）

1894年6月，孙中山上书直隶总督、北洋大臣李鸿章，第一次表达了他的电力强国梦。自此，一大批从香山①走出来的风云人物，包括唐廷枢、郑观应、严迪光等，通过对电力的认识和运用，创办电厂等，开启了中山电力发展史。

一、孙中山与电力事业

甲午战争前夕，海外游学归来的孙中山上书清政府北洋大臣李鸿章，希望实施改革达到富国强兵的目的。孙中山上书谈到电力的好处与开发："如电，无形无质，似物非物，其气付于万物之中，运乎六合之内；其为用较万物最为广而又最灵，可以作烛，可以传邮，可以运机，可以毓物，可以开矿。顾作烛、传邮已大行于宇内，而运机之

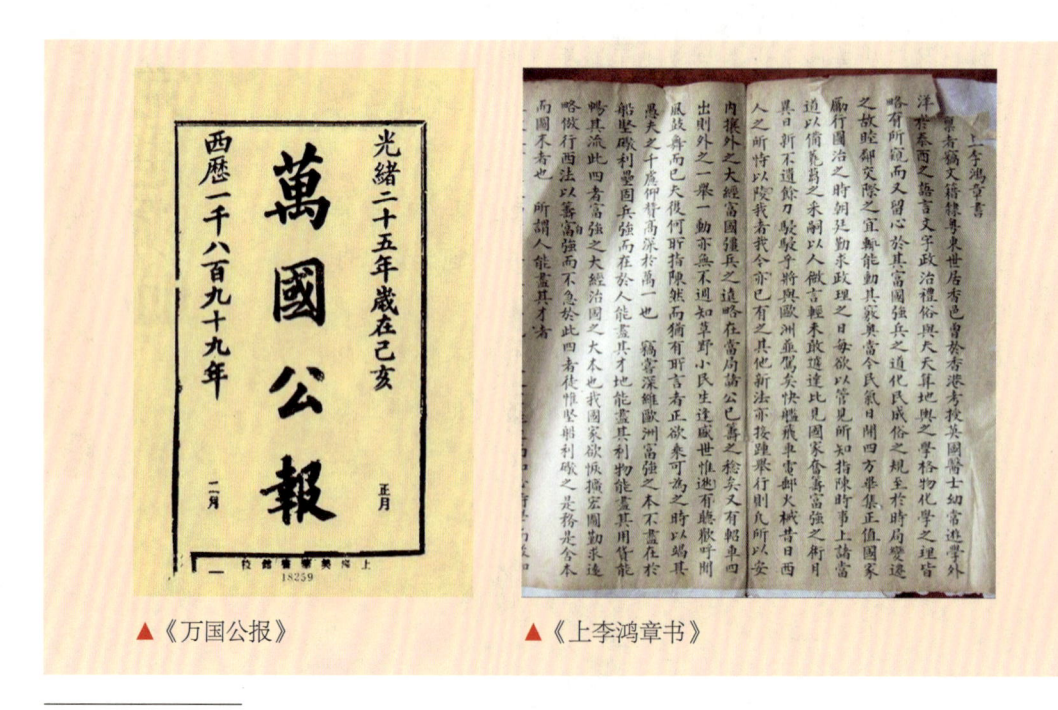

▲《万国公报》　　　　　　　▲《上李鸿章书》

---

① 人杰地灵的中山，古称香山，是孙中山先生的故乡。1152年设立香山县，1925年为纪念孙中山先生改名为中山县。

用近始知之,将来必尽弃其煤机而用电力也。"之后,孙中山在《实业计划》和《建国方略》中也强调了发展电力实业的梦想。

二、电力认知的普及

香山商帮的买办们对电的认识和运用是近代我国电力诞生最重要的原因之一。在中国近代史的舞台上,活跃的香山买办群体以唐廷枢、郑观应等为代表。

1876年3月,唐廷枢受时任船政大臣的丁日昌委派,与丹麦的大北公司签订了《通商局延请丹国电线公司教习学生条款》,设立电报学堂,培养专门的电报人才,这为1880年中国成立第一家电报局——津沪电报总局打下了基础。不仅如此,唐廷枢还主持铺设了中国第一条电报线。

郑观应在《盛世危言》中用专门章节对电报进行论述,他不仅大谈电在工商业领域的好处,还开拓性地对电能运用到农业领域做了大胆的设想。

正是受华侨文化圈和香山商帮这样一个特殊群体的影响,严迪光产生了回中山兴办电力企业的想法,这才有了中山电力事业的雏形,才有了建设现代电力文明的指引。

三、严迪光创办迪光电厂

1912年,严迪光[①]深受辛亥革命的震动,响应孙中山"实业救国"的号召,购置了先进的电流机器设备,在石岐悦来中路的九曲河畔开办了自己的第一间发电厂,取名为"石岐迪光电力灯所",开启了中山的电力元年。

▲ 1912年的迪光电厂

四、迪光电厂变迁

20世纪20年代,中山各区乡也陆续兴办了一些小型电厂。日军侵华期间,迪光电厂被洗劫,日军抢走了汽轮机和锅炉。其他乡村小型发电厂也遭到不同程度的破坏。抗战胜利后,经历了私营、合股经营的迪光电厂由中山县政府接收,县参议会管理,成了官僚资产,更名为迪光安记电力灯所。

---

① 严迪光(1875—1923年),香山(今中山)南朗濠涌村人,创办迪光电力灯所。

五、中国共产党领导下对电的思考

当红色的旗帜即将插遍整个中华大地时，中国共产党人就开始思考如何建设一个新的国家。中华人民共和国成立前夕，毛泽东同志在党的七届二中全会上告诫全党，中国革命的胜利"只是一出长剧的一个短小的序幕"。在解放全中国的战争中，共产党人和人民解放军尽可能地保留工业设备，尤其加强了对电力等基础设施的保护。

第二节　自力更生，艰苦创业（1949—1977 年）

1949 年 10 月 1 日，中国历史掀开新的一页。中国人民推翻了"三座大山"，开启了崭新的时代。电力人迅速投入中华人民共和国的电力建设工作中，开始了艰苦卓绝、轰轰烈烈的社会主义建设运动。

一、地下党员护电厂

1949 年 10 月 25 日，国民党中山县党部书记郑祖德发表《为解散国民党中山县党部告全县人民书》，申明县党部即日起自动宣布解散，停止一切活动。石岐军事管制委员会（以下简称"军管会"）筹备处致函各机关、团体及各界人士，要求合力维持社会治安，保护人民生命财产，保存公物档案。迪光安记电灯所的中共地下党员们遵照党组织指示，积极发动电厂工人，保护工厂免遭破坏。

这一时期，石岐的开明士绅们充分发挥各自的影响力，协力保护当地包括发电设备在内的重要公共设施及工业基础设施，使得石岐尽可能地减少了战争带来的损害。

二、中山解放保电力

1949 年 10 月 30 日，中山解放，中山人民载歌载舞，共同庆祝这一伟大时刻的到来。那时，刚刚被军管会接管的迪光电厂干部职工，为保障供电，放弃了上街游行的机会。他们不仅要坚守岗位，更要设法四处筹措燃料，以确保解放军进城当日中山电力供应正常。

自此，中华人民共和国的第一代电力人，开始积极投身于国家建设，经营 30 多年

▶ 中山解放大巡游

的迪光电厂正式更名为国营石岐发电厂，中山的电力事业发展迎来了新的纪元。

1951年5月，军管会派军事代表肖德伦、厂长谢恒办理接管手续，迪光电厂正式归属中山县人民政府管辖，真正成为人民的电厂。

为了保障经营的连续性，电厂保留了原来的职工。值得注意的是，军管会接管后的电厂不仅加强了党的领导，从职工中发展先进分子入党，而且开始注重人文精神的培育，充分发挥职工的主观能动性和积极性，齐心协力掀起中山电力建设的新高潮。

三、电力发展带来的改变

电力的日渐繁荣，给中山人带来一种崭新的生活方式和娱乐方式。通电后，声音开始转换为电波，党的政策随电波传遍了中山，广播丰富了群众文化生活，广泛地激发了人民群众建设社会主义新家园的热情。

四、响应"四化"方针

1960年，中央提出了"电气化、水利化、机耕化、化学化"的"四化"方针。全国"四化"号角一吹响，中山县就响应号召成立"四化"办公室，并指派在县农委任职的陈棠担任副主任。"四化"成为影响中山农业、供电、工业发展的重要指导方针。老一辈电力人克服了人员不足和交通不便的困难，为中山电网建设奠定了基础。

◀ 35千伏墩陶变电站出线架

五、建成第一座变电站

1960年,在沙溪墩陶建设第一座35千伏变电站,这是系统电网首次送电到中山县的第一个站点。变电站在1961年建成,中山县城开始转为由大电网供电。

在电网建设初期,由于资金紧张和物资短缺,特别是由于导线缺乏,在铺设供电线路时不得不采取"两线一址"的架设模式,以尽可能降低投资,节约成本。

在这样的条件下,电力人发扬艰苦奋斗的精神,克服人员缺少的困难,深入田间地头、深山丛林,架设电杆,铺设电线,硬是凭借人力,按时保质地完成了电网建设任务,展现了中山电力人的精神风貌。

六、广东省珠江电业局中山供电公司成立

1962年,中山县政府组建了"中山县电业公司",统一规划电网建设工作,从此开始了由国家投资的大规模的电网建设,初步构建了中山电网的主要框架。

1963年6月,中山县电业公司和石岐发电厂合并,成立广东省珠江电业局中山供电公司,属省直管企业科级建制,干部属地方调配、委任。两单位合并后,共有党员

55名。10日,中山供电公司党支部召开党员大会,选举产生支委9人,欧林任党支部书记,公司经理陈棠任党支部副书记。

1964年12月9日,中山供电公司党支部召开党员大会,选举产生新的支部委员会,共有委员7人,公司经理陈棠任党支部书记,李光任党支部副书记。

七、党员吃苦在前

中山供电公司的共产党员大多来自工人群众,实干苦干,不怕困难、不怕艰险,哪里有困难就到哪里去。因发展需要,以及为了减少停电次数、提高供电可靠性,公司决定成立带电班。这项工作危险性大,但获得"广东省劳动模范"称号的李福却主动要求到带电班。作为带电班班长,他把最危险的工作留给自己,经常上杆完成检查,执行更换瓷瓶等工作。

八、同心协力,共克时艰

1965年9月18日,中山供电公司和县农排总站合并,随之成立中山县水电党总支部,县农排总站站长梁铭沧被选为党总支部书记,供电公司经理陈棠被选为党总支部副书记兼供电公司党支部书记,李光为供电公司党支部副书记。

身为经理的陈棠同志与员工打成一片,把生产场所、施工现场当成办公地点,把问题解决在现场。工人们佩服不已,都开玩笑称他是"铁脚马眼神仙肚"——因为他不仅能走,每天奔波在各生产场所、施工现场,而且有好的视力,能发现生产运行中存在的问题,还能挨饿,常常为了工作连吃饭都忘了。

第三节 乘潮就势,改革奋进(1978—2012年)

从1978年国家改革开放,到2002年中国南方电网有限责任公司成立,再到2012年迈进新时代,这期间,中山电力党组织从党支部发展成为党总支部、党组、党委,组织队伍不断发展壮大。这时期,乘着改革开放的浪潮,中山电力党组织要求全体党员开阔视野、自强不息、鼓足干劲、奋力拼搏,加快电力建设。

一、宣传贯彻党的十一届三中全会精神

1978年5月,《光明日报》以特约评论员名义发表《实践是检验真理的唯一标准》

一文，在全国引发关于真理标准问题的大讨论。公司党支部组织党员干部和职工开展关于真理标准问题的大讨论，坚持一切从实际出发，分清是非，逐步解放了党员、干部、工人的思想。随后，掀起了学习中国共产党第十一届中央委员会第三次全体会议精神的高潮，学习内容包括"四项基本原则"等。通过学习，全体党员的思想认识迅速统一到党的十一届三中全会精神上来，党员和职工的工作积极性得到充分调动，一心一意投入电力建设之中。

二、成立党总支部、党组

1980年6月7日，支部进行改选，经理陈棠任党支部书记，副经理陈俊苞任党支部副书记。1981年，中山县供电公司更名为中山县供电局，党组织也随之更名为中山县供电局党支部。次年2月，经县委组织部同意，成立中山县供电局党总支部，下设7个基层支部。随后召开党员大会，选出总支委9人，陈棠任党总支部书记，陈俊苞任党总支部副书记。1983年12月，经国务院批准，中山撤县建市（县级市），中山县供电局随之改为中山市供电局。1984年9月，中山市供电局党组成立，下设9个党支部。1985年，召开党员大会，选举陈棠为党组书记，陈俊苞、黎森为党组成员。

这一时期，党支部将青年工人和知识分子作为党员发展的重点对象。至1986年，党支部共有党员78名，党员队伍的文化素质有所提高。

三、提高队伍素质

20世纪80年代初，公司党支部认真贯彻落实党的知识分子政策，按照"革命化、年轻化、知识化、专业化"的要求，把能贯彻执行党的基本路线、坚持走社会主义道路、具有专业知识和组织领导能力的优秀中青年干部提拔到领导岗位，并让离开专业技术岗位的技术人员重新回到工作岗位。1980年7月，广东珠江电业局党组根据国家科委、国家经委、国家科技干部局《工程技术干部技术职称规定》，开展了全省电力系统工程技术干部职称评定工作，中山首次有6人套改职称为助理工程师，其中1人于次年晋升为工程师。与此同时，有组织、有计划地开展专业技术人才的培训和继续教育，使队伍素质不断提高。1983年，吸收了大学毕业的工程师和中专毕业的技术员入党，改变了以往知识分子入党难的局面。

四、成立党委

1987年5月6日，中山电力召开全体党员大会，选举产生了中共中山供电局第一届委员会，郭如觉、陈俊苞、高杏葵、余兆满、黄槐耀当选为委员，郭如觉任党委书记，陈俊苞任党委副书记。党委成立后，根据企业机构改革，基层支部的设置也做了相应调整，下辖7个党支部。

1988年，经国务院批准，中山市升格为地级市，中山市供电局随之升格为处级建制单位，更名为中山供电局，隶属于广东省电力工业局。1994年，经广东省电力工业局批准，中山供电局更名为中山电力工业局，同时组建了中山电力工业总公司。

五、加强组织建设

自20世纪末开始，中山供电局党委按照广东省电力系统的统一部署，加强自身建设，开展民主评议活动，制定了一系列党建工作制度，进一步纯洁了党员队伍，增强了党组织凝聚力，为中山电力实现两个根本性转变打下坚实基础。

2002年，中国南方电网有限责任公司成立，中山供电分公司为南方电网公司的子公司。此后，中山供电党组织在党的十七大、十八大、十九大精神的指引下，在网省公司党组织的领导下，继往开来，开拓创新，为21世纪中山经济社会发展保驾护航。

六、中共广电集团中山供电分公司第一届委员会成立

2002年3月8日，中山电力工业局更名为中山供电分公司，党组织更名为中共广东省广电集团有限公司中山供电分公司委员会。同年12月29日，中国南方电网公司成立。

2004年7月19日，中共广电集团中山供电分公司第一次代表大会召开，选举产生中共中山供电分公司第一届委员会，黄汉棠、林祖跃、陈振华、郑建平、杨亮明、胡民结、黄江当选为党委委员，黄汉棠任党委书记，林祖跃任党委副书记。

2005年5月，广东省广电集团有限公司中山供电分公司更名为广东电网公司中山供电局，党组织也相应更名为中共广东电网公司中山供电局委员会。

七、建设学习型党组织

中山供电局党委始终把提高思想政治素质摆在首位，把党的一系列理论作为转变思想观念的源泉，带头学习与实践。先后学习贯彻"三个代表"重要思想，开展保持

| 百年梦想　电亮中山

▲ 1994年召开的党委工作总结暨表彰大会

▲ 党委中心组学习"三个代表"重要思想

共产党员先进性教育活动、排头兵实践活动、解放思想学习讨论活动，引导党员和员工树立社会主义荣辱观。

在形式多样的主题实践活动中，各级党组织和广大党员始终紧跟时代的步伐，接受最新社会主义理论体系的教育，加强党性锤炼，保持共产党员思想上的先进性和纯洁性，有力推动了中山供电新一轮发展。

▲ 2005年，举办了保持共产党员先进性"供电党员风采"系列活动

第四节　开创新局，跨越发展（2012年以来）

一、选举中共广东电网公司中山供电局第一届委员会

2012年12月27日，中共广东电网公司中山供电局第一次代表大会召开，选举产生中共广东电网公司中山供电局第一届委员会和纪律检查委员会。邝锋、李鸣洋、林祖跃、陈振华、杨亮明、黄华茂为党委委员，邝锋任党委书记，李鸣洋任党委副书记。

2014年3月20日，中共广东电网公司委员会任命欧安杰同志为党委书记。同年11月12日，任命邹贵林同志为党委书记。2018年5月，任命欧安杰同志为党委书记。这一阶段，中山供电局党委要求全体党员进一步纯洁党性、严于律己、开拓创新，在中山供电局深化创先工作中发挥先锋模范作用。

二、从严治党

党的十八大以来，以习近平同志为核心的党中央坚持党要管党、从严治党，对党的建设从战略高度进行新谋划、新布局，形成了"四个全面"的战略总布局，呈现出全面从严治党的新常态。中山供电局党委通过中心组（扩大）学习会、专题讲座、知

| 百年梦想　电亮中山

▲ 从 2014 年 6 月 17 日开始，中山供电局党委分批组织党委成员、中层干部、支部书记及党总支委员到焦裕禄干部学院进行党性锤炼

识竞赛、视频、墙报等，掀起了学习党的十八大和十八届历次全会精神以及习近平总书记重要讲话精神的高潮，开展了党的群众路线教育实践活动，以及"三严三实"和"两学一做"专题学习教育，抓好党建精益管理，贯彻落实全面从严治党，使"严"的要求常态化。

党的十八大后，中山供电局党委继续坚持"一模式、两工程"（过程管理模式、党建特色工程、党员创先工程），打造党建工作责任链，从严推进基层党组织的建设，发挥党支部战斗堡垒作用，发挥党员先锋模范作用，推动企业发展。

2015 年起，中山供电局党委在通过党建季度考评和工作例会的方式加强党建过程管理的基础上，全面推行年初党委书记约谈支部书记，年末党委书记、总支书记、支部书记分层级进行述职的制度，确保层层担负起从严治党的责任。

各党（总）支部按照"总支一年一个特色，支部一年一个亮点"的工作方式，结合主题活动和单位实际，创出党建特色和亮点，并在每年一次的党建及企业文化特色、亮点评选会上进行工作经验的学习交流。

在抓好党员管理的同时，继续推进党员创先工程，在优秀党员集体和个人中选树"党员示范岗"，激励党员创先争优。

百年征程　灯火辉煌　**第一部分**

　　2013年7月起，在中央和南方电网公司、广东电网公司统一部署下，中山供电局以"为民、务实、清廉"为主题，按照"照镜子、正衣冠、洗洗澡、治治病"的总要求，在全局范围内开展了党的群众路线教育实践活动。活动分三个环节进行，在"学习教育、听取意见"环节，中山供电局领导班子成员结合实际抓学习教育，通过"三同四参与"（同吃、同住、同劳动，参与直接服务客户、参与班组生活体验、参与党性锤炼、参与党员志愿服务）直接听取群众意见。在"查摆问题、开展批评"环节，中山供电局领导班子成员围绕"为民、务实、清廉"的要求，突出"正衣冠"和"洗洗澡"，认真查摆"四风"问题，召开民主生活会，开展批评和自我批评，达到了"红红脸，出出汗，洗洗澡，治治病"的效果。在"整改落实、建章立制"环节，中山供电局党委将领导班子查摆出的各项问题制作成整改台账，实行销号式管理，确保整改落到实处。2014年5月19日，中山供电局召开了教育实践活动总结大会。

　　这一时期，中山供电局党委在从严治党方面采取了系列新举措，从2015年2月起至2017年5月，每周五下午4时至6时坚持开展党支部（党小组）政治学习。中山供电局党委还根据全面从严治党新形势下的新要求，在全局推行了二级党组织机构改革、竞争选拔拟发展对象等新举措。

▲ 2013年5月15日，中山供电局"党的十八大"知识竞赛在变电管理一所六楼会议室举行，机关、生产、火炬、小榄、三乡、凯能6个党总支组成的代表队参与了竞赛

15

▲ 2015年8月4日，局属党组织书记在党建例会上向党委书记汇报第二季度党建工作

  2015年6月起，中山供电局在安全监管部、人力资源部、党建工作部、变电管理一所、客户服务中心、物流服务中心、火炬供电分局、三乡供电分局、古镇供电分局共9个党支部开展了党员先进性纳入绩效管理试点工作，应用从严管理党员"四种形态"理论，抓早抓小，通过"四有"（心中有党、心中有民、心中有责、心中有戒）考核守住底线，通过先进性积分激励党员达到道德高线，加强对党员的日常管理。同时细化了党建责任制考核方案，将党员绩效与党支部考核结果联动，党支部与党总支部（直属党委）联动，党建考核与组织绩效联动。通过多重联动，促进党建责任制落实到位。2016年3月25日，党员先进性纳入绩效管理工作在全局推广。

  2015年5月，在南方电网公司、广东电网公司的统一部署下，中山供电局启动了"三严三实"专题教育工作，全局党员领导干部及其他党员参与教育学习。局领导、24个供电分局领导班子成员对照"严以修身、严以用权、严以律己，谋事要实、创业要实、做人要实"的要求，进行三次专题研讨，班子成员通过调研，查找"不严不实"问题，讲授"三严三实"专题党课。在2016年年初，召开了"三严三实"专题民主生活会，各党支部召开专题组织生活会，查找思想根源，进行党性分析，严肃开展批评与自我批评。

百年征程　灯火辉煌　**第一部分**

▲ 2013年12月16日，广东电网公司教育实践活动第五督导组、中山市委实践办等有关人员参加中山供电局党委民主生活会

▲ 2015年，中山供电局党委对二级党组织机构进行了改革，机关党总支升格成立直属机关党委、纪委，并在各供电分局党总支派驻专职纪检委员。图为2015年6月11日直属机关党员投票选举直属机关党委委员、纪委委员

"三严三实"专题教育把学习贯彻习近平总书记系列重要讲话精神贯穿始终，同时局领导班子成员在调研的基础上，结合分管业务领域，在其分管部门或基层联系点讲授专题党课。

▲ 2015年6月26日，中山供电局党委书记邹贵林在庆祝"七一"大会上带头为全局党员讲授"三严三实"专题党课

第一次专题研讨以"严以修身，加强党性修养，坚定理想信念，把牢思想和行动的'总开关'"为主题，在政治学习中开展"四重温、四增强"（重温入党申请，增强爱党意识；重温入党志愿，增强忧党意识；重温入党誓词，增强护党意识；重温党章规定，增强兴党意识）活动。

第二次专题研讨以"严以律己，严守党的政治纪律和政治规矩，自觉做政治上的'明白人'"为主题，结合纪律教育学习月活动组织开展。

第三次专题研讨以"严以用权，真抓实干，实实在在谋事创业做人，树立忠诚、干净、担当的新形象"为主题。自第二次专题研讨开始，广东电网公司均派员现场指导。

"三严三实"专题教育把突出问题导向贯穿始终。在这期间，党委成员分专业线条讲党课，调研查找"不严不实"问题，参加基层党组织政治学习。

中山供电局党委还注重导入精益管理，推进全面从严治党向基层延伸。2016年，坚持问题导向，细致做好党员组织关系集中排查，稳妥推进党费收缴工作专项检查。严把标准，抓好党员队伍的精益化管理，建立素质模型，打造精业的党务干部队伍。2017年，承接广东电网公司构建支部书记胜任力模型的研究课题，搭建了"4+6+2"支部书记胜任力模型。优化调整了中山供电局二级党组织架构，形成了"4+4"二级党组织管理模式。针对机关部门存在的作风和工作效率问题，制定了《中山供电局本部

▲ 召开"三严三实"工作座谈会

机关抓执行促落实、提高工作效率实施方案》，提出了11项具体措施，明确责任，限时办结。开展直属机关"牵手行动"，加强对基层的关怀和指导。

2016年2月，按照中央及南方电网公司党组、广东电网公司党委的要求，在全体党员中开展"学党章党规、学系列讲话，做合格党员"的"两学一做"专题学习教育，打造讲政治、守纪律、懂规矩的党员队伍。中山供电局党委成立"两学一做"学习教育协调小组以及综合组、宣传组和督导组，建立"四个一"机制，开展"四讲四有四争先"主题活动，组织专题研讨，定期报送"两学一做"学习教育情况专报。并通过"两模"强"两学"、"两融"促"一做"，做到知行合一。"两模"即通过"模式化、模块化"管理，把党章党规、系列讲话学深学透，使政治学习变得更有成效。"两融"即一方面将做合格党员与履行岗位职责融合，对不同工作岗位人员做合格党员提出个性化要求；另一方面将做合格党员与日常行为规范融合，从而取得了较好的学习成效。

2016年3月25日，中山供电局印发了《全面开展将党员先进性测评纳入员工绩效管理工作的通知》，落实党要管党、从严治党的要求，将"四有"（心中有党、心中有民、心中有责、心中有戒）纳入党员月度绩效考核，将群众评价、政治素质、工作业绩、岗位技能纳入年度绩效管理，进一步增强党员身份意识，发挥党员先锋模范作用。

百年梦想 电亮中山

◀ 2016年11月28日，中山供电局派出扶贫干部高锋担任扶贫驻村工作队队长，协助肇庆第一书记冯星开展"两学一做"学习教育

三、新时代党建新作为

2017年10月18日，中国共产党第十九次全国代表大会胜利召开。大会通过了《中国共产党章程（修正案）》决议，将习近平新时代中国特色社会主义思想写入党章。党的十九大召开后，中山供电局深入学习宣传贯彻习近平新时代中国特色社会主义思想和党的十九大精神，紧紧围绕中山供电局党委各项工作部署，开展"不忘初心、牢记使命"主题教育，认真落实南网党组一号文、改革一号文及南方电网公司、广东电

◀ 2017年12月，党的十八大、十九大代表，中山市公共交通运输集团有限公司时任党委副书记、纪委书记闫文静来中山供电局进行十九大精神宣讲

网公司的工作要求,加强新时代党的建设,确保广东电网公司"1236"党建模式在中山供电局有效落地,推进党建与业务深度融合,打造国有企业党的建设标杆。

四、选举中山供电局第一届委员会

2018年12月26日,召开了中国共产党广东电网有限责任公司中山供电局第一次代表大会,选举产生中国共产党广东电网有限责任公司中山供电局第一届委员会和纪律检查委员会。欧安杰、潘斌、陈琼娜、邓智明、陈旗展、李黔、彭云为党委委员,欧安杰任党委书记,潘斌、陈琼娜任党委副书记。

▲ 2018年12月26日,中国共产党广东电网有限责任公司中山供电局第一次代表大会召开

五、"不忘初心、牢记使命"主题教育

2019年2月21日,中山供电局举办2018年度支部"书记项目"成果发布暨优秀组织生活案例评审活动。创新党建载体,激发支部活力,促进深度融合。

2019年6月24日,中山供电局党委中心组围绕"不忘初心、牢记使命"主题教育开展第二季度集体学习研讨。

2019年8月,任命谭跃凯同志为中山供电局党委书记。

2019年8月底,在南方电网公司、广东电网公司的统一部署下,中山供电局召开

▲ 2019年9月5日，中山供电局党委开展第一次"不忘初心、牢记使命"主题教育集中学习研讨，党委书记谭跃凯（右三）主持并做总结发言

了"不忘初心、牢记使命"主题教育工作推进会，正式启动第二批主题教育。9月初，印发了《中山供电局"不忘初心、牢记使命"主题教育工作方案》，明确了主题教育工作机构，制定了党委和支部层面的工作指引，细化了任务和要求。"不忘初心、牢记使命"主题教育主要面向局副处级及以上领导干部以及各部门（单位）领导班子成员，全体党员也参与教育学习。这年9月，重点开展了党委层面为期10个半天的集中学习研讨以及领导班子调研，各支部开展了"大学习"主题党日。

六、党支部建设年

2020年4月，在南方电网公司党组、广东电网公司党委的统一部署下，中山供电局党委召开"党支部建设年"工作推进会，围绕"1333"（1个核心、3条界线、3张名片、3个发力）工作思路及各项部署，认真贯彻落实南方电网公司、广东电网公司工作要求，以"党支部建设年"工作为主线，围绕新冠肺炎疫情防控、全国两会精神、《习近平谈治国理政》第三卷以及党的十九届五中全会精神开展学习，强化思想引领和理论武装。

为贯彻落实广东电网公司党委关于"党支部建设年"的工作部署，中山供电局党委采取了"全面宣贯、压实责任、选树典型、管控机制"四项措施。4月印发了《基层党支部书记落实全面从严治党责任到位标准》，明确了7个方面36项工作职责，并组织支部书记开展网上专题测试，进一步发挥党支部书记的头雁作用。

▲ 组织机构优化调整宣贯暨干部大会

2020年6月10日,中山供电局召开组织机构优化调整宣贯暨干部大会,对《中山供电局组织机构优化调整实施方案》进行了系统性的宣贯,明确了中山供电局要按照"职能管理融合化、生产运营集约化、优质服务属地化"的总体思路,围绕南方电网公司和广东电网公司总体要求、企业未来发展、解决现状问题三方面开展组织机构优化调整,吹响了组织机构优化调整的号角。

七、党史学习教育

2021年2月,按照党中央及南方电网党组、广东电网公司党委的要求,中山供电局党委在全局开展党史学习教育,鼓励员工"学党史、悟思想、办实事、开新局"。2月28日印发了《中山供电局"决战决胜'全国最好2021'致敬建党百年"党建线工作方案》,通过"百年电力展馆升级改造""100个金点子征集""撰写《百年梦想　电亮中山》书籍""100个书记项目""党员谈百年""智慧党建""使命船票""印象100景征集""心中的歌"等系列活动,营造浓厚氛围,进一步推动党史学习教育走深走实。

4月1日,按照党中央关于开展党史学习教育的统一部署和南方电网公司、广东电网公司有关工作安排,中山供电局成立局党史学习教育领导机构及工作机构,形成党史学习教育月度例会机制，推动党史学习教育"实起来""活起来""亮起来"。4月28日，中山供电局召开党史学习教育领导工作推进会首次会议，明确要通过党史学习教育解决群众的"操心事、烦心事、揪心事"，真正做到为民服务办实事。

中山供电局举办了一系列"学党史"活动，庆祝建党百年。编制了工作手册及工作月历，组建了红色宣讲队，提出了一百个"为民服务办实事"书记项目，在局EIP和知行南网"党建园地"栏目增设学党史宣传专栏，及时宣传报道各级党组织开展党史学习教育的好经验、好做法。

在党史学习教育中，中山供电局切实将广东电网公司关于开展"我为群众办实事"专题实践活动的要求融入工作中，把学习党史同推动工作结合起来，以学促干，突出效果，实事实办。

▲ 为更好地推进党史四本"指定教材"学习，中山供电局编制了《学党史·践初心·庆百年》红色教材，梳理了中山红色景点，供各党支部学习参考

党风廉政建设是党的建设的重要组成部分。加强党风廉政建设是保持党同人民群众的血肉联系，巩固党的执政地位的重要举措。党风正则干群和，干群和则社会稳。坚定不移反对腐败，不断提高党的拒腐防变和抵御风险能力，是党加强自身建设的必然要求。

中山电力始终紧跟党和时代的步伐，勇于探索，积极开拓，以创新精神不断夯实廉洁基础，筑牢廉洁防线，形成清廉党风政风，推进党风廉政建设和反腐败斗争工作向纵深发展。

第二章 廉洁正道

第一节 初成·探索廉洁新道路（1949—1978年）

中国共产党在全国执政后，高度重视党风廉政建设，坚决反对腐败，不断在实践中摸索党风廉政建设和反腐败工作的规律和方法。中山电力也紧跟中国共产党的步伐，积极推进党风廉政建设工作，不断学习、摸索、提升。

一、理论形成，开展廉洁思想教育

中华人民共和国成立初期，面对国外敌对势力的封锁打压以及国内百废待兴的复杂局面，加强党的自身建设，提高党员干部的素质和能力，积极防止党内的消极腐化现象和不良倾向，成为党执政后的一项紧迫任务。1951年，党中央发布《关于加强理论教育的决定（草案）》，要求用一年的时间，在全党开展共产主义教育，并对学习的内容、形式、时间等做了详细规定，以便提高党员干部的思想觉悟，形成清正廉明的党风政风，带动社会风气焕然一新。中山电力所在党组织（时为石岐发电厂党支部）积极响应党中央号召，坚持把加强党的纪律建设和防止党员干部腐化变质当作大事要事来抓。在上级党组织的部署下，石岐发电厂党支部组织党员与职工学习《关于党在过渡时期总路线的学习和宣传纲领》，学习毛泽东《关于正确处

▲ 组织党员与职工学习毛泽东《关于正确处理人民内部矛盾的问题》《论十大关系》

理人民内部矛盾的问题》《论十大关系》以及有关国家工业化、农业合作化的论述，通过一系列的理论学习，进一步加强干部员工的廉洁思想教育，激发干事创业热情。

二、思想转变，开展安全保卫教育

为了在中华人民共和国成立后前三年完成"精兵简政、增产节约"的中心任务，中共中央于1951年12月至1952年10月开展"三反"斗争（反贪污、反浪费、反官僚主义）。1952年1月至1952年10月，开展"五反"运动（反行贿、反偷税漏税、反盗骗国家财产、反偷工减料、反盗窃国家经济情报）。这场斗争是党在执政情况下保持共产党人和领导干部清正廉洁、惩治腐败的初战。通过党内监督与党外监督相结合、自上而下的纪律检查和自下而上的群众监督相结合、批评与自我批评相结合的方法，纯洁了党的组织，提高了党员的素质，密切了党和群众的关系。在此期间，石岐发电厂党支部结合"三反""五反"以及社会主义改造等，组织党员和职工开展安全保卫思想教育，引导广大干部自觉抵制旧社会的恶习和资产阶级腐朽思想的侵蚀，弘扬清正廉洁的党风政风和健康的社会风气，激发大家对新社会电力建设工作的热情。

第二节　提升·制定廉洁新规章（1978—2012年）

改革开放在带给人们物质财富的同时，也深刻地影响着人们的思想观念和价值取向。面对改革开放背景下反腐败斗争表现出的新特点，我们党一方面带领全国人民锐意改革，全面开放，努力进行中国特色社会主义现代化建设，另一方面不断加大党风廉政建设和反腐败斗争的力度，形成了一整套适应社会主义市场经济发展要求的反腐败指导思想、基本原则、工作格局、领导体制和工作机制，初步探索出一条适合我国基本国情，有效开展反腐倡廉的路子，经受住了执政和改革开放的考验。在这一历史时期，中山电力大力提升反腐败工作力度，不断健全规章制度，党风廉政建设工作稳步提升，反腐倡廉基底基本形成。

一、重整旗鼓，提升廉政法纪思维

"文化大革命"时期，党的优良传统和作风受到严重破坏，党的廉政建设出现了曲折和倒退。粉碎"四人帮"后，全党开展拨乱反正，重新确立了坚持群众路线的方针，整顿党的组织和作风，加强和改善党的领导，扭转党纪党风混乱的局面。1978年党的十一届三中全会后，中国共产党针对改革开放尤其是经济体制转换的历史条件下腐败易发多发的形势，提出了"执政党的党风问题是有关党的生死存亡的问题"的重要论断，果断采取了一系列符合党心民意的重大举措。例如，恢复了中央纪律检查委员会和地方各级纪律检查委员会，制定了《关于党内政治生活的若干准则》，使纪检监察工作恢复发展。

从党的十一届三中全会到党的十二大期间，中山电力所在党组织（时为中山县供电公司党支部）在上级党委统一部署下，针对改革开放初期党员干部队伍中存在的各种不正之风，进一步加强党风党纪建设，从作风建设入手健康有序地开展反腐败斗争，有力地保证了新时期党的基本路线和各项方针政策的贯彻执行。1982年，中山电力所在党组织（时为中山县供电局党支部）组织党员学习党的十二大精神，结合学习《关于建国以来党的若干历史问题的决议》，党委成员分别到基层班、站与职工一同学习讨论，结合生产工作实际进行宣传教育，使"一个中心，两个基本点"的基本路线深入广大干部职工中。是年，中共中央、国务院发布《关于打击经济领域中严重犯罪活动的决定》，党组织及时向广大职工传达教育，提高了职工的法纪观念和抗腐蚀能力。

二、架构升级，建章立制

党的十一届三中全会以后，中央纪律检查委员会把端正党风作为工作中心，立即行动起来，积极开展工作。通过1983年至1987年的整党活动，推动党风实现好转，切实履行"保护、惩处、监督、教育"四项职能，既维护党的纪律又保护党员投身改革开放的积极性、创造性，保障和推动党的十一届三中全会确定的路线方针政策贯彻落实。随着全党对制度建设重要性的认识不断深化，党中央提出通过加强法制保障人民民主，走依法治腐的新路子，实现民主的制度化、法制化。20世纪80年代，党中央通过从思想和制度两方面挖掘腐败的根源，有效推动反腐倡廉教育和制度建设融为一体。

1988年，中山供电局升级为地市级供电局。在1989年6月6日换届选举第二届党委的同时设立纪律检查委员会（纪委会）。第一届纪委会由胡民结、王细妹、林祖跃三人组成，胡民结任纪委副书记（兼）。1991年4月16日，任命李恒胜为中山供电局专职纪检监察员。1992年8月15日进行局党委换届改选时，局纪委也随之进行

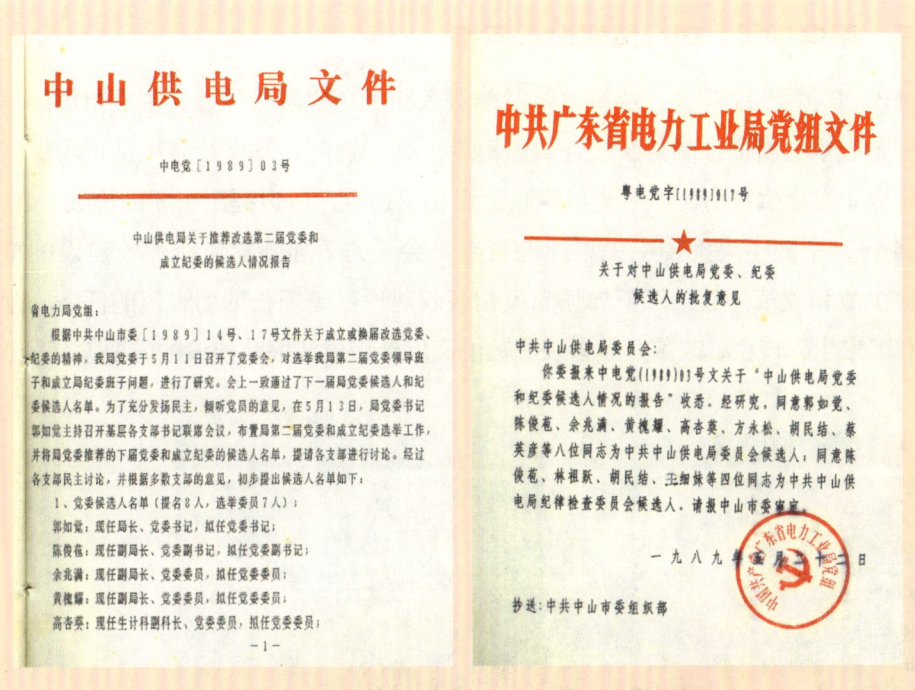

▲ 1989年6月，中山供电局召开党员大会，选举了第二届党委会和首届纪委会

了改选。改选后的纪委会由胡民结、李恒胜和王细妹三人组成，胡民结任纪委副书记（兼），日常工作由李恒胜负责。1996年，纪检监察日常工作由胡民结兼管。

中山供电局从1989年成立纪委至1997年纪委改选前，一直没有设纪委书记，只有兼职的纪委副书记。1997年5月23日召开全体党员大会，在选举新一届党委的同时选出了纪委。中共中山电力局纪律检查委员会由胡民结、林祖跃、王细妹三人组成，胡民结任副书记（兼）。同年12月，局党委研究决定中共中山电力工业局纪律检查委员会书记由林祖跃兼任。

为持续推进廉政工作迈入制度化、规范化轨道，中山电力在1989年2月17日印发了《中山供电局党委关于保持廉洁、提高办事效率的规定》；1991年4月首次设置了专职纪检监察员；1993年重新修订印发了《中山供电局廉政制度》，修订了《中山供电局"七不准、五公开、五坚持"的廉政工作措施》；1994年，颁布实施了《中山供电局廉政规定》和《供电职工服务守则》，明确规定了各级领导责任，提出廉洁自律"七不准"、办事制度"五公开"、教育与监督"五坚持"，廉政与"纠风"工作有关制度日趋完善。

三、服务于民，创行风建设示范点

进入 20 世纪 90 年代，中国改革开放进入新的历史阶段，社会主义市场经济体制建设开始起步，新旧体制处于快速转换时期。毫无疑问，发展社会主义市场经济能够大大解放和发展生产力，但对党风廉政建设和反腐败斗争也提出了新的挑战。1990 年 11 月 4 日，中共中央批转中央纪律检查委员会《关于加强党风和廉政建设的意见》，指出在执政和改革开放条件下加强党风和廉政建设是一项长期而艰巨的任务，强调要从党和国家生死存亡、改革开放兴衰成败的高度认识党风廉政建设的重要性和紧迫性。

▲ 基层单位成立了便民服务队。图为坦洲供电便民服务队成立仪式

在这一时期，中山供电局党委为了在全局牢固树立"人民电业为人民"的思想，全面开展纠正行业不正之风的专项工作。"纠风"工作采用党内、党外相结合的方式，在内容上，把以权谋私、以职谋私作为重点；在范围上，把供用电和服务总公司及施工单位作为重点；在人员上，把领导干部和与用户关系密切的报装、计量、营业厅、调度、工程安装等单位的人员作为重点；在教育方式上，把廉政建设、党风党纪、职业道德和纠正行业不正之风紧密结合起来；在措施上，从体制、机制、制度上抓源头治理。通过"纠风"工作，逐步形成了"想用户之所想、急用户之所急"的理念。

1993 年，中山供电局纪委针对社会反映的电力市场上存在的"热点"问题，建立

▲ 聘请"行业作风"社会监督员新闻发布会

了办事公开、群众监督的工作机制,把用户工程报装程序、收费标准向群众公开。城区营业厅开始设立用户咨询电话,局设立了廉洁信箱和举报电话,聘请行风监督员,方便群众监督。

1997年以后,中山供电局纪委逐步加大了纠风工作标本兼治、纠建并举的力度,从过去侧重于"纠"发展到"纠""建"并举,从过去侧重于"治标"发展到在不放松治标的同时,逐步加大"治本"力度,从体制、机制、制度上抓源头治理,制定了《中山电力工业局供电示范服务窗口考核标准》,积极开展创供电示范服务窗口活动。2000年4月21日,印发了《中山电力工业局2000—2001年纠风建设工作实施方案》。

四、巩固基底,从严提升职业道德

伴随着理论的发展,党中央对这一时期党风廉政建设和反腐败斗争实践工作进行了新的战略部署:一是明确反腐败斗争是党的重要政治任务和各级纪检监察机关的重点工作;二是党的纪检机关和行政监察机关实行合署办公,并逐步建立健全反腐败领导体制和工作机制,即党委统一领导、党政齐抓共管、纪委组织协调、部门各负其责,依靠群众支持和参与的反腐败领导体制和工作机制。按照党中央的部署,中央纪委及地方各级纪委紧紧围绕经济建设这个中心,结合市场经济条件下党的建设新特点，着重抓住领导干部廉洁自律、查办违纪违法案件及纠正部门和行业不正之风等关键环节，遏制腐败现象蔓延的势头。

为进一步加强行风建设，1992年中山供电局党委决定将每年9月作为局廉政法纪教育月，并定期走访各大中用户，征询意见，取得第一手资料，作为提高服务水平的整改依据和出发点，受到了市委市政府及群众的好评。同年8月至9月，结合省、市开展廉政建设和纠风工作落实情况大检查的要求，有重点、分层次对党员、干部职工进行廉政教育和以除"七害"为主要内容的法纪教育。

1993年，党员法纪、政纪教育电教化开始实施，教育方式趋于丰富化。1994年，中山供电局党委在法制纪律教育活动中总结出"四结合"，即落实"教育月"活动与经常性的教育相结合，抓重点与全员教育相结合，理论教育与调查研究相结合，崇尚先进与查找差距相结合。1996年，全局以贯彻执行《电力法》及《电力供应与使用条例》为主要内容开展法制纪律教育，举办了"讲政治、保廉洁、抓行风"学习班，对行风评议反馈的综合意见进行举一反三，查找问题，加以整改。通过电教活动，对职工进行"电业职工道德"教育，受教育人数达1054人次。党委通过对电力行业法规的普及教育，提高了电业服务及管理人员的工作水平。

1997年，对《中国共产党纪律处分条例》《中国共产党党员领导干部廉洁从政若干准则（试行）》《中共中央 国务院关于党政机关厉行节约制止奢侈浪费行为的若干规定》的学习成为全年法纪教育的主要内容。

五、组织保障，巩固健全规章制度

迈进21世纪，中国在加入世界贸易组织之后，既置身于世界多极化和经济全球化的时代潮流之中，又面临西方发达国家在经济、科技、军事等方面的压力及"西化""分化"的图谋。同时，中国又处于政治、经济、文化、社会等领域深层变革的过程中，诸多矛盾相互交织，反腐败斗争形势比以往更加严峻。党中央高度重视和大力开展党风廉政建设和反腐败斗争，确立标本兼治、综合治理、惩防并举、注重预防的反腐倡廉方针，做出建立健全教育、制度、监督并重的惩治和预防腐败体系的战略决策，提出从源头上防治腐败的要求。在这一时期，中山供电局在上级党委纪委、中山供电局党委的坚强领导下，党风廉政建设和反腐败工作取得较大进展，体制机制和监督管理逐步完善，为中山供电新一轮发展提供了有力的政治保障。

2000—2010年期间，中山供电局先后建立并修订多项党风廉政建设工作制度，确保党风廉政建设的目标、实施、考核、奖惩、责任追究有章可循。

百年征程　灯火辉煌　**第一部分**

▲ 中山供电局基层单位开展职业道德教育活动

　　2000 年，印发了《中山电力工业局党风廉政建设责任追究制度（试行）》，出台了《关于我局在经济活动中若干问题的规定》和《中山电力工业局关于领导干部配偶、子女个人经商办企业的具体规定》，加强对领导干部的监督管理。

　　2002 年，针对机构改革后人员变动较大的特点，及时出台《中山供电分公司领导成员党风廉政建设岗位职责》《中山供电分公司党风廉政建设责任追究制度》，避免企业在改制过程中出现制度上的漏洞。

2005年，出台并修订了《党风廉政建设和反腐败工作目标、措施及责任分解表》《领导班子成员党风廉政建设岗位职责》《党员身边"无事故、无违纪、无邪气"活动考核方案》等12项制度和规定。

2009年，制定了《中山供电局"三重一大"事项决策实施办法》《中山供电局廉洁诫勉谈话和函询的实施办法》，进一步规范领导干部的行为。

六、持续深化行风建设

2001年，建立了"机关服务基层、后勤服务生产、政工服务全局、全局服务社会"的服务体系，被评为广东省广电集团和国家电力公司"电力市场整顿和优质服务年"活动先进集体。同年，被市纪委评为"中山市2001年纪检监察工作先进集体"。

2010年，推进专项治理，加强风险防控，成立了"三指定"专项治理工作领导小组和检查工作小组，制定了《中山供电局用户受电工程"三指定"专项治理工作方案》，重点加强供电公司业扩报装环节监管，严肃查处"三指定"行为。

◀ 开展优质服务工作大检查

七、明确职务禁区，建立干部廉政档案

这一时期，中山供电局纪委十分注重抓好对重点部门和重要岗位人员的职务犯罪预防工作，不断前移职务监督关口，加强源头治理。2006年，局纪委以各级领导干部、关键岗位人员为重点对象，以容易发生问题的重要岗位、重要部门为重点环节，确定

了员工职务禁区；2007年，为供电公司经理及以上干部建立个人廉政档案，作为干部考核任用的参考依据；2008年，对"职务禁区"进行修订，编制了《中山供电局员工廉洁手册》，进一步规范干部员工的作业行为。

八、构建纪检三级网，常态化开展季度考核

2007年，在配电营业部、农电公司设置纪检监察专责岗位，构建局纪委、纪检监察专责、支部纪检委员的三级监督网络，加强各级纪检委员队伍建设。通过不断发挥纪检三级网的作用，坚持每季度对局下属各部门（单位）开展季度党风廉政责任制考核，检查监督各级党组织落实执行党章党规党纪情况，并将党风廉政建设考核结果纳入部门组织绩效，并用于干部评价。另外，加强对各级领导班子和党员干部的监督。

▲ 季度纪检工作考评现场

九、效能监察，成效瞩目

从2010年开始，中山供电局开展"三重一大"效能监察工作，进一步规范领导干部的决策行为，促进决策的民主化、科学化、规范化，为维护和促进企业改革发展稳定提供了保证。2011年，中山供电局纪委将废旧物资管理作为效能监察的重点。在废旧物资的回收、保管、评估、拍卖处理等方面制定了一套科学、严密的程序，进一步

规范了废旧物资管理。2012年，集中力量开展闲置物资管理和固定资产投资建设效能监察，进一步规范了闲置物资管理和固定资产投资建设的业务流程。

废旧物资回收环节效能监察项目获南方电网公司2011年度效能监察优秀项目三等奖，效能监察经验被《南方日报》《南方电网报》《中山电力报》等报刊宣传报道。

▲ 参加广东电网公司效能监察优秀项目评比，荣获"广东电网公司2010年度效能监察优秀项目"称号

第三节　夯实·深化廉洁新建设（2012年以来）

党的十八大以来，以习近平同志为核心的党中央坚持党要管党、从严治党，对党的建设从战略高度进行新谋划、新布局，呈现出全面从严治党的新常态。中山供电局党委认真落实全面从严治党要求，坚持党风廉政建设与生产经营、改革发展同研究、同落实、同检查、同考核，把党风廉政建设和反腐败工作放到更加突出的位置来抓，取得了实质性成效。

一、"四个监督"全面覆盖

党的十九届四中全会贯彻党的十九大精神，确立党和国家监督体系在坚持和完善中国特色社会主义制度、推进国家治理体系和治理能力现代化中的重要支撑地位，将"坚持和完善党和国家监督体系，强化对权力运行的制约和监督"专列一章，做出重大制度安排。中山供电局认真贯彻落实党中央决策部署，坚持把监督挺在前面，聚焦监督第一职责，切实加强纪律监督、监察监督、派驻监督和巡察监督，实现"横向到边、纵向到底"的监督全覆盖，推动全面从严治党纵深发展。

二、有效运用"四种形态"推动纪律监督全覆盖

2016年10月27日，中国共产党第十八届中央委员会第六次全体会议审议通过了《中国共产党党内监督条例》，其中第七条明确规定："党内监督必须把纪律挺在前面，运用监督执纪'四种形态'，经常开展批评和自我批评、约谈函询，让'红红脸、出出汗'成为常态；党纪轻处分、组织调整成为违纪处理的大多数；党纪重处分、重大职务调整的成为少数；严重违纪涉嫌违法立案审查的成为极少数。"

2017年，为深入实践监督执纪"四种形态"，切实"减存量、遏增量"，局党委决定把实践运用"四种形态"作为该年度廉洁教育月重点工作。2017年3月，制定印发了《中山供电局实践运用监督执纪"四种形态"工作指引》，按照"准备、宣贯、谈话、核查量纪、总结"五个步骤和"三谈一查"的方法，集中组织开展"三类谈话"。2018年3月，制定印发了《中山供电局规范化常态化运用监督执纪"四种形态"的工作方案》，指导各级党组织把谈心谈话作为开展政治思想工作的有效工具，通过全面谈、重点谈、精准谈等分层分类谈话，引导教育员工算清"七笔账"（政治账、荣誉账、经济账、家庭账、亲情账、自由账、健康账），让"不能腐"的意识扎根干部员工心灵，取得了实质性成效。

三、深化制度监督，加强对权力运行的制约

持续强化监督管理委员会的统筹协调作用，完善计划协同、线索移送、案件协查和成果运用机制，解决好重复监督以及监督不到位的问题。2020年4月，设立局党风廉政建设和反腐败协调小组，负责监督委员会的日常工作，建立常态化工作例会机制；5月，制定印发《中山供电局关于完善监督体系提高党委监督能力的工作指引（试行）》，明确各类监督主体的工作职责，建立健全"五项机制"，推动监督体系有效运转。

百年梦想　电亮中山

▲ 召开党风廉政建设和反腐败协调小组（扩大）会议

▲ 2013年5月16日，南方电网公司党组第一巡视组王振升组长一行莅临中山供电局调研

四、深化巡察监督，形成利剑震慑

认真贯彻落实中央巡视工作方针，从 2013 年开始，在配合广东电网公司做好对局巡视工作的同时，探索开展内部巡视，形成巡视巡察上下联动的格局。

2016 年，在全力配合广东电网公司第三巡视组对中山供电局开展专项巡视，对巡视发现问题立行立改的同时，启动中山供电局巡察三年工作计划，开展中山供电局第一轮内部巡察，聚焦全面从严治党，深化政治巡察，充分发挥巡察的利剑作用。

2018 年，设立中山供电局党委巡察办公室，明确巡察办工作职责，选齐配强巡察人员，推荐了 9 名人员进入广东电网公司巡察人才库；完成了中山供电局内部巡察三年计划，实现了政治巡察三年全覆盖，得到南方电网公司调研组的充分肯定；制定了新一轮巡察五年工作规划，并启动新一轮巡察。

2019 年，广东电网公司党委对中山供电局开展了脱贫攻坚专项巡察。同年，建立了中山供电局巡察人才库，常态化开展巡察人才业务培训、巡前培训，不断提升巡察人员发现问题的能力。2020 年，高质量完成三轮巡察任务，实现供电分局巡察全覆盖。

▲ 中山供电局巡察工作小组走访纪检委和客户了解情况

◀ 举办 2018 年第一轮巡察业务培训班

五、试点派驻监督

为进一步加强基层监督，2016 年开始中山供电局探索派驻工作方式，试点派驻纪检监察专员，在全省率先推广片区化纪检监察工作模式，设置 3 名副科级纪检监察专员，派驻火炬党总支、小榄党总支、三乡党总支，该做法得到广东电网公司的肯定。2018 年在竞争性企业设置了专职纪委书记，加大对竞争性企业党风廉政建设和反腐败工作的指导和管理。

◀ 2019 年 7 月召开派驻纪检组工作启动会

2019年,为深入贯彻党的十九大及纪检监察体制改革精神,中山供电局在广东电网公司的统筹指导和大力支持下,在全省系统内率先启动派驻监督试点改革,编制印发了《派驻纪检组工作方案》和《派驻纪检组工作指引(试行)》,设立6个派驻纪检组,实现派驻监督全覆盖。

2020年6月,制定印发《中山供电局纪委派驻纪检组工作指引(修订)》,修订派驻监督工作清单,将安全生产"四个督促"作为派驻监督的重要内容,进一步筑牢"两道防线"。成立直属本部纪委办公室,切实强化本部作风建设和廉洁风险防控能力。同年8月,结合中山供电局组织机构优化调整,调整各派驻纪检组监督单位,明确派驻监督工作界面。

六、推行"阳光业扩"

2013年,全面推广"阳光业扩",在火炬供电分局试点的基础上全面推广至24个供电分局,建立业扩信息公开平台。

2014年开始,推行供电分局党支部纪检委员业扩报装监督"五到位"工作,充分发挥纪检委员的日常监督作用。纪检委员深入现场,掌握情况,深入开展业扩报装专项治理,扎实有效地开展预防职务犯罪工作。

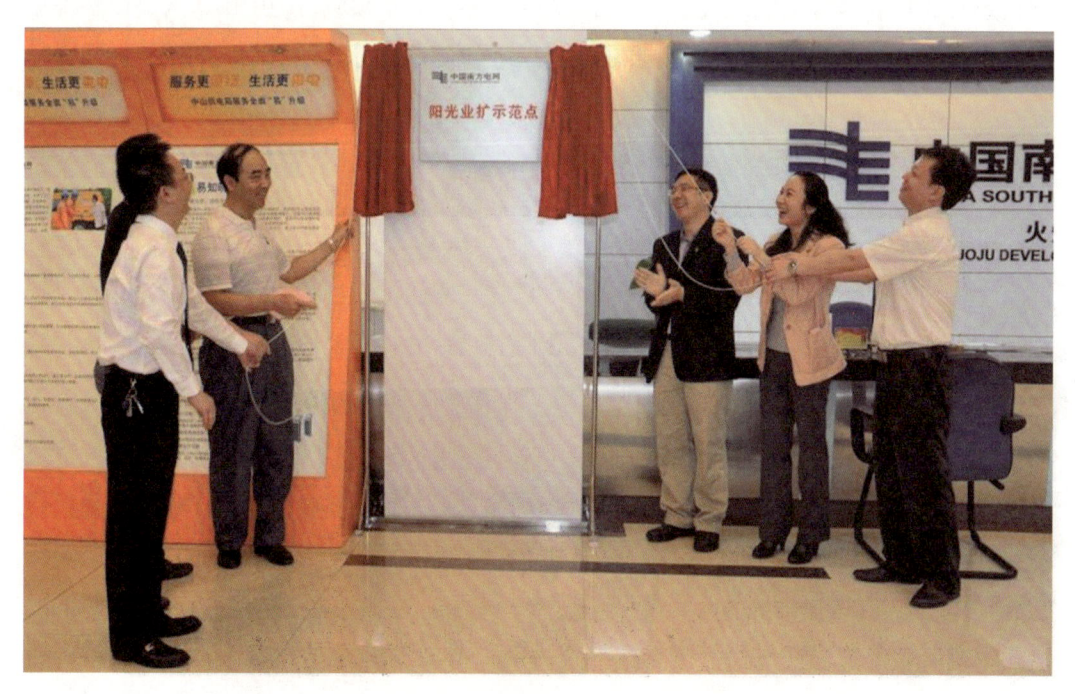

▲ 2013年火炬供电分局"阳光业扩示范点"挂牌仪式

七、编制廉洁风险库，让风险可控在控

2017 年，践行"二三二法"，推进廉洁风险防控工作，同时完成业务流程层面和工作岗位层面的风险梳理，中山供电局全局梳理业务风险 168 个，制定防控措施 381 项，梳理 3144 人 483 个岗位的廉洁风险，使风险防控的精准性得到有效提升。

2018 年，滚动修编廉洁风险库，组织业务部门梳理排查廉洁风险点 153 项，制定廉洁风险管控措施 457 项，将廉洁风险防控工作融入各业务领域，把防控措施融入相关业务岗位的"一岗双责"。

2020 年，根据中山供电局机构改革后的职能分工，组织业务管理部门修编业务领域廉洁风险库 11 个，重新梳理廉洁风险事项 231 项，制定廉洁风险管控措施 584 项，确保全岗位、全业务流程节点的覆盖。

八、政企共建，预防犯罪

加强内外整合协同，加大与地方政府、监委、纪委和检察院等执纪执法机关的沟通联系，先后与中山市纪委、监委、检察院、法院建立共建机制。与中山市人民检察院建立预防职务犯罪协调机制，在南方电网公司、广东电网公司重点工程项目中共同开展预防职务犯罪工作。2017 年，拓宽与中山市人民检察院共建领域，与中山市人民检察院签订《共同开展预防职务犯罪工作的意见》，建立了预防调查等 3 项机制，明确了加强警示

▲ 2017 年与中山市人民检察院签订协议仪式

教育等 6 项重点工作。2020 年 10 月 29 日，联合中山市中级人民法院发布共同编制的《中山市公用事业涉电案件纠纷审理情况报告》（简称《涉电案件审理白皮书》）。该报告从五大模块细化 24 项内容，围绕依法治企、合规经营等重点，深入分析纠纷产生原因，指导供电企业优化营商环境，为化解重大经营风险提出司法建议。

九、开展三年"扫雷"行动，整治基层"微腐败"

近年来，中山供电局认真贯彻落实党中央决策部署，把群众的满意作为一切工作的出发点和落脚点，抓住客户服务"事难办"的问题、从"用上电"到"用好电"等直接关系人民群众切身利益的问题，精准发力。按照中央和南方电网公司、广东电网公司的统一部署，全面开展扫黑除恶专项斗争、集中整治基层和群众身边不正之风和"微腐败"的"扫雷"行动。

2018 年，启动"扫雷"行动三年计划，携手政府共同营造良好的用电环境，与地方纪委、公检法签订共建协议 24 份，配合地方开展扫黑除恶专项斗争 49 次，着力整治群众身边的不正之风和腐败问题。

2018 年 3 月 30 日，中山供电局与横栏镇政府开展"维护正常供用电秩序"共建活动，针对当前客户用电过程中出现的新问题、新动向，在合法用电宣传、警电联防、营商环境整治、打击窃电和违约用电等方面开展广泛而深入的政企共建，共同维护良好的供用电秩序。

十、聚焦主责主业，持续推动"三转"

中山供电局积极推动纪检监察工作"三转"（转职能、转方式、转作风）。2016 年，聚焦纪检监察业务主业，退出部分议事机构，并对采购管理、行风建设与管理、效能监察监督工作的职责及界面划分进行了调整，将监督由"一线参与"转为"后方监督"，将主要职能转变到开展党风廉政建设和反腐倡廉工作上来。

2019 年，新一届领导班子致力于推动纪检监察体制改革，有效整合纪检监察力量，着力构建统一领导、全面覆盖、权威高效的监督体系。

十一、选优配强纪检监督人才队伍

"打铁必须自身硬"，中山供电局纪委坚持不断健全纪委内部议事规则和内控制度，完善监督制约机制，坚决防止"灯下黑"，致力于打造忠诚坚定、担当尽责、遵纪守法、清正廉洁的纪检监察铁军。

▲ 2018年纪检委员述职交流现场

着力培养纪检监督骨干力量，2017—2019年，举办20多期业务培训研讨班，选派多人参与广东电网公司交互初核、专项检查，分片区组织纪检委员座谈会，不断提升纪检监督人员的履职能力。2020年，研究制定《中山供电局2020—2022年纪检监察人才队伍建设规划》，进一步完善纪检监察人才培养机制。

为促进兼职纪检监察队伍更好地履职尽责，2018年，局纪委组织编制《基层纪检委员工作手册（试行）》，推动纪检工作标准化、表单化，实现纪检委员履职报告、述职交流常态化，优化纪检委员履职评价，推动基层纪检委员履行监督职责，增强基层监督力量。

2020年8月，在中山供电局全局共聘任廉政监督员84人，构建起"党支部书记—纪检委员—廉政监督员"三级监督网，强化党支部日常监督，推动全面从严治党向基层延伸，进一步筑牢廉洁防线。

十二、探索"派驻+巡察"协同监督机制

2019年以来，派驻纪检组充分发挥"哨口前移"优势，探索"派驻+巡察"协同监督机制，按照授权对各部门（单位）开展"政治体检"式的巡察监督，同时将巡察发现的问题纳入派驻纪检组日常监督重点，督促驻在单位落实巡察问题整改工作，推动资源共享、信息互通、协作互动、监督互补，让派驻纪检组成为基层"常驻不走的巡察组"，实现派驻和巡察的"双向联动"。

十三、探索廉洁风险智慧监督，转型升级步履不停

2019年，中山供电局承接广东电网公司市场营销领域智慧监督试点工作，由监督部牵头，联合市场营销部、营销稽查中心、信息中心等部门共同开展，针对市场营销的7个业务领域、14个业务环节、22个风险点制定了36条研判规则，并运用数据云平台进行信息开发。通过搭建智慧监督平台筛选分析异常数据，深度挖掘业务数据背后的风险隐患和问题线索，进一步加快推进监督工作转型升级，逐步实现"用数据说话，用数据管理，用数据监督"。2020年，应用廉洁风险智慧监督系统，精准发现涉及市场营销领域的违规违纪问题线索。2021年，持续加大廉洁风险智慧监督系统的应用力度，利用智慧监督识别异常数据，对市场营销、行政办公等业务领域开展日常监督或专项监督检查，实现风险防控前移。

十四、坚持严的主基调，一体推进"三不腐"体制建设

2020年，中山供电局党委认真贯彻落实党的十九届中央纪委四次全会精神，把严的主基调贯穿全年工作始终。

（一）紧盯"关键少数"

2020年3月，研究出台了党委一号文《中山供电局党委关于坚定政治站位、强化责任担当、坚守廉洁底线的实施意见》以及行动方案。制定印发《中山供电局加强领导干部守初心担使命、勇于担当尽责的若干意见（试行）》，细化领导干部工作到位标准，结合信访举报、执纪审查情况滚动修编"领导干部廉洁情况活页夹"，推动各级领导干部切实做到履职尽责、担当作为。

（二）紧盯"关键领域"

加强对承担重大工程建设项目部门落实廉洁风险管控措施情况的监督，把好项目"廉洁关"。2020年成立翠景站专项监督工作小组，由派驻纪检组组长担任项目临时党支部纪检委员，对项目建设开展全过程监督，督促前移防范关口，努力推动重点工程成为廉洁工程。

（三）紧盯"关键环节"

2020年4月，印发《关于中山供电局"两违"建筑用电专项治理工作实施方案的通知》，开展"两违"建筑用电专项治理。深入推进市场营销领域"扫雷"专项行动，针对业扩办理、营销技改项目、电量电费管理、电价执行、用电检查、营销费用管理6个方面的业务，分成6个组对24个供电分局进行专项监督检查，组织供电分局配合政

府开展违章建筑联合执法。深化应用市场营销领域廉洁风险智慧监督系统，及时发现业务不规范问题，抓早抓小，防微杜渐。联合大集体企业开展用户工程专项治理。通过一系列举措，为全力打造一流的营商环境提供坚实保障。

十五、探索"合规与大监督"模式

充分发挥大部制优势，构建行业首个"合规与大监督"一体化管理体系，有效整合监督力量，统筹各类监督资源，以精准有力的监督推动合规管理在全局各层级有效落地，全面提升风险防控能力。成立重点项目全过程合规检查小组，制定合规检查标准，重点核查规章制度执行情况、法律风险防范情况、廉洁监督落实情况、内控管理到位情况、合同管理规范情况以及历年审计发现问题的整改情况。

2020年12月16日，印发《中山供电局2020年迁改项目合规与廉洁监督检查工作方案》，在合规检查和廉洁监督方面提出要求，进一步筑牢廉洁风险防线，实现"强内控、防风险、促合规"的管控目标，使中山供电局迁改项目依法合规开展。

2021年5月21日，印发《中山供电局2021年行政办公领域（车辆管理）合规专项检查工作方案》，通过系统抽查等方式，对全局车辆管理使用情况开展合规专项检查，进一步规范公车管理和使用，从源头上杜绝公车私用、私车公养等违规违纪问题的发生。

十六、建立廉洁防线责任制，筑牢支部"第一道防线"

以支部为单位，建立廉洁防线责任制，压实各级党组织书记的主体责任。以"书记项目"为抓手，把筑牢廉洁防线的难点作为党支部工作的重点，组织党员以项目形式解决廉洁防控难点、痛点。比如，沙溪供电分局党支部开展了以"坚守底线家企和"为主题的"书记项目"，通过为党员过政治生日，强化党员的身份意识；为员工庆祝入职周年纪念日，增强员工的企业归属感；开展员工法律底线培训，组织员工签订法纪承诺，制作"底线省察卡""底线防控卡"等，让员工自觉算清"七笔账"，强化纪律意识，做到"一清二明三思"。

十七、深耕厚植廉洁文化

根植基层，面向基层，充分调动中山供电局全局广大干部员工参与的积极性、主动性和创造性，共建廉洁文化，使廉洁文化建设保持持久和旺盛的生命力。一直以来，中山供电局坚持根植"诚信做人、规矩做事"的行为理念，站在企业发展的战略高度开展廉洁文化建设，特别注重切实转变观念，联系实际，坚持点面结合，开展了一系

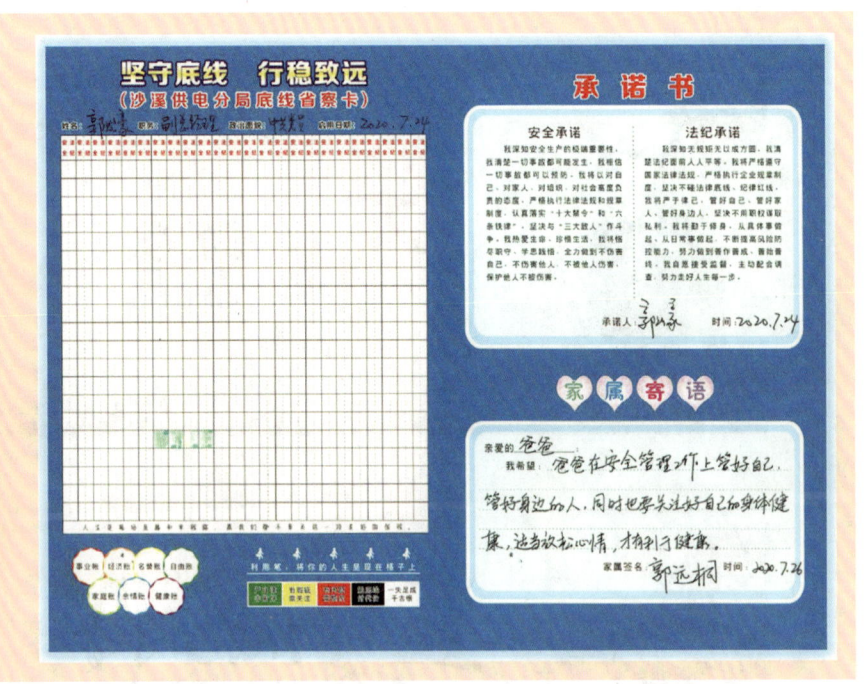

▶ 沙溪供电分局自创"底线省察卡"

列的廉洁文化建设活动。

（一）廉洁文化无处不在

2016年，中山供电局在新媒体平台探索数字式廉洁教育，率先在知行南网（时为幸福南网）企业微信平台开通"清风徐来"专栏。2017年，在全局层面，统一设计应用"中电清风"LOGO，强化了廉洁文化的外显特征。

近年来，充分依托局企业文化展馆，开辟廉洁文化宣传展区。选取部分基层单位作为廉洁文化建设示范点，融合当地深厚的地域文化资源开展特色廉洁文化建设，以点带面推动全局廉洁文化建设。2019年，组织板芙供电分局围绕板芙镇石岐河和板芙镇里溪村"联产到劳"红色革命老区的地域特色，打造出独具特色的"清水"廉洁文化。2020年，组织西区供电分局围绕"三进一融入"（即进思想、进班子、进岗位及融入企业廉洁价值观），打造别具一格的"清和"廉洁文化。同时，加强分布式、植入式环境营造，让廉洁文化无处不在，入心入脑。

（二）廉洁教育与时俱进

宣传教育活动是廉洁文化建设的重要组成部分，是教育引导员工牢固树立廉洁从业意识的最基础、最重要的手段。一直以来，中山供电局坚持教育主体全员化、教育内容差异化、教育形式多样化的思路，广泛开展分领域、分层级覆盖全员的廉洁从业

▲ 知行南网企业微信平台内"清风徐来"专栏

教育。结合主题党日、廉洁教育月、纪律教育学习月活动，积极培育廉洁文化。

2012年至2018年期间，共组织423名领导干部参观了廉政教育基地，81名领导干部到法院旁听受贿案件审理。连续两年组队参加中山市党规党纪知识竞赛活动；组织58名纪检监察人员参加《中国共产党廉洁自律准则》《中国共产党纪律处分条例》知识测试并开展5场专题研讨；组织245名领导干部参加党章知识测试活动；组织1053名党员参加廉洁知识测试；梳理形成党员日常行为负面清单，规范党员日常行为。2013年至2021年，累计发放廉洁学习书籍1700余本，组织观看廉政电影98场次，组织听取廉政报告22场，连续9年坚持编制《中山供电局廉洁教育宣传刊》(共104期)。

▲ 组织党员干部参观广东省反腐倡廉教育基地

中山供电局坚持每年年初召开党风廉政建设和反腐败工作会议，由党委书记带头讲授廉洁党课。每年纪律教育月期间，举办廉洁从业培训，邀请中山市纪委、广东电网公司等单位的专家授课、做专题报告。2019年，邀请中山市时任纪委常委高培鹏做以"叩问初心，自省使命，做忠诚干净担当的'斗士'"为主题的纪律教育专题辅导报告，提醒广大干部员工不忘初心、牢记使命，严守党纪国法，正确行使权力，自觉接受监督，守住清廉底线。

各级党组织结合实际，举办廉洁读书月、廉洁专题辩论赛、廉洁书画及视频作品创作、廉洁"进家庭"等一系列形式多样、主题丰富的廉洁文化活动，寓教于乐，让广大干部员工不断提升廉洁从业的理念。

▲ 党委书记谭跃凯讲授廉洁专题党课

▲ 开展廉洁教育月"模拟法庭"活动

▲ 财务部党支部组织党员参观孙中山故居廉政教育基地

（三）理论研究硕果累累

精耕细作，行稳致远。中山供电局在南方电网公司、广东电网公司的坚强领导下，坚持把廉洁文化建设作为推动全面从严治党、推进党风廉政建设和反腐败工作的重要举措，不断开拓创新，致力于服务全面从严治党和企业改革发展大局，取得了一定成效。2012年，中山供电局课题研究成果《廉洁从业风险防控机制研究》在南方电网公司反腐倡廉建设优秀理论研究成果评选活动中获得三等奖，并作为广东电网公司地市局唯一入选项目在《广东电网纪检监察研究》中推广。2013年，中山供电局课题研究成果《电力企业廉洁文化建设的实践与思考》在南方电网公司反腐倡廉建设优秀理论研究成果评选活动中获得二等奖，并得到南方电网公司、广东电网公司的肯定和推广。2015年，获得首届中山市"廉洁火炬杯"党规党纪知识竞赛优秀组织奖；获得中山市第五届"廉洁读书月"征文比赛优秀组织奖。2017—2020年连续四年获得广东电网有限责任公司纪检监察先进集体称号。

第三章 队伍建设

　　人才是企业发展的第一资源。中山供电局始终重视人才发展，在组织机构改革中大胆尝试和创新，在改革中谋求新的契机，务实推进组织机构优化系列工作，营造"人人渴望成才、人人努力成才、人人皆可成才、人人尽展其才"的良好局面。切实将人才优势转化为中山供电局的创新优势、竞争优势、发展优势，为广东电网公司创建全国最好世界一流省网企业提供坚强的人才支撑。

第一节　组织机构

中山供电局成立初期，及时理顺中山供电局本部职能部门职责，规范岗位说明书，推进机构改革，不断优化调整中山供电局的组织机构设置，确保整体运行效率高、效果好。

2002年3月，中山电力工业局变更为广东省广电集团有限公司中山供电分公司后，根据广电集团有限公司的要求进行机构改革，设立职能部室10个，即办公室、人力资源部、财务部（资金结算中心）、信息部、市场及客户服务部（增挂客户服务中心牌子）、生技部、规划建设部、监察审计部（与纪委合署）、政工部（与团委合署）、工会，设立二级机构8个，即输电部、变电巡维部、配电营业部（与城郊供电总公司合署）、农电公司（与农村供电总公司合署）、计量部、调度中心、检修公司、物流中心。

2005年4月，经广东省工商行政管理办公室核准，广东省广电集团有限公司中山供电分公司正式更名为广东电网有限责任公司中山供电局。

2008年1月，为适应电力管理体制深化改革的需要，实现企业扁平化管理，中山供电局将城郊供电总公司与农村供电总公司两者合并。两公司合并后，保留农村供电总公司建制，原城郊供电总公司及所属火炬开发区供电公司、石岐供电公司、东区供电公司、西区供电公司、南区供电公司、沙溪供电公司、大涌供电公司、港口供电公司、南朗供电公司、五桂山供电公司的人、财、物以及债权、债务、经营业务等归属农村供电总公司。同时，撤销城郊供电总公司。

2009年2月，根据上级要求，中山供电局人力资源部更名为人事部。

2009年4月，实行主网业务的集约化管理，按上级要求将通信专业纳入生产体系，成立电力调度通信中心。按照通信设备管运分开的原则，成立通信设备运维部。

2009年6月，中山供电局组建试验研究所，实行试验的专业化管理。信息通信中心更名为信息部。

2009年8月，中山供电局生技部更名为生产技术部。

2010年11月，中山供电局成立培训中心，由人事部进行归口管理。

2011年7月，机构更名如下：人事部更名为人力资源部；市场及客户服务部更名

百年梦想　电亮中山

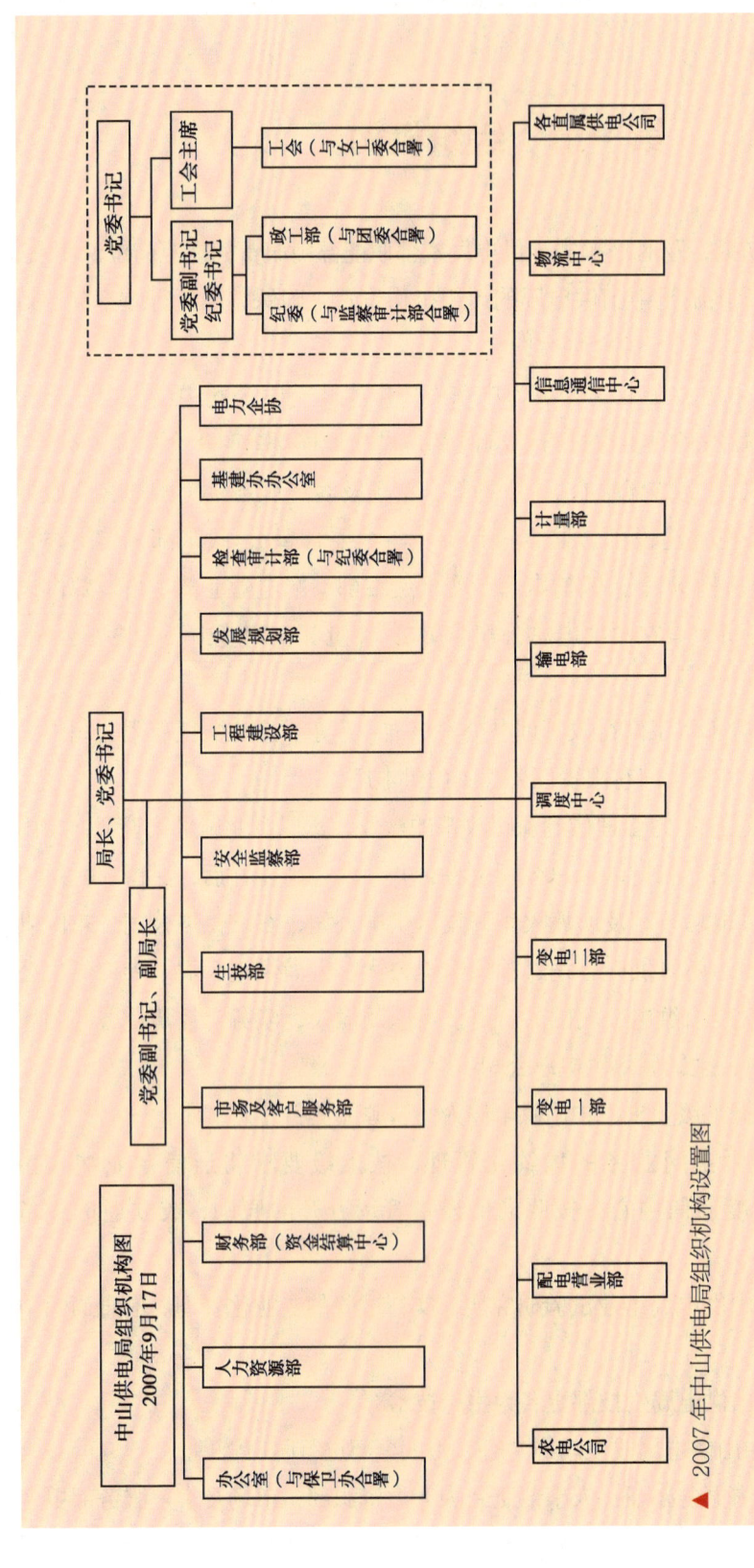

▲ 2007年中山供电局组织机构设置图

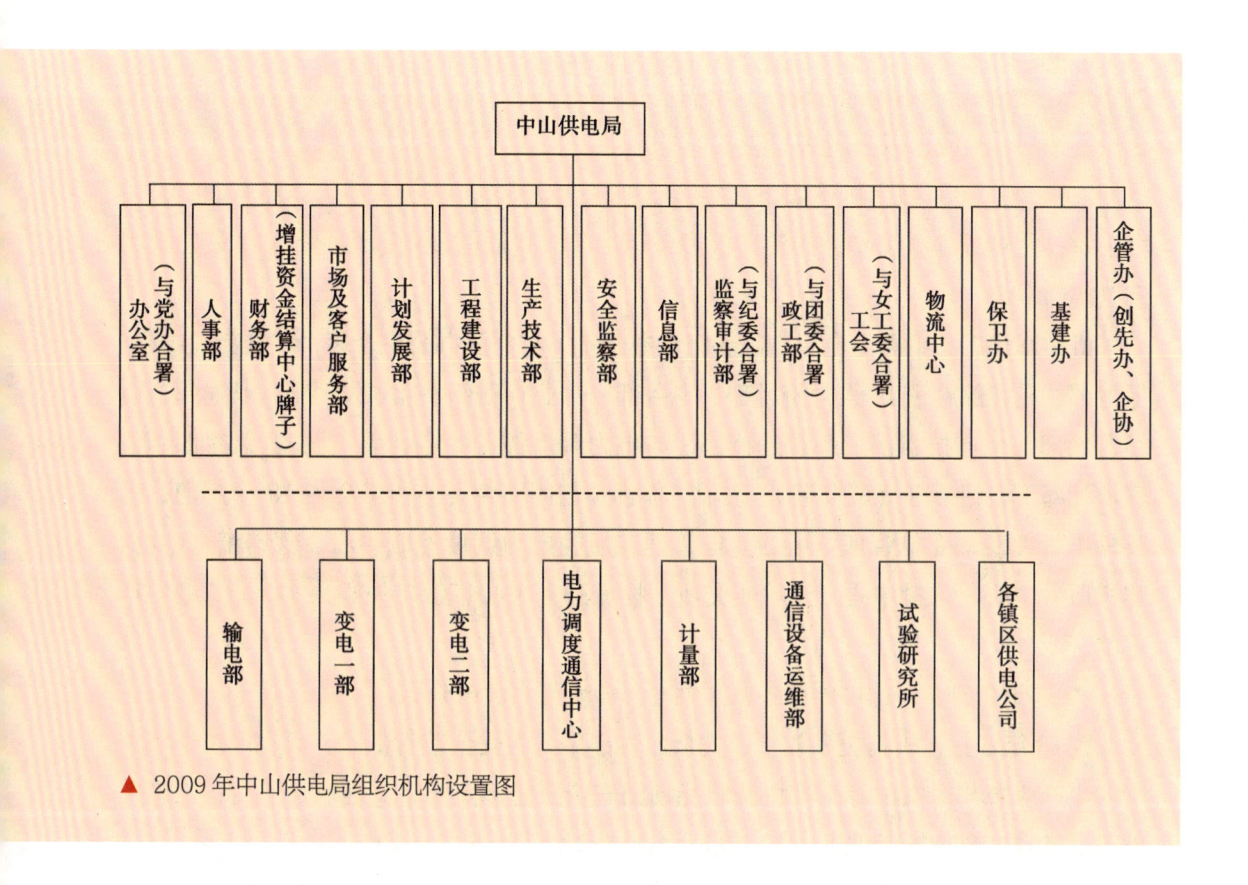

▲ 2009年中山供电局组织机构设置图

为市场营销部；工程建设部更名为基建部；政工部更名为政治工作部，与团委合署；企管办更名为企业管理部；培训中心更名为培训与评价中心，挂靠人力资源部；物流中心更名为物流服务中心，按局二级机构管理。名称变更后，根据局的授权，赋予管理职能，原机构职能与主要职责不变；电力调度通信中心更名为电力调度控制中心，与系统运行部合署，实行"两块牌子、一套人员"的运作模式；输电部更名为输电管理所；变电一部、变电二部分别更名为变电管理一所、变电管理二所；计量部更名为计量中心。

2011年7月，增设机构如下：增设系统运行部，承担电网系统运行管理职能，与电力调度控制中心合署；增设节约用电服务中心，挂靠市场营销部，负责节能服务工作；增设离退休服务中心，挂靠工会，负责离退休人员的管理与服务工作；增设员工服务中心，挂靠办公室，负责员工服务和后勤事务性工作；增设营销稽查中心，负责营销稽查和反偷查漏工作的具体实施，日常接受市场营销部的业务指导和归口管理；增设客户服务中心，负责95598客户呼叫服务、电费集中核算和业扩报装集中受理，以及大客户服务等工作，日常接受市场营销部的业务指导和归口管理；增设信息中心，按管运合一模式，根据局的授权，承担信息管理职能，同时负责区域内信息化项目的建设、推广、验收，以及网络与信息系统运维工作。

2011年7月，撤销机构如下：撤销信息部；撤销临时机构保卫办，原有职能归口办公室；撤销基建办公室；撤销通信设备运维部，将通信设备运维业务整体划归电力调度控制中心。

机构调整后，中山供电局本部部门设办公室（与党委办公室合署，增挂新闻中心、保卫部、武装部牌子）、人力资源部、财务部、企业管理部、计划发展部、基建部、市场营销部、生产技术部、系统运行部（与电力调度控制中心合署）、安全监察部、监察审计部（与纪委办公室合署）、政治工作部（与团委合署）和工会共13个部门，以及输电管理所、变电管理一所、变电管理二所、电力调度控制中心、营销稽查中心、客户服务中心、计量中心、试验研究所、物流服务中心、信息中心共10个二级生产单位。

2012年7月，中山供电局各镇区供电公司变更为供电分局。

2013年6月，机构更名如下：安全监察部更名为安全监管部，将原生产技术部负责的生产应急与保供电等生产协调职能划归安全监管部负责，其他职责不变；生产技术部更名为生产设备管理部，归口管理生产技术和科技进步等工作。

2015年3月，机构更名如下：将中山供电局政治工作部更名为党建工作部。原内设机构保持不变，继续履行党建工作职责。

2015年7月，增设机构，即直属机关党委下设直属机关党委办公室，设在党建工作部。

2016年1月，增设机构，即设立主网项目管理中心，挂靠基建部，主要负责35千伏及以上电网项目建设的过程管理，对所属电网工程的进度、安全、质量、造价、技术等全面负责。

2018年8月，增设机构，即成立电网规划中心，按二级机构管理，结合业务管理的实际需要，暂设输电网规划、配电网规划、修理技改及项目评审等岗位。

2019年9月，增设机构如下：成立监督部（纪委办公室、直属纪委办公室），负责原监察审计部的监察职责；成立审计部，负责原监察审计部的审计职责；成立党委巡察办公室，职责不变；成立产业办公室，挂靠企业管理部。

2019年9月，撤销机构如下：撤销供电服务指挥中心（配网调度服务指挥中心）；撤销监察审计部，原职责分别纳入监督部（纪委办公室、直属纪委办公室）

▲ 2014年11月13日，时任广东电网有限责任公司党委书记江毅（左五）与中山供电局领导班子合影（左起：李泽民、黄华茂、林祖跃、欧安杰、江毅、邹贵林、陈振华、邓智明）

和审计部。

2019年9月，机构更名如下：生产设备管理部更名为生产技术部；党建工作部（与团委合署）更名为党建工作部（企业文化部）；工会更名为工会办公室。

优化调整后，中山供电局共设置职能部门15个：办公室（党委办公室）、计划发展部、人力资源部、财务部、企业管理部、生产技术部、市场营销部、基建部、系统运行部（电力调度控制中心）、安全监管部、审计部、党建工作部（企业文化部）、监督部（纪委办公室、直属纪委办公室）、党委巡察办公室、工会办公室。挂靠机构2个：防范窃电与电力设施保护中心（挂靠办公室）、产业办公室（挂靠企业管理部）。

2020年6月，按照广东电网公司《关于中山供电局组织机构优化调整实施方案的批复》和《关于明确中山部分供电分局管理规格的通知》，开展组织机构优化调整，具体如下。

1. 职能部门及挂靠机构

（1）组建资产管理部（主要负责人按副处级配置），承接原生产技术部资产全生命周期管理、生产设备管理、供电可靠性管理、安全生产协调等职责，原生产技术部科技创新职责划至创新与数字化部；承接原基建部基建工程技术管理、采购管理、安全质量管理、进度管理、造价管理、综合管理及验收、投产试运监督等全部职责。

整合原物流服务中心供应链职能管理职责，以及原计划发展部主配网前期和立项、小型基建前期等职责。

撤销生产技术部、基建部。

（2）组建系统规划部，承接原系统运行部系统运行管理全部职责，以及原计划发展部企业发展规划、电网规划、固定资产投资计划、节能环保（含线损管理）、扶贫、农电等职责，原计划发展部综合计划及统计职责划至财务部。

撤销系统运行部、计划发展部。

（3）组建创新与数字化部，整合原生产技术部科技创新职责，原企业管理部管理创新职责，以及信息中心数字化职能管理职责。

（4）组建合规与监审部（纪委办公室、直属本部纪委办公室），承接原监督部（纪委办公室、直属纪委办公室）、审计部全部职责。

整合原企业管理部体制改革、班组建设、区域联动等职责，并将单位绩效考核、指标管理、运营管控等职责划至财务部。

撤销企业管理部。

（5）组建党建工作部（企业文化部、工会办公室、直属本部党委办公室），增挂团委、新闻中心牌子，承接原党建工作部（企业文化部）、工会办公室全部职责。

（6）组建办公室（党委办公室、党委巡察办公室），承接办公室（党委办公室）、党委巡察办公室全部职责。

（7）产业办公室调整为挂靠合规与监审部（纪委办公室、直属本部纪委办公室），独立运作。

调整后，设置办公室（党委办公室、党委巡察办公室）、人力资源部、党建工作部（企业文化部、工会办公室、直属本部党委办公室）、合规与监审部（纪委办公室、直属本部纪委办公室）、财务部、系统规划部、资产管理部、市场营销部、创新与数字化部、安全监管部10个职能部门，以及产业办公室（挂靠合规与监审部）、防范窃电与电力设施保护中心（挂靠办公室）2个挂靠机构。

2. 直属机构

（1）组建项目与物流中心，按业务支撑机构管理，承接原项目管理中心全部职责和原物流服务中心具体实施业务职责，主要负责项目技术管理、安全管理、质量管理、进度管理、造价管理和综合管理的具体实施，以及物资品控、仓储配送、应急物资及逆向物资管理、供应商评价等具体业务。

撤销项目管理中心、物流服务中心。

（2）组建供电服务中心，按直属实施机构管理，承接原计量中心、客户服务中心全部职责，主要负责客户服务、业扩、电费核算、电能计量、用电检查、线损管理、节能服务等业务。营销稽查机构按广东电网公司统一规范设置调整。

撤销计量中心、客户服务中心、营销稽查中心。

（3）试验研究所调整设置为生产监控与试验中心，按直属实施机构管理，承接原生产监控指挥中心等的相关职责。划入输电管理所配网中压一次预试、电缆震荡波测试等职责，以及各供电分局配网自动化相关职责。增加智慧安全监督相关职责。

调整后，中山供电局设置直属机构10个，包括电网规划中心、项目与物流中心、综合服务中心（离退休服务中心）3个业务支撑机构，以及输电管理所、变电管理一所、变电管理二所、生产监控与试验中心、电力调度控制中心、供电服务中心、信息中心7个直属实施机构。

3. 供电分局

（1）部分供电分局升格管理。

①升格副处级供电分局：小榄、三乡2个供电分局。

②升格正科级供电分局：南朗、港口、民众、西区、阜沙5个供电分局。

（2）供电分局内设机构。

①副处级供电分局：火炬、小榄、三乡3个供电分局内设办公室（工会办公室）、党建人事部、安全监管部、生产计划部、工程建设部、供电服务中心6个部门。

②正科级、副科级供电分局：坦洲等21个供电分局内设综合部（工会办公室）、安全监管部、生产计划部、工程建设部、供电服务中心5个部门。

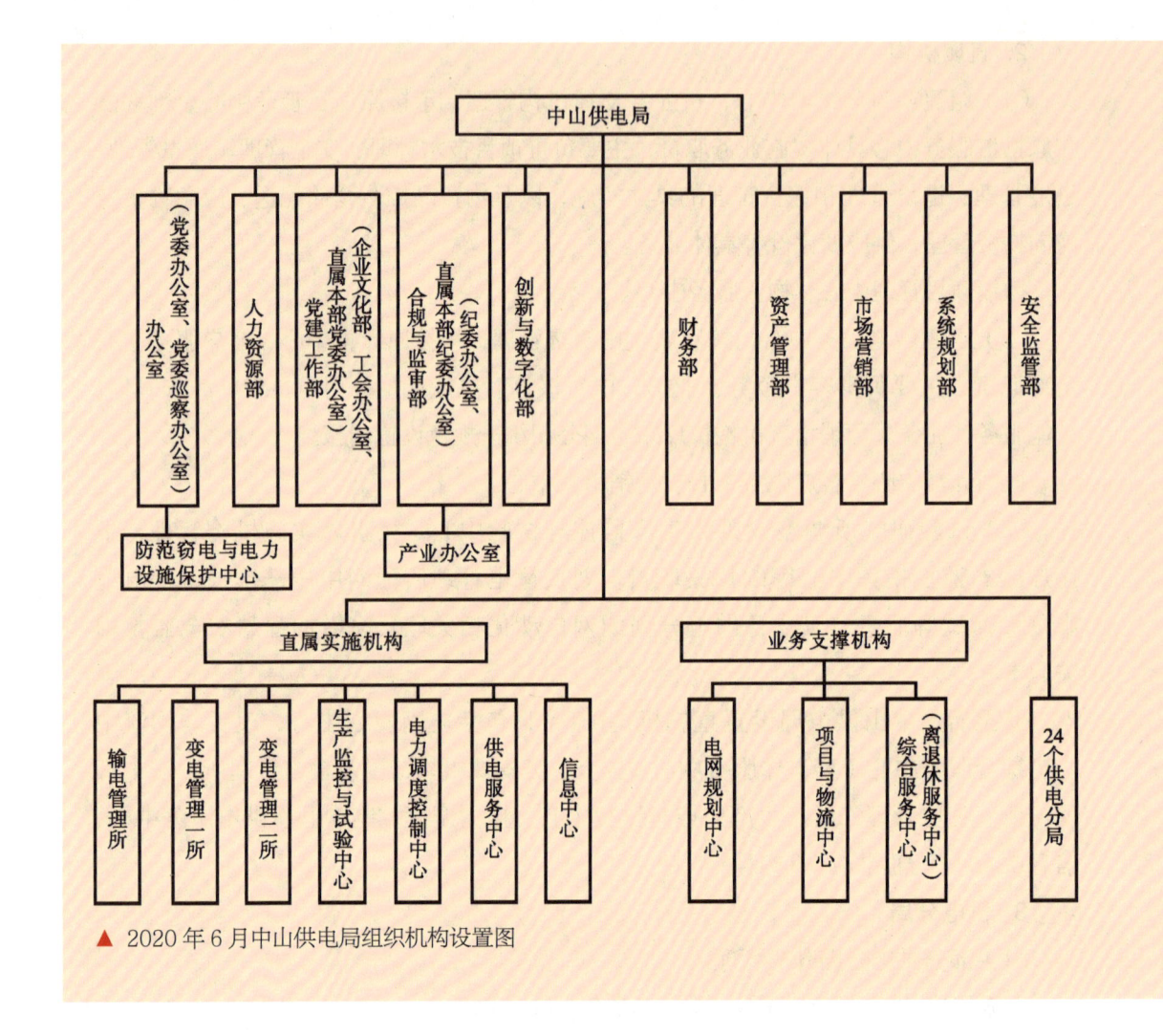

▲ 2020年6月中山供电局组织机构设置图

第二节　职工队伍

中山供电局职工队伍人数逐年增加，职工队伍的人员分类、文化构成、技术结构也有良性的变化。硕士研究生、大学本科学历的人数逐年递增，企业职工的总体文化素质逐年提高。具有高、中级职称的专业技术人才逐年增加，职工队伍正逐步向着高学历、高技能、专业型和知识型、年轻化的方向发展。

2020年年底，单位期末用工总量为3189人，与2014年同期减少6.7%。其中，劳动合同制3176人，占99.59%；劳务派遣制13人，占0.41%（见图3-1）。

▲ 图 3-1

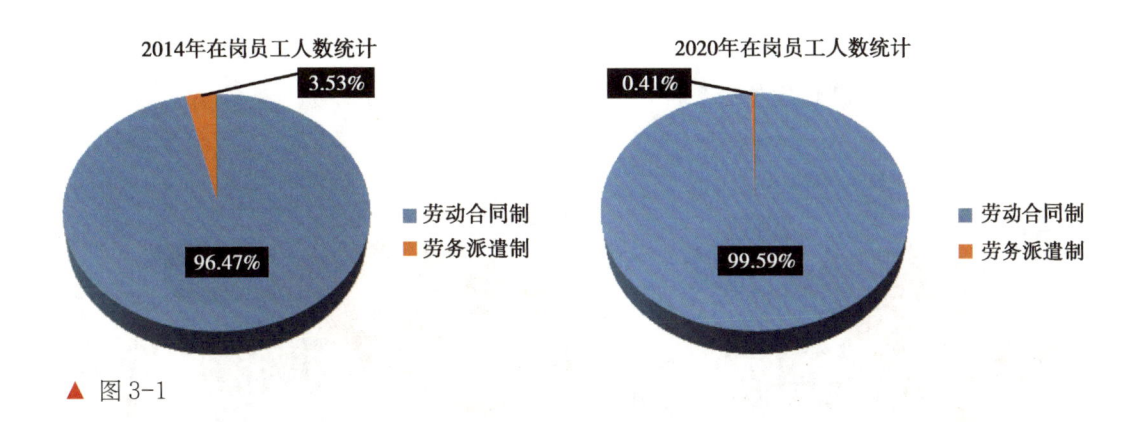

一、按文化程度划分

截至 2020 年年底，中山供电局具有博士学历人员 1 人，占总人数的比例由 2014 年的 0.1% 下降至 0.03%；硕士学历人员 138 人，占总人数的比例由 2014 年的 6.1% 下降至 4.3%；本科学历人员 1814 人，占总人数的比例由 2014 年的 36.5 % 上升至 56.9%；大专学历人员 884 人，占总人数的比例由 2014 年的 18.8% 上升至 27.7%；中专学历人员 114 人，占总人数的比例由 2014 年的 5.9% 下降至 3.6%；高中及以下学历人员 238 人，占总人数的比例由 2014 年的 32.7% 下降至 7.5%（见图 3-2）。

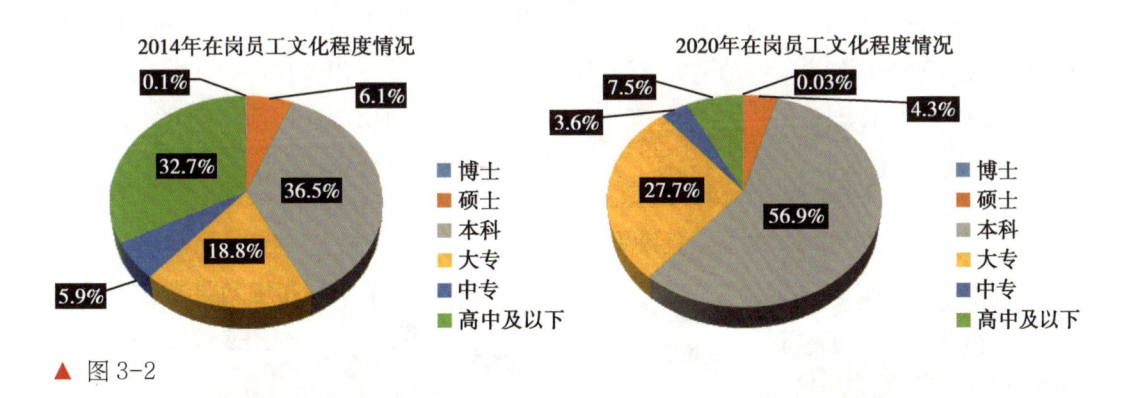

▲ 图 3-2

二、按技术资格划分

截至 2020 年年底，中山供电局取得专业技术资格人员共 1925 人，占总人数的 44.1%。其中，高级及以上职称 299 人（含正高级 2 人），占具有专业技术职称总人数的比例由 2014 年的 11.7% 上升至 15.5%；中级职称 928 人，占具有专业技术职称总人数的比例由 2014 年的 29.6% 上升至 48.2%；初级职称 698 人，占具有专业技术职称总人数的比例由 2014 年的 58.7% 下降至 36.3%（见图 3-3）。

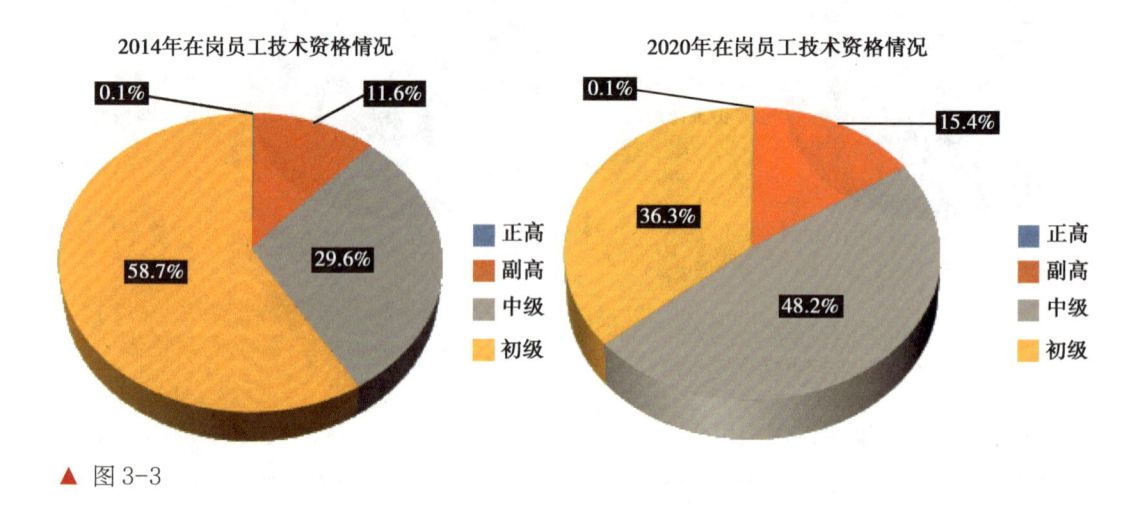

▲ 图 3-3

三、按技能等级划分

截至 2020 年年底，中山供电局取得技能等级人数为 2662 人，占单位总人数的 60.9%。其中，高级技师 171 人，占专业技术工总人数的比例由 2014 年的 2.3% 上升至 6.4%；技师 790 人，占专业技术工总人数的比例由 2014 年的 10.9% 上升至 29.7%；高级工 1439 人，占专业技术工总人数的比例由 2014 年的 67.5% 下降至 54.1%；中级工 247 人，占专业技术工总人数的比例由 2014 年的 18.6% 下降至 9.3%；初级工 15 人，占专业技术工总人数的比例由 2014 年的 0.6% 下降至 0.5%（见图 3-4）。

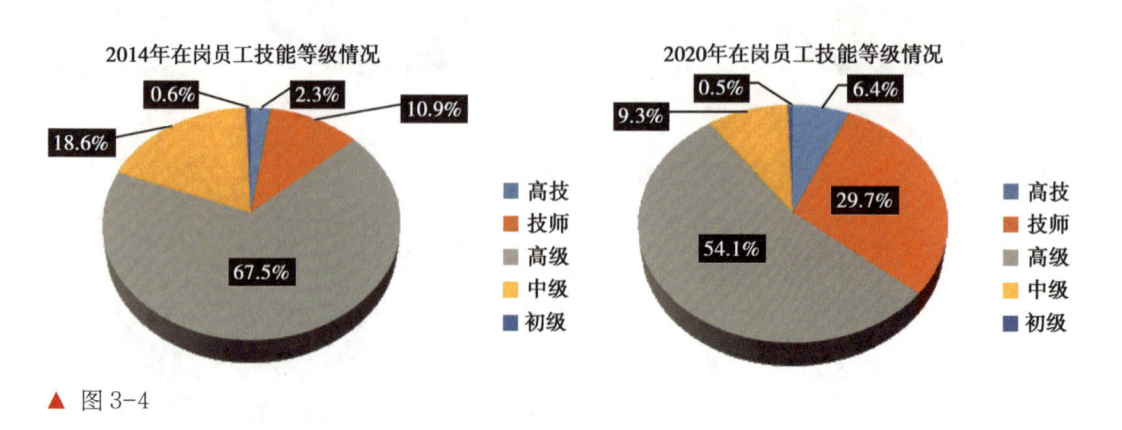

▲ 图 3-4

四、按年龄划分

2020年中山供电局员工29岁及以下516人，占在岗员工的比例由2014年的17.0%下降至16.2%；30~34岁483人，占在岗员工的比例由2014年的18.8%下降至15.1%；35~39岁391人，占在岗员工的比例由2014年的19.0%下降至12.3%；40~44岁630人，占在岗员工的比例由2014年的19.4%上升至19.8%；45~49岁680人，占在岗员工的比例由2014年的9.8%上升至21.3%；50~54岁358人，占在岗员工的比例由2014年的6.4%上升至11.2%；55岁及以上131人，占在岗员工的比例由2014年的9.5%下降至4.1%（见图3-5）。

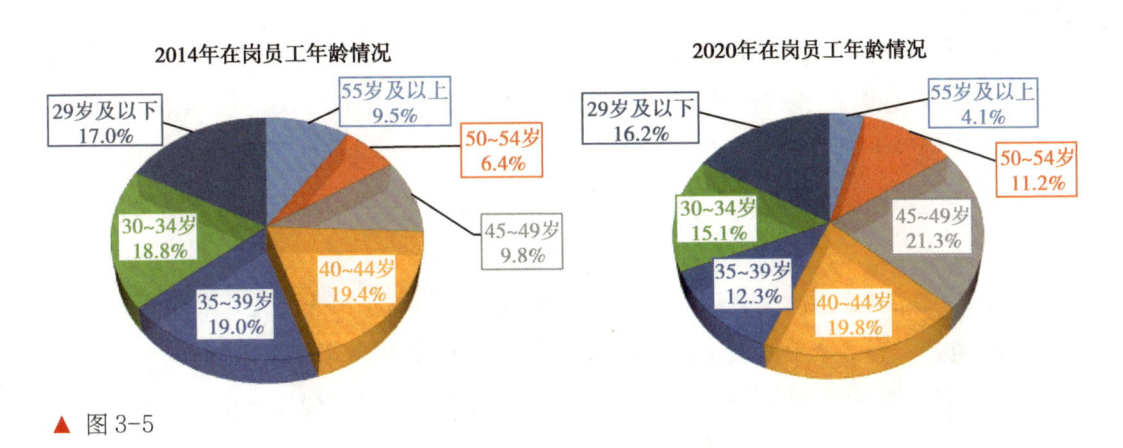

▲ 图3-5

第三节 干部管理

近年来，中山供电局坚持党管干部原则，争当改革发展排头兵，大力弘扬新时代敢干、实干、苦干、善干的新作风，引导和激励党员干部勇于担当、善于作为，把心思放在工作任务上，把精力投入基层一线中，努力营造比学赶超、干事创业的浓厚氛围。

至2020年年底，中山供电局有中层管理干部141人。干部队伍中女性干部比例为13.84%，80后干部比例为12.3%，3名90后优秀青年走上管理岗位，占比实现零的突破。

一、干部队伍建设

2010年，组织完成中层管理人员、供电公司经理的试用期满考核工作；开展新增中层副职管理岗位双向选择、竞争上岗工作；制定干部管理制度，并对干部选拔任用材料进行系统整理归档；组织完成一般管理人员、班组长的试用期满考核定岗工作。

2011年，制定并印发《中山供电局部门及二级机构领导人员管理规定（2011年版）》和《中山供电局领导人员转任非领导职务工作方案》，达到转非年龄的干部顺利转任非领导职务。加快年轻后备干部选拔培养，完成南网百名优秀年轻干部选拔工作，1名人选进入南网百名优秀年轻干部培训班。开展公开选拔和培养年轻后备干部工作。经过单位推荐、资格审查、民意测评、能力素质测评和综合面试等环节，确定40名培训对象，并通过拓展训练、专家授课、小组研讨、对标学习、参观交流等形式对年轻后备干部开展培训。

2015年，坚持"以能力取人，以素质取人"原则，持续优化各部门单位的班子结构，加强引领。实行空缺管理岗位竞争上岗，公开空缺中层管理岗位进行竞岗，选拔任用副科级领导干部、科级以下干部共5人。

2016年，开展交流轮岗，全面考量干部任职经历、年限和班子搭配的需要，交流调整干部8人次。

2017年，加强党务干部与行政干部交流轮岗，合理调配和任命党务干部17人次。在火炬供电分局等7个单位设立党支部副书记职务，配强党务干部队伍。

2018年，加强竞争性企业领导班子建设，印发《中山供电局加强竞争性企业领导班子建设实施方案》，制定具体措施增强竞争性企业干部本领；严格履行相关程序提拔干部、交流调整干部，涉及选人用人工作的事项均通过局党委会议集体讨论研究。

2019年，选拔正科级干部、副科级干部以及交流轮岗共23人。干部任职前谈话加入任职承诺宣读，让干部牢记职责使命。采用新手段、新形式，利用局内部人才市场公开选聘副科级团委书记。

2020年，旗帜鲜明地树牢"重实干、重实绩"的选人用人导向，把党性先进、立心为公、业绩突出的优秀人才充实到干部队伍中去，将19名各专业领域的技术骨干提拔到管理岗位，推动优秀青年人才走上管理岗位，构建更加合理的人才队伍。建立"干部多岗位、多经历锻炼机制"，46名副职（助理）在分管工作的基础上，兼任一个专业技术岗位，推动干部主动作为、探索创新、攻坚克难。

二、干部队伍思想政治建设

注重政治思想引领，涵养风清气正的政治生态。中山供电局持之以恒加强干部队伍思想政治建设，局党委发挥示范表率作用，带头履职尽责，带头担当作为，带动各级干部不断叩问本心，凝聚思想共识，提振精气神。2020年3月，局党委研究并印发《加强领导干部守初心担使命、勇于担当尽责的若干意见（试行）》，结合中山供电局实际，一揽子整合从严管理干部的相关工作要求，编制领导干部工作到位标准、基层党支部书记落实全面从严治党责任到位标准，完善干部"能上能下"和监督考核机制，形成干部失职失责行为问责清单。

三、人才市场建设

中山供电局大力推进内部人才市场建设，2020年开展两轮空缺科级岗位公开选聘，选拔优秀年轻骨干，充实到职能副职岗位。根据队伍调研情况，选拔业绩突出的年轻干部到边远镇区、重点项目部门、广东电网公司本部进行磨炼，科级干部队伍中80后的比例持续提升。培养干部拥有多专业、多岗位经历，从生产单位调整技术型干部到供电分局任职，选派经验丰富的综合型干部担任大集体企业主要负责人和董监事，打破主配网以及各专业领域的交流隔阂。

中山供电局形成了在比、学、赶、超上全面发力，在真、精、实上狠下功夫的争先文化。坚持在"三个一线"识别干部，激发干事创业拼劲。坚持在打造"三张名片"过程中和疫情防控一线考察识别干部，提拔重用多名在日常履职和疫情防控期间工作出色的干部。充分调动各年龄段干部的积极性，激励老中青干部都以饱满的政治热情、高昂的精神状态投入创建世界一流电网企业和助推中山市"重振虎威"中去，争取创立新功。

四、干部教育培训

2015年，扎实开展专题教育，全面提升干部素质。组织2期局党委中心组专题研讨学习、5期"三严三实"专题党课，订购118套"三严三实"专题教学用书，组织86人参加党性锤炼，督导供电分局领导班子开展专题学习会；梳理6个"不严不实"方面存在的15类现象，根据发现的问题制定了整改措施，实施销号式整改。

2015年，推送优秀干部走出家门，营造干部互相促进、互相提升的氛围。推送干部参加南网总部第五期学习岗选拔培训班，推荐干部参加公司第五期年轻干部培训班，选派干部参加国际风险管理师培训。开展区域联动人才锻炼交流项目，相互选派骨干员工进行人才交流，开展培训讲座。

2017年，完善干部培训体系建设。围绕经济、党的建设等内容，进行以网络选学为主的干部"个性化"菜单式培训。通过"转作风教育""强能力培训""精益管理"

三大模块课程，开展 3 期科级干部和专责轮训。

2018 年，打造学习型领导班子，组织干部分 2 期到中山大学参加党政干部培训，举办网络培训。

2019 年，组织党政干部赴华南理工大学参加管理能力强化培训，组织高级专责和分局部门主任赴中山大学参加管理能力提升培训。推荐 7 人到广东电网公司本部和中心机构挂职锻炼，推荐 90 后参加年轻干部（人才）培训班，推荐 1 名正科级人员参加中青年干部培训班，选派 4 名青年人才到河源局挂职学习锻炼和 6 名生产等技术骨干人才到湛江局参与项目驻点交流，推荐骨干员工到凯能集团任职。

五、干部监督和考核评价

真情关爱干部，增强干事创业后劲。常态化开展谈心谈话，注重围绕不同时期、不同部门的工作重点和难点，通过调研和座谈等方式，及时为干部释疑解惑、加油鼓劲，帮助解决工作生活困难。健全容错纠错机制，既鼓励支持勇挑重担、开拓进取的干部，又对在改革创新中出现失误错误的干部合理精准容错。

2015 年，创新开展党性考察和延伸性谈话谈心，核对干部"三龄两历"，追补缺漏档案材料，完成干部人事档案初审，并同步核实和完善新系统数据。

2016 年，组织完成干部年度有关事项报告填报及审核汇总，组织梳理分局局长助理及以上干部需回避亲属关系，及时调整需职务回避的干部。完成干部人事档案审核和《干部人事档案专项审核认定表》签名确认，追补学历复印件等材料。

2017 年，改进干部考核方式，创新应用"德、廉、能、勤、绩"的定性评级新模式，对 46 个部门（单位）开展了考核调研，并广泛收集基层意见，推荐基层认可、口碑良好、综合素质过硬的优秀员工。改进干部考核反馈模板，对干部进行全面深入的分析，向干部本人反馈考核评价结果、工作建议和提升方向，完成了分局局长助理及以上干部 2016 年度考核结果反馈，促使干部认清标杆，查找不足。

2018 年，监督考察工作更加有力，开展领导干部大调研，监督范围延伸至竞争性企业班子中层管理人员。完善干部出入境备案管理，制定《处级领导干部日常监督工作指引》和《干部管理、干部监督制度宣传手册》，制作微课件《轻松读懂领导干部日常监督申报内容与流程》。

2019 年，制定干部管理工作 26 条和专家人才管理工作 70 条，增强各级干部的政治、纪律、道德、抵腐定力。组织对 35 个二级单位和供电分局班子及干部进行摸底调查，全方位了解干部履职状态。结合局领导大调研和谈心谈话，开展 2018 年度各部门

（单位）班子和中层干部考核定级和结果反馈，提出改进意见和建议。

2020年，印发《加强领导干部守初心担使命、勇于担当尽责的若干意见（试行）》，凝聚思想共识，提振精气神。通过自主学习、参与研讨及采用微信开展四个阶段专题测试等方式，加深干部对"担当尽责"的学习和理解，压实责任。首次引用"6问"自评表对31名干部开展民主测评及考核调研，向144名干部反馈2019年度绩效考核结果，让干部了解自我现实表现，掌握工作实绩等情况。

第四节　薪酬福利制度

1963年前，由于工资等级不统一，没有统一的工资标准。1963年后，中山供电局按珠江电业局地区工资标准进行全面整顿，统一了标准。1983年进行调资，将企业经济效益和个人劳动成果挂钩。1989年，实行浮动工资转标准工资。1999年，调整工资收入结构，实行技能工资新标准。

2011年以来，中山供电局秉持注重"智慧、领先、服务"的工作作风，先后完成了工资套改、农电接收人员同工同酬、薪酬划小分配等工作，并形成精益项目成果，荣获广东电网公司精益项目成果一等奖。在广东电网公司开展的"五险两金一补"专项检查工作中连续两年"零问题"，是全省唯一一家薪酬福利一体化管理的地市供电企业。

一、薪酬划小分配

2004—2012年，探索开展薪酬划小分配单元实践工作。2013年将此项工作全面铺开，将月度绩效工资划小到各级责任主体，初步建立"工资总额基数＋专项工资＋工资增量"的工资总额分配模式，形成以业绩考核为导向的月度绩效工资管理分配雏形。2014年，启动薪酬分配"均衡""自主统筹"模式，引入"按绩取酬"和"差异化个性倾斜"分配机制，建立以岗位胜任能力为导向的岗位工资体系和以绩效为导向的绩效工资激励机制。2016年，加大"按绩取酬"和"差异化个性倾斜"激励分配机制实施力度，持续向生产一线、接收人员、缺员单位倾斜。2018年，优化边远地区工作补贴，出台区域联动挂职交流人员激励、毕业生激励、精益管理激励等一系列导向性激励措施。2019年，优化一线班组绩效工资倾斜系数，设置业绩鼓励奖，扩大绩效工资划小额，给予缺编单位补充工资，扩大绩效工资分配权。2020年，在24个供电分局试行量化绩薪工作，核定缺员单位增量工资，全面落实以业绩为导向、注重效率的工资分配机制，并出台超额贡献专项考核激励方案，进一步激励领导干部担当作为。

二、退休人员社会化

2020年，贯彻落实国家和地方政府、南方电网公司、广东电网公司关于国有企业退休人员社会化管理的工作要求，以高度的责任感和使命感抓好部署，加强统筹协调，稳妥有序推进退休人员社会化管理移交工作。一方面，以用心、真心、耐心的服务体现关怀。一是采用老同志容易接受的方式宣传政策，让老同志真正理解虽然管理关系变了，但"感情关系没变、关爱程度没变、关心力度不减"，医疗等方面服务更有保障。二是与部分心存疑虑的退休人员耐心沟通、多渠道沟通，用情、用理向退休人员及其家属讲解社会化管理相关政策，同时注重发挥老党员、老干部的配合作用，做好意见建议的收集，上门答疑解惑、消除顾虑。另一方面，以严、细、实的作风把工作做深，通过编制"一人一册"人员档案、内外联动等方式，调动全局24个供电分局专班人员的力量，主动对接各镇区政府，针对党员资料缺失问题，从退休人员入党时所在地方组织人事部门入手，寻回多份缺失档案，补齐证明材料，确保人事档案和党组织关系同步完成移交。到2020年年底，退休人员的人事档案及退休党员的组织关系均移交至各镇区，移交完成率达到100%。

三、员工绩效

2013年，自主研发"绩分制"考核模型，获广东电网公司肯定并引用。2017年，研究并实施"量绩计薪，量变薪变"的绩效考核模式，形成《基于区分度的专业技术人员绩效绩分制考核精益提升》项目成果，荣获广东电网公司年度精益项目成果管理优化类一等奖。将自主研发的五种技能类岗位考核模型（"绩效管理一表通"模型、"工作量分一表通"模型、工作量分评价模型、360度综合评价模型、指标考核模型）统一为"工作量分模型"。2018—2019年，全面推广"工分计酬""绩分计酬"工作，采取"同分不同价"模式进行分配，初步建立了"抢单"机制，量分计酬比例逐步提升，尤其是供电分局，基本全面实现计酬比例100%，进一步体现员工绩效管理的"三个不一样"。2020年，深入开展"量化绩薪"工作，优化组织绩效考核周期，由"年度"优化为"季度+年度"，通过加强组织绩效具象化的方式，增强企业与员工的紧密度，肯定员工贡献，实现企业目标，并进一步增强员工绩效管理的客观性、公平性及可行性。

四、非物质激励

2012年,开展一线班组星级员工评选工作。2017年参评范围扩大至专业技术类、技能类岗位员工。截至2020年12月31日,全局星级员工2301人。

2017年,建立以非物质激励为主、物质激励为辅的员工"激励积分 + 激励菜单"激励模式。2017—2019年,每年通过问卷调查方式,结合政策与员工意见完善激励菜单。2020年,完成2018—2019年度积分兑换工作,将该项工作打造成员工认可的品牌。

党建引领　兴企有为

第二部分

电网是各类现代化能源传输的坚强载体，是人们安居乐业、社会进步发展、经济持续增长的基本保障。

电掣流年，步履生辉。中山供电局作为电网企业，始终脚踏实地致力于推动中山电网健康稳步发展，全力以赴打造适合中山发展需要的坚强智慧电网，为中山市各行各业广大群众编织了一张托起稳定生产、幸福生活的强韧之网。

第四章 电网建设

第一节 初建电厂，点亮暗夜（1921—1949 年）

中山有电的历史已过百年，从 20 世纪初开始，中山人便开始在追逐电力工业文明的道路上不断前行。在 1949 年之前，中山人创办了迪光电厂、黄圃电厂和竹秀园电厂共 3 座电厂。

一、迪光电厂

1912 年，辛亥革命给沉闷的中国大地带来了曙光，华侨严迪光先生深受震动，他知道这样的一场革命势必会带来人们观念和生活方式等的变革，电力工业的文明必将渗透到社会生活的每一个角落。于是，他抽出资金创办了迪光电厂，从美国引进了两台译名为"威士丁"的透平机，容量为 2×1250 千伏安（1000 千瓦），并安装发电。1913 年，他为了扩充电力，利用马踢水的水力资源开办水力发电站，后被绑匪劫杀，电厂事业由其次子管理。抗日战争时期，中山沦陷，发电厂几经风雨，两台透平机也被拆走。1945 年光复后，电厂重新安装 1 台 300 匹马力（220 千瓦）的内燃机与 175 匹马力（125 千瓦）的双缸柴油发电机组继续发电。由于发电厂机组残旧，不能连续运行，只有晚上 6 时至 10 时发电，供居民照明。当时电厂发电机送出电压是 2200 伏，用户电压是 110 伏，2200 伏高压线路总长 2 千米，全部使用单相变压器，数量仅有 10 台，最大容量为 75 千伏安，电厂每天发电量约 1 万千瓦时。当时电厂发电机组的主要燃料是木炭和无烟煤，无烟煤供应不足致使发电机出力不足，电力供应也不正常。当时群众有句俗语是"电灯不明，电话不灵……"，反映了当时中山电力落后的状况。

二、黄圃电厂

黄圃电厂建于 1947 年，厂址在黄圃镇的新基街，装机容量为 60 匹马力，机组是从广州协同和柴油机厂购进，配有 30 千瓦发电机，电压为三相 220 伏。发电主机有 2 台，一台卧式烧重油，1958 年改装烧大糠，另一台立式烧柴油，与卧式机交替使用，发出电力主供黄圃镇内小手工业及商业和居民的生活照明。1959 年，机组停止发电。其中，卧式发电机组调往黄圃镇综合加工厂继续使用，立式发电机由县工业局调至兴宁县。

三、竹秀园电厂

竹秀园电厂始建于 1947 年 6 月，由竹秀园福利会筹办，厂址在竹秀园村口，资金为以海外华侨郭顺为主捐助的 4 万多美元。装机为英国产的 80 匹柴油发电机，容量为 99 千伏安。1949 年年底完成发电机试机工作，但由于当时未架设输电线路，因而机组未实现投产发电。中华人民共和国成立初期，一区（环城）区政府为了扩大用电范围，将电厂搬迁到沙涌村旧圩场，并建成供电线路，不久机组投产运行。投产后供电范围可达竹秀园、沙涌、上塘和恒美四个村，居民用电率达 30%，电费收取是实行按灯计费。1952 年年初，该厂由迪光电厂接管，并将厂内发电设备搬走，电厂宣告结束。后来环城梁益米机利用该厂原有送电线路，利用自备发电机组发电，供各村夜间照明。1956 年，环城公社又将原来被迪光电厂调走的那台发电机迁回重新修好，安装在环城机械厂内继续发电。1962 年环城公社从梁益米机接回全部供电线路，机械厂开始正式发电，直至 1963 年。

第二节　构建电网，全面覆盖（1949—1978 年）

从中华人民共和国成立初期至 20 世纪 70 年代末，中山电网已从星星之火发展成为南北连通的真正意义上的大电网，电网电压等级升至 110 千伏，满足了社会主义革命建设时期中山经济社会发展的用电需求。

一、电力工业迎来新生

随着中华人民共和国的诞生，中山电力人以主人翁的姿态投入轰轰烈烈的社会主义建设大潮中，强烈的民族自豪感交织着建设新中国的巨大喜悦。

20 世纪 50 年代，迪光安记电力灯所（前迪光电厂）在设备总装机容量 345 千瓦的基础上，加装 3 台发电机组，总装机容量达到 1665 千瓦。在"鼓足干劲、力争上游、多快好省地建设社会主义"的社会主义建设总路线影响下，中山的工业建设步伐明显加快，用电需求量增大，电厂也随之扩建，增加安装 2 台 10 吨锅炉和 750 千瓦汽轮发电机组，总装机容量达到 2415 千瓦。

二、35 千伏电网初构建

20 世纪 60 年代初，中山县被国务院批准为全国"电气化、水利化、机耕化、化学化"建设的重点县,由此掀起了一个以建设农田抽水排灌为重点的"四化"热潮。1962年,中山县政府组建了"中山县电业公司",统一开展电网规划建设工作,由此开启了由国家投资的大规模的电网建设。

由于受到地理环境的限制,加上发电设备落后,自己发电无法满足全部的用电需求,除了发动镇区和农村自建小水电满足用电需求外,中山电力人与江门供电公司洽谈,引入江门北街变电站的电,供应中山的中部及南部地区,并在1961年建成投产了中山第一座35千伏变电站——墩陶变电站,这是系统电网送电到中山的第一条电源线。

在首开先河尝试到系统电网的甜头之后,为了满足持续增长的用电需求,中山电力人又开始了新的尝试。

1962年,35千伏黄圃变电站投产,主变容量为2×1800千伏安,电源由9.25千米的35千伏中顺线接顺德大良变电站供电,向黄圃、南头、阜沙、三角等地供电。35千伏二滘口变电站投产,主变容量为2×1800千伏安,电源来自黄圃变电站35千伏黄二线,向三角、民众、浪网等地供电。

1963年,35千伏古鹤变电站投产,主变容量为2×1600千伏安,电源来自墩陶变电站35千伏古鹤线,向坦洲、三乡等地供电。35千伏湖州变电站投产,最初主变容量为1×1800千伏安,电源来自墩陶变电站35千伏古鹤线,后改造主变,增容到3×8150千伏安,向板芙、北台、大涌、神湾等地供电。

1964年,35千伏小榄变电站投产,最初主变容量为1×1800千伏安,后改造主变,增容到3×10350千伏安,向小榄、古镇等地供电。

1965年,35千伏民众变电站投产,最初主变容量为2×1800千伏安。后增为主变3台,总容量为6800千伏安,电源来自黄圃变电站35千伏黄民线,向张家边、南朗等地供电。

自此,中山大部分地区进入了系统电网供电的时代,实行自己发电和买电并行,电力供应的可靠性提升,供电的范围更广,电力用户数量显著增加,使得中山的夜空更加明亮。

三、110千伏电网联全市

1970年上半年,中山地区出现第一座110千伏变电站——石岐变电站,取代了35千伏墩陶变电站,长期南北互不连通的中山北部电网和中南部电网通过35千伏榄黄线和35千伏中黄线连通。南北电网的连通标志着中山长期以来互相分割的电网正式连接起来,中山首次实现了真正意义上的全系统电网供电,中山电网成为广东电网的一部分，这为中山电网的继续升级改造和换代打下了坚实的基础。

第三节 乘势而上，升级改造（1978—2002年）

改革开放为中山的经济社会发展注入了强劲的动力，使得用电需求飙升，对供电可靠性的要求不断提高。这时，中山电网适应时代发展实现跨越升级，一张220千伏电压等级互联的现代化大电网逐步成型。同时，在这个阶段，中山的配电网也逐步完善，实现了长足的发展。

一、电网亟须升级改造

乘着改革开放的春风，中山经济开始腾飞。无论是工业生产，还是人民生活，都需要庞大的电量作为支撑。随着用电需求的飙升，电力供需矛盾日益突出，原有的供电设施已处于满负荷或超负荷运行状态，亟待升级改造。

进入20世纪80年代中期，中山电网进一步扩大，除石岐变电站外，先后增加了黄圃站（就地升压）、港口站（新建）、小榄站（就地升压）3个110千伏变电站以及相应的110千伏输电线路。同时，35千伏网络增加了东凤站、横栏站、张家边站、柏山站、长江站（用户站）及翠亨站（用户站）以及相应的35千伏输电线路。虽然中山电网规模不断扩大，但中山电力系统仍然主要靠江石线单一电源供电，可靠性低，随时有全市失压停电的风险。

二、升级为220千伏电网

到20世纪80年代后半段，由于用电需求增长速度快，为解决缺电的难题，电网在调整巩固的过程中进入拓展阶段。除了把原有35千伏变电站升压为110千伏电压等级外，中山还不断新建110千伏变电站，使电网布局逐步趋于合理。但要使电网发展真正满足经济发展需求，必须向更高一级的电压等级布局网架。

在广东省电业局和中山市政府的领导下，经过全体电力职工的共同努力，1987年上半年，中山地区第一座220千伏变电站——中山变电站顺利投产运行，220千伏系统的出现，标志着中山电力事业进入新纪元。220千伏中山变电站的投产运行，不仅带动了沙中线、顺中线、北中线及中珠甲、乙线等220千伏输电线路的相继投运，而且带动了多个配套110千伏变电站及相应的110千伏线路相继投产运行。此时的中山电网日趋完善、合理，可靠性大幅提高，事故率显著下降。

随着中山经济的持续发展，各镇区用电量明显增加，仅一个 220 千伏变电站逐渐无法适应需求。1994 年 7 月，第二个 220 千伏小榄输变电工程投产；1996 年 10 月，第三个 220 千伏三乡输变电工程投产；2000 年 11 月，第四个 220 千伏浪网输变电工程投产。与此同时，相应的一大批 110 千伏输变电工程也相继投产，中山电网通过不断扩建、增容、电压升级，已形成了一个有多路电源、可靠性较高的电力网络。截至 2000 年年底，中山电网共有 220 千伏变电站 4 座，110 千伏变电站 30 座。

三、配电网逐步完善

改革开放前，中山 10 千伏线路是清一色的架空线，选用方杆、梯形杆等较为简易的设备，配电线路也多采用"两线一地"方式架设，配电网处于一个缓慢发展的阶段。

改革开放后，随着中山经济的高速增长，配电网的发展进入了崭新的阶段，中低压配电网络建设也有了长足的发展。

1984 年，首回 10 千伏电缆——孙文线中山纪念堂电缆支线投入运行。架空线路具有投资成本低，巡查、维护直观方便的优点，但运行故障率较高，占用大量的线路走廊，对市容造成一定的影响。因此，在城市中心区内架空线路的发展受到限制。电缆线路直接埋于地下，具有故障率低、不影响市容的优点。自此以后，10 千伏配网中电缆线路所占的比重不断提高。

1985 年，首座双电源供电的配电房——中山国际酒店配电房正式投运，该配电房由石岐 110 千伏变电站Ⅰ、Ⅱ段母线分别送出一回 10 千伏电缆，由于有两路独立电源，因而具备较高的供电可靠性，可满足该用户的需要。此后，供电网络相继出现了众多的双电源供电用户。双电源用户的出现，也体现了配网已逐渐具备足够的供电能力以满足不同用户的需要。

1988 年，中山市首座室内公用配电房——莲塘石街猪糠厂台区配电房投运。室内配电房供电模式的推广体现了设备运行管理水平的提高；配电房与电缆线路的采用，使配电网对市容、市貌的影响程度降到最低，实现了与周边建筑物的和谐共存。

1992 年，中山市首座 10 千伏开关站——第一城住宅小区中心开关站投运。该开关站 10 千伏系统采用了单母线两分段的 10 千伏结线方式，有两路电源进线，两段母线分别引出至不同的配电房，经"拉手"后形成闭环，使参与闭环的配电房具有从两段母线获得电源的能力，实现节约成本、提高供电可靠性的双重效用。

1999年年底，在城区公用配变低压侧安装负荷监测仪。负荷监测仪可实现对配变运行状况（包括三相电流、三相电压、三相有功功率、三相无功功率、频率、变压器油温、有功电量、无功电量等）的在线监测，并且可以通过公用电话网将负荷监测仪与主控中心连接，在终端运行状态异常（如缺相、电流电压异常等）时主动上报主控中心。通过主控中心的运行状态分析功能，使管理部门对配变负荷、配变运行经济性、供电可靠性、电压合格率等指标进行分析处理，为低压电网改造提供详尽的基础运行数据，也为配网自动化管理打下基础。

第四节　持续升级，走向智能（2002—2012年）

进入21世纪，中山市在建设"适宜创业、适宜创新、适宜居住"的"三个适宜"城市道路上加速前进，中山电网也迎来了系统、规范、全面、快速发展的新阶段。在这个时期，中山电网最高电压等级提升至500千伏，电网规模呈现几何式增长。

一、输电网"三核六环"目标网架

输电网是电网整体架构的骨干和核心，其不断完善加强，推动了中山电网整体规模和体量的不断攀升。在追求电网快速发展的同时，中山供电局逐步明确了中山电网的远景目标网架，为中山输电网的发展指明了方向。

进入21世纪，中山市的腾飞速度日益加快，中山电网的供电量和供电负荷也随之飙升。城市发展，电力先行，电网的发展必须适度超前城市的发展。在这样的大环境下，将中山电网再提升一个电压等级的需求呼之欲出，500千伏成为当时中山供电人的心之所向，就是在这个时候，"三核六环"的梦想逐步酝酿成型。

"三核六环"是对中山远景220千伏及以上目标网架的总体描述，即以三个500千伏变电站（香山站、桂山站和文山站）为核心，六个功能片区形成220千伏双回链式环网结构。"三核六环"最早出现于2006年版的电网专项规划，当时为呼应"十一五"时期中山市四大组团的经济发展模式，规划了以三个500千伏变电站为核心，四个功能片区形成220千伏环网结构的目标网架。

后来，随着中山经济不断发展，西北组团的负荷增长已远远超过其他组团，为更好地做好西北组团的供电服务，中山供电局从电网网架层面明确划分西北部的供电架构，达到了合理安排输变电项目建设的目的。另外，2011年国家批准中山市成立翠亨

| 百年梦想　电亮中山

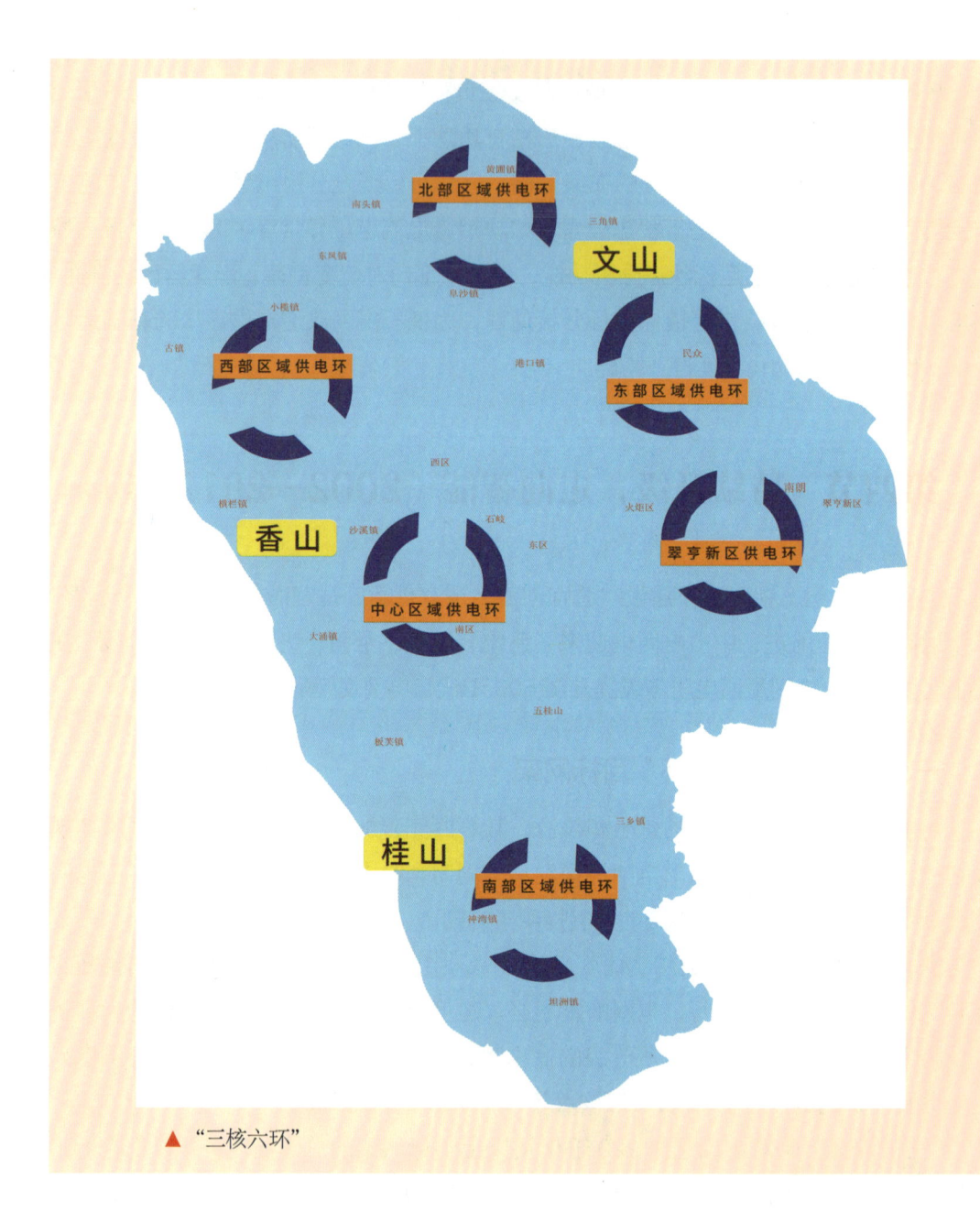

▲ "三核六环"

新区，通过与市发改、国土、规划等部门的沟通，中山供电局完成了翠亨新区负荷需求分析及网架论证，认为从电网的角度有必要把该区域网架从东部组团独立出来，构建适合其发展的区域网架，同时把东部组团其他区域归并起来重新构建东部组团网架。因此，形成了中山市新时期以六个功能片区（中心区域供电环、东部区域供电环、南部区域供电环、西部区域供电环、北部区域供电环、翠亨新区供电环）为基础的发展战略，中山电网"三核六环"的目标网架也基本成型。

二、香山站：第一座 500 千伏变电站

500 千伏香山变电站是整个广东南部电网的枢纽变电站，也是中山市的第一座 500 千伏变电站，位于中山市横栏镇四沙村、东升镇太平村，最终建设规模为 3×100 万千伏安，500 千伏出线 6 回，220 千伏出线 14 回。该工程原计划先建设 I 期 1×100 万千伏安主变工程，由于中山负荷增长迅猛，经当时中山供电分公司积极向省广电集团争取，同意 I、II 期工程 #1、#2 主变共 200 万千伏安主变同期建设，并同时完工。首期工程 500 千伏出线 2 回，即解口 500 千伏沙江乙线接入本站，解口线路一进一出长约 2×18.4 千米，

▲ 2004 年 5 月 3 日，中山首个 500 千伏变电站——香山站投产运行

该工程是广东省电网 2004 年上半年十二项迎峰度夏重点工程之一，在南方电网公司、广电集团公司以及中山市委市政府领导的大力支持下，在广电集团中山供电分公司和有关参建单位的共同努力下，于 2004 年 5 月 3 日顺利投入运行。工程的顺利投产大大缓解了整个广东南部电力供应紧张的局面，进一步完善了广东和中山的电网结构，提高了电网供电能力和供电可靠性，标志着中山电网的建设发展又进入了一个全新的阶段。

三、桂山站：第二座 500 千伏变电站

500 千伏桂山变电站位于广东省中山市三乡镇竹溪村，是中国南方电网、广东电网公司和中山市的重点工程之一，是广东省"安全、优质、文明"样板工程。首期工程建设 2×100 万千伏安主变压器，500 千伏出线 4 回，220 千伏出线 10 回，500 千伏采用 H-GIS 设备，220 千伏采用 GIS 设备，具有较高的可靠性、安全性，也便于运行维护和检修。该站在广东省内首创格构式全联合装配构架、三面出线，有效减少了电网建设阻力，也是广东省内第一个环评效果创优站。该工程于 2008 年 9 月 26 日奠基，次年 9 月 26 日竣工，刚好一年时间，比预测所需时间缩短 6 个月，创造了广东电网 500 千伏变电站建设的新速度。

桂山变电站正式投产后，大大缓解了香山变电站的供电压力，满足了中山南部镇区经济发展对电力的需求，缓解了中山电网中部、西部和南部电网 220 千伏线路满载或过载的压力，对于改善和优化中山电网结构，提高中山电网的供电可靠性和电网的供电能力，具有十分重要的作用。桂山变电站还融入广东电网 500 千伏骨干网架中，为珠海电厂、铜鼓电厂后续机组和台山核电接入以及粤西电力送往珠三角创造了重要条件。桂山站采用"阶梯式"布局施工技术，尽可能地节约用地，保护环境，减少水土流失，成为当时全国占地最少的工程。该项目由于出色的绿色环保建设理念，以及设计上的因地制宜、施工上的技术创新和工艺亮点，摘得"鲁班奖"。这是中山电网工程项目首次步入全国建筑行业最高荣誉殿堂。

四、配电网"三分二自一环"

在中山电网的输电网网架结构不断完善的同时，中山供电局也积极探索配电网网架优化和配电自动化建设。经过几代人的不懈努力，逐步形成了"三分二自一环"的核心理念。

"三分"之"供电分区"。2003 年，为解决中心城区配电网结构复杂、供电区域混乱、运维难度较大的问题，中山供电局将每个变电站供电区域分为"大区"，将中心城区分成 52 个"中区"，各同级分区间电网相对独立，避免交叉供电。该分区规划为全省乃至全国首创，形成了中山配电网"分区"的基本规划思路。

2009 年，按照南方电网公司、广东电网公司规划技术导则的要求，在宏观层面根据区域功能定位及远景负荷密度，将中山 24 个镇区划分为 B、C、D 类供电区域，有区别地采取不同标准开展差异化配电网规划，提高投资效益。在 2009 年配电网规划修

编时，组织各供电分局自主开展了全面"中区"规划，形成了第一版各镇区配电网目标网架，指导分局开展近中期配电网规划。

"三分"之"结构分层"。为解决配电网自然生长产生的"糖葫芦串"和"树状结构"问题，2006年开始，中山供电局提出了配电网"分层"的概念：简化主干层结构，提出电缆网"主干配"概念，强调主干层分段及互联要求，提升主干层装备及运维水平；约束分支层层级数量，明确分支层开关配置要求，电缆网区域通过支线自环提高供电可靠性。

树立清晰的配电网"分层"规划理念后，线路规划思路更加清晰，投资及运行管理效率得到有效提升。

"三分"之"管理分界"。随着2003年"用者自付"配电网投资原则的出台，配电网用户投资的线路、设备数量迅速增加，而用户资产质量、建设标准及运维管理往往难以达到公用配电网的水平，其故障率明显高于公用配电网同类设备，严重影响配电网的供电可靠性。为解决该问题，中山供电局提出了"管理分界"的规划理念，通过采取技术手段，设置明确的分断点，实现公用线路与用户设备的"分界"管理，从而减少连带性停电，缩小故障停电范围，缩短用户停电时间，有效提高用户供电可靠性。

"二自"——"架空网故障自动隔离+电缆网故障自动定位"。2000年，中山供电局正式启动配电自动化试点工作，首期以"光纤+三遥"为技术路线，在中山核心城区以"集成型"模式开展配电自动化建设，同时攻克了负荷开关现场加装电动操作机构等一系列技术难题，为我国第一版配电自动化标准的制定提供了实践经验。

2004年，为解决实践过程中遇到的主站系统技术欠成熟、电网结构发展变化频繁、光纤通信不稳定等问题，中山供电局开始探索更适合中山现状的配电网自动化模式，开展了架空线路馈线自动化试点工作，采用"电压－时间型"逻辑就地隔离故障点，并在国内率先以零序电压采样作为判断依据完成线路接地故障的自动隔离，为下一步全面推广馈线自动化建设积累了丰富的经验。

2007年起，中山供电局开始全面推广"就地型"配电网自动化建设模式。2010年，经过三年的推进建设，中山供电局配电网自动化形成了核心城区"三遥"、非核心城区电缆网故障自动定位、架空网故障自动隔离的"实用型"自动化模式，实现主干线配电自动化全面覆盖和全景展示；同时，"二遥"通信统一采用无线公网传输模式，大大减少了通信网络建设投资规模。2011年4月，中山供电局配电自动化系统通过广

1	核心城区：集中控制型的"三遥"功能
2	非核心城区：架空网（主干线）采用馈线自动化技术，实现就地故障自动隔离和"二遥"功能
3	非核心城区：电缆网（主干线）采用故障快速定位技术，实现故障自动定位和"二遥"功能

▲ 第一代"二自"

东电网公司组织的实用化验收。2012年2月，中山供电局被南方电网公司授予"中国南方电网公司配网自动化示范基地"称号。

中山配电网全面推广应用"就地型"配电网自动化技术，实现了故障的快速定位和隔离，大幅度缩短了用户停电时间，提升了用户满意度。实现电缆线路配电自动化后，非故障用户复电时间减少62%；实现架空线路配电自动化后，非故障用户复电时间减少99.4%。2012年，中山电网全口径供电可靠性达到99.96%，其中城网可靠性达到99.99%，连续两年获得全国供电可靠性管理A级金牌，第三方调查客户满意度评分达到82分，全省排名并列第一。

"一环"——以100%为目标不断提高配电网环网率。在配电网规划和运行过程中，提高环网率是提高可靠性最有效、最经济的办法。在"十一五"期间，通过增加变电站布点、编制变电站中压出线专项规划、大力完善中压网架等方法，大幅提高了中山配电网的环网率。

通过"十一五"及"十二五"初期的建设，中山市配电网环网率提高了141%，配电网可转供率提高了204.3%，城镇电网环网率达到100%，为提高配电网供电可靠性打下了坚实的基础。

第五节　规划融合，智能提升（2012年以来）

2012年，党的十八大召开，中山供电人顺应时代潮流，不断升级完善电网规划建设模式，创造出宝贵的中山经验。在党的十九大提出发展"粤港澳大湾区"的国家战略之后，中山也按照广东省委的部署，奋力建设珠江两岸融合发展支撑点、沿海经济带枢纽城市和粤港澳大湾区重要一极，整体发展全面提速。在这个关键时期，中山供电人以打造安全、可靠、绿色、高效的粤港澳大湾区智能电网为核心，重点推进配电自动化从"就地型"向"智能型"升级，构建清洁低碳、安全高效的大湾区现代能源体系，全力以赴为大湾区建设提供一流的电力保障和供电服务。

一、输电网"落地式"规划理念

电力设施虽然是十分重要的公共设施，对于经济、社会及各行各业的发展起着非常重要的作用，但由于征地拆迁难度大等原因，电网项目的建设工作常常难以推进，这在一定程度上制约了一些区域的发展。

要想使电网项目顺利落地实施，必须将电网项目规划与城市空间规划无缝衔接，对各种可能存在的不确定因素进行统筹分析和综合考虑，避免一些难点和敏感点，只有这样才能找出可实施性最强的方案。中山供电局自"十二五"初期开始，就不断探索加强电网规划与城市空间规划的多维度融合，从"纸上规划"向"落地式"规划转

三规	与经济发展规划融合
	与城市总体规划和控制性详细规划融合
	与土地利用总体规划融合
七评	环境风险评估
	水土保持风险评估
	地质地灾风险评估
	节能评估
	穿越林地评估
	涉及道路、航道等交通设施评估
	稳定风险评估
四需求	对供电能力的需求
	对供电质量的需求
	对供电可靠性的需求
	对节能降耗的需求

▲ 电网规划与城市空间规划融合架构

变，开创性地建立了三大体系十四个维度的融合架构，不断提升电网规划与城市空间发展的契合度，全面推进电网规划高效落地。

中山供电局在全南网率先要求，在做电网系统规划时，同步考虑站址、线行的实际情况，并通过现场实地查勘，比选多个方案，尽可能避开相对敏感的区域，直至比选出拆迁量最小、可行性最强的方案。对站址用地方案明确"两个坐标"，即站址征地坐标和占地坐标；对线路路径方案需达到"准可研"要求，即架空线路明确线路大转角塔坐标，电缆线路明确断面的敷设方式（单回、双回或综合沟等）。同时，还要求中期规划项目、近期规划项目的站址、线行分别得到政府及相关部门的"1+1""3+2"确认。

自2014年开始，中山供电局还进一步积极参与各镇区控规调整方案评审，并以局文形式回复控规调整评审意见，确保了电网规划适时纳入相应片区的控规。

2015年6月，中山市政府以中府函〔2015〕334号文正式批复实施《中山市电网专项规划（2012—远景）》，标志着电网专项规划与中山市城市总体规划已合为一体，开创了南方电网规划工作的先例。

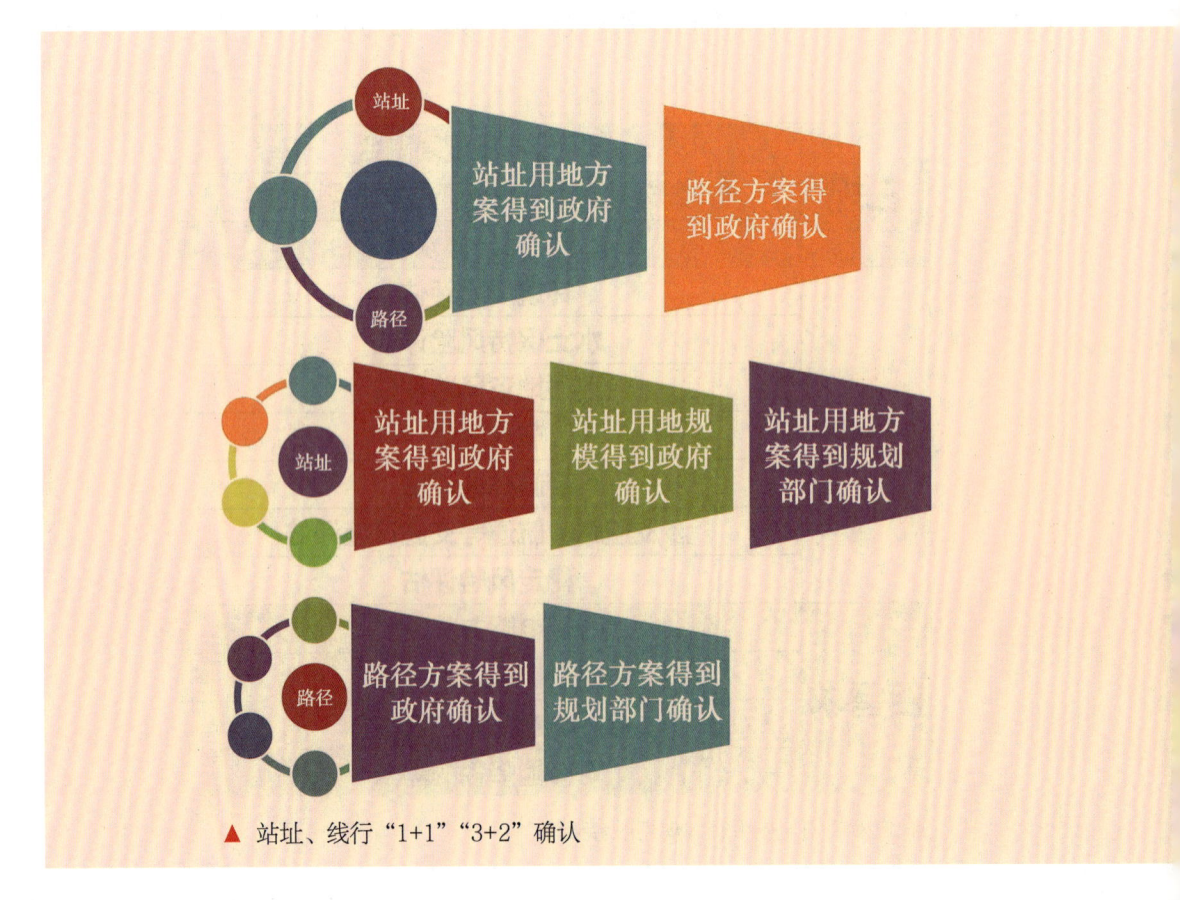

▲ 站址、线行"1+1""3+2"确认

2017年，中山供电局在领导的带领下，努力破解电网项目土规不符的难题，多次主动与国土相关部门沟通，抓住全市土规调整完善的窗口期，将"十三五"期间重点输变电项目所需站址用地、安置地全部纳入全市土规统调，并于2017年10月正式获得批复，为电网建设扫清了障碍。

电网规划与城市空间规划多维度融合的发展模式自探索构建成型以来，取得了显著的成效，相关成果荣获广东省企业管理现代化创新成果一等奖，并得到了广东电网公司的高度重视和认可，中山的相关做法和经验得到了全面推广，形成了更大更广泛的效益。

在上述工作成果的基础上，中山供电局在领导的带领下，顺利促成广东电网有限责任公司与中山市人民政府签订《"十三五"电网发展战略框架协议》，中山供电局与各镇区政府签订《加快推进电网建设合作协议书》，厘清了政府各有关部门在电网规划建设中的职责，进一步优化了中山电网发展的外部环境。

▲ 签订《"十三五"电网发展战略框架协议》

二、文山站：第三座 500 千伏变电站

500 千伏文山变电站位于中山市民众镇，本期建设主变容量为 2×1000 兆伏安（远期 4×1000 兆伏安），500 千伏线路 4 回（远期 6 回），220 千伏线路 8 回（远期

14回），其中500千伏狮桂线π接进文山站，总长23千米，共架设64座基塔。项目于2015年11月开始进行输电工程建设，2016年3月开始变电站"三通一平"，2017年2月土建正式动工，2018年5月30日实现整体投运。

500千伏文山变电站是南方电网首个500千伏、220千伏GIS全户内布置变电站，同时也是中山电网"三核六环"输电网目标网架中第三个核心枢纽变电站。中山供电局严格按照"安全、可靠、绿色、智能"的标准开展策划和建设，前后历经了将近六年的时间，投入了大量的人力、物力和财力，凝聚了全体中山供电人和参建单位的智慧和心血，力争打造国家电力优质工程。在中山供电局有关部门充分协调、参建各方共同努力下，文山站按期实现"零缺陷"移交，该站500千伏、220千伏GIS设备均一次性通过了耐压试验。另外，该站在国内首次采用500千伏GIS室组合楼承板建设方案，并且是国内首个投运新型站用电精益化管理系统以及智能巡检辅控系统的变电站，成为南方电网公司智能化运维示范变电站之一。总体来说，500千伏文山（上稔）输变电工程项目的整体投产，为中山电网尤其是北部电网提供了坚强支撑，极大地提升了北部电网的供电能力和供电可靠性，具有至关重要的战略意义。

▲ 500千伏文山站智能运维展示

三、团结站：220千伏智能变电站

220千伏团结变电站是南方电网首座220千伏户内GIS智能变电站，位于中山市三角镇光明村，围墙内面积1.25公顷，建筑总面积4812平方米。首期建设主变容量为2×24万千伏安，220千伏出线4回，110千伏出线6回，拥有10组8016千乏电容器、2组10000千乏电抗器，2020年11月17日顺利投产。团结站的投产，强化了220千伏电网结构，解决了110千伏德三甲乙线重过载及部分大客户难以接入的问题，

同时加快了北部电网建设所涉及的多条 220 千伏及 110 千伏线路的改造，是建成中山北部电网目标网架的关键。

一次智能设备方面，团结站对主变压器、GIS 设备、10 千伏开关柜设备进行智能化改造，新增主变局放、油色谱、套管、GIS 气体、避雷器等在线监测装置，以满足智能化保护、测控装置接口需求以及智能运维的巡视与操作需求。二次智能设备方面，团结站采用"三层两网"网络结构，配置集中组屏方式的过程层网络交换机，将保护、测控装置改为智能小型化设备；过程层采用 SV+GOOSE 共网结构；改用智能故障录波装置；增加智能终端及合并单元；修改同步对时设备接口及数量。智能运维方面，团结站增加视频图像监测装置、变电站智能辅助系统、防误综合操作系统、温湿度智能控制系统、智能网关以及 5 台智能巡检机器人。经过中山供电人的不断尝试探索、攻坚克难，最终，团结站成为按期投产、零事故、零缺陷及南方电网第一个投产的 220 千伏智能变电站。

▲ 220 千伏团结变电站投产

四、配电自动化"中山模式"

2013年，中山供电局作为南方电网公司配电自动化示范基地，在南方电网公司、广东电网公司的统筹安排下，系统开展了配电自动化规划编制工作，提出了中山市配电自动化建设的总体目标。核心城区电缆联络开关和关键分段开关采用集中控制"三遥"模式，其他区域电缆线路及全市域架空联络开关和关键分段开关采用基于"电压－时间"逻辑的电缆网馈线自动化（时配分）模式；主干节点分支线馈出开关采用"过流触发，无压无流延时脱扣型"电缆网馈线自动化（延自分）模式；分支线开关采用故障自动定位模式。通信方面，核心城区"三遥"节点采用光纤通信方式，其他节点采用无线通信方式，按照分层结构建设中山配电自动化通信系统。

中山供电局配电自动化规划确立了配电网"十三五"期间中山配电自动化提升路线，即争取在2020年前实现配电网"主干层故障自动定位＋分支层故障自动隔离"的新"二自"模式，该路线通过南方电网公司、广东电网公司审核批准。中山供电局选取石岐区、火炬区、东升镇作为试点区域，开展第二阶段"就地型"电缆网馈线自动化建设，建成了"就地型"电缆网馈线自动化示范线路。

五、配电自动化从"就地型"向"智能型"升级

2017年12月，中山供电局领导带领计划部、设备部、系统部、基建部、市场部、物流中心、火炬供电分局、石岐供电分局、东区供电分局等相关人员，共同研究中山配电自动化的发展方向。经过周密的技术研讨和论证分析，中山配电自动化的发展蓝图和升级路线逐渐清晰，技术原则和工作目标逐渐明确，大家的思想逐渐统一，中山配电自动化从"就地型"向"智能型"升级的进程正式开启，自此中山开始朝着供电可靠性国际领先水平迈进。

中山供电局结合城市发展定位和智能电网建设要求，明确了电缆网配电自动化采用双策略智能型，在光纤到位的情况下，按"智能分布式"运行，"电压－电流型"备用；在光纤未覆盖到位的情况下，按"电压－电流型"运行，具备"智能分布式"功能模块。A类供电区域优先确保实现智能分布式功能，B类供电区域确保实现"电压电流型馈线自动化＋三遥"功能，具备条件的实现智能分布式功能。

配合配电网自动化升级改造工作，中山供电局提出了配电网"三个转变一个提升"的发展目标，即电缆网开关由负荷开关向断路器转变，配电网通信无线公网向光

原有模式 → 提升模式

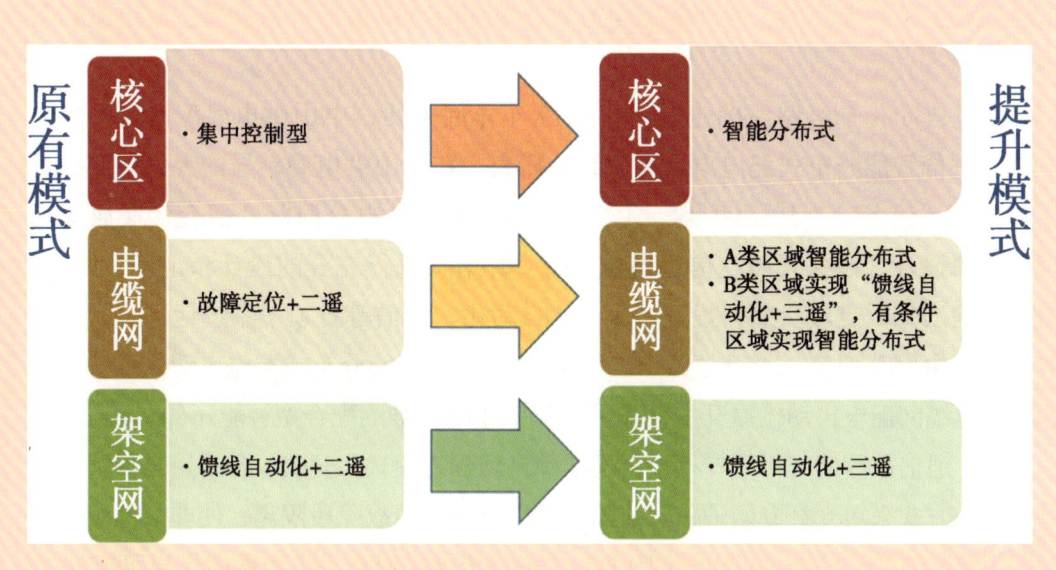

原有模式		提升模式
核心区 · 集中控制型	→	核心区 · 智能分布式
电缆网 · 故障定位+二遥	→	电缆网 · A类区域智能分布式 · B类区域实现"馈线自动化+三遥",有条件区域实现智能分布式
架空网 · 馈线自动化+二遥	→	架空网 · 馈线自动化+三遥

▲ 配电自动化从"就地型"向"智能型"升级

三个转变

- **开关**:电缆网开关由负荷开关向断路器转变
- **自动化**:"就地型"向"智能型"转变
- **通信**:通信由无线公网向光纤专网转变

▲ 配电自动化升级路线

纤专网转变，配电自动化由"就地型"自动化向"智能型"自动化转变，实现配电网网架的提升，明确对点负荷（集中性负荷）采用N供一备供电方式，对面负荷（分散性负荷）采用单环网、双环网供电方式，单环网可以根据负荷发展适时过渡到双环网。

配电自动化升级路线确定以后，2017年年底开始，中山供电局配电自动化团队着手进行智能分布式配电自动化系统的研究。在中山供电局领导的大力协调推进下，计划、设备、基建、调度、物资等部门和火炬供电分局紧密配合，在原理论证、逻辑设计、设备采购、信息整合等每个环节都进行充分的设计和论证，最终，石岐大信二期试点项目顺利投运，一次、自动化、通信等各项子系统运行正常，标志着广东电网公司第一个基于61850标准的配合型智能分布式配电自动化系统成功投运。电缆网配电自动化提升主要采用基于61850标准的配合型智能分布式配电自动化技术，通信故障情况下可转换至就地故障自动隔离模式，开关设备采用全断路器设备，通信方式采用光纤专网通信。该技术可以将电缆网故障段隔离，使非故障段复电时间由原来的21分钟大幅降低至10秒钟左右，极大地提高了电缆网的供电可靠性。

2018年4月20日，经过一系列周密的准备之后，南方电网首个双环网闭环速断

▲ 南方电网首创全系列双策略10千伏智能型配电自动化系统投运

型配电自动化系统在火炬供电分局泰钢公用开关站成功投运。该项目标志着南网首创全系列双策略 10 千伏智能型配电自动化系统试点工作全面完成，是中山供电局智能电网建设的重要里程碑。

2018 年 5 月，广东电网公司李铭均副总经理带领东莞、佛山、珠海、韶关、云浮、汕头、江门、惠州等地市供电局以及省电网规划中心、省电科院的有关领导及相关人员，来到火炬速断型智能分布式配电房，共同参观学习了中山"智能型"配电自动化的新路线、新模式，对中山供电局在配电自动化方面的积极探索和实践给予了高度肯定。

六、配电网自动化实用化全面推进

2021 年，在广东电网公司的指导和支持下，中山供电局开始全面推进配电网自动化实用化工作，印发了《中山供电局配电网自动化实用化工作推进方案》，说明了工作背景，明确提出了配电自动化终端在线率提升至 98%、配电自动化有效覆盖率提升至 90%、自愈覆盖率提升至 70% 的工作目标，并从基础建设、技术支持、应用水平、运维管理、工作机制、管理标准、团队建设、故障管理八大方面部署了 41 项工作任务，自此，中山配电网自动化迈入了系统化全面推进的新阶段。

七、全面推进智能电网建设

2017 年，中山供电局在南方电网公司、广东电网公司的统一部署和支持指导下，迎着智能电网技术日新月异的时代浪潮，开启了全面推进全市域智能电网建设的征程。中山供电局自主开展了全市域智能电网规划并获得批复，成为全南网第一个全市域智能电网示范区。中山供电局全面打造安全、可靠、绿色、高效的智能电网，覆盖 380 伏至 500 千伏全系列电压等级，取得了突出的成绩。

中山供电局紧密围绕南方电网公司、广东电网公司及局领导的各项要求，以打造安全、可靠、绿色、高效的粤港澳大湾区智能电网为核心，加强电力基础设施互联互通，持续优化电力营商环境，深化创新驱动发展，建立适应大湾区发展的供电服务体制机制，构建清洁低碳、安全高效的大湾区现代能源体系，全力以赴为大湾区建设提供一流的电力保障和供电服务。全面支持清洁能源友好落地，提升能源综合服务水平，探索城市电网向更高的可靠性层次发展，更加注重用户体验，构建互动服务平台，提供多元化服务。

中山供电局对 380 伏至 500 千伏各电压等级的电网进行了全面梳理，对标智能电

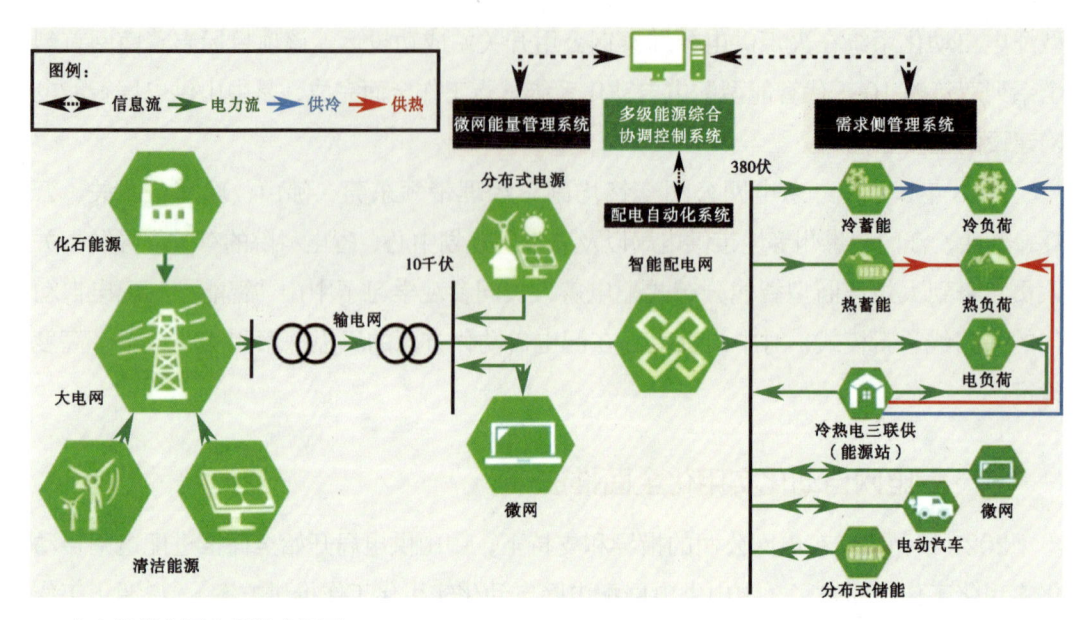

▲ 中山智能电网应用技术图示

网发展目标,从"源—网—荷—储"及综合能源等方面进行了协调规划,针对调控一体化、智能运维、配电自动化、配电通信网、计量自动化、多样互动用电等方面提出了建设方案和试点项目,以"互联网+"大数据应用为手段,采用高可靠性配电网架、智能分布式配电自动化、微电网及主动配电网、多能互补系统、虚拟电厂、智能电表、智能用电服务等关键技术,加强能源互联、供需互动、多能互补,积极探索智能调度平台、智能变电站建设和智能运维技术应用,实现电力流、信息流和业务流深度融合,构建安全、可靠、绿色、高效的智能电网,支撑中山智慧城市发展。

八、全面推进智能电网示范项目建设

在南方电网公司、广东电网公司和中山供电局领导班子的正确带领下,经过持续多年的探索实践,中山供电局在一体化电网运行智能系统(OS2)、智能变电站、高可靠性配电网、智慧用电等方面取得了丰硕的成果,对于保障中山市的社会、经济发展以及提升城市的智慧能源水平起到了促进作用,特别是使供电可靠性进一步提升、客户服务更加优质便捷。

中山供电局严格按广东电网公司的部署和要求,全面开展了一体化电网运行智能系统(OS2)建设,现已建成结构合理、功能完善、技术先进、覆盖全面的一体化电网运行智能系统。

▲ 中山智能电网

经过长期的筹备建设，中山供电局在全省率先建成了局一级的生产监控指挥中心，搭建了集监测、评价、操作、指挥于一体的业务体系和信息支撑体系，可监控设备、作业、业务等多源信息，指挥人员、资料、终端等多种对象，实现"设备状况一目了然、风险管控一线贯穿、生产操作一键可达、决策指挥一体作战"。

在为用户提供智能化用电服务方面，中山供电局于2018年建成了大涌和火炬供电分局营业厅智能家居体验室，以智能信息中心、智能开关等设备为基础，利用"互联网+"四网融合、无线传输等技术，构造全智能的家居空间。中山供电局还依托先进的智能电表技术，在南朗锦绣海湾城小区实现了多表合一应用，并接入局智能低压监测系统，可以为客户综合能源分析提供数据支撑。

为拓展综合能源业务领域，积极开拓新的市场，中山供电局在局电力生产调度综合楼建成了光电综合能源系统，开创了局综合能源项目建设的先河。另外，主动出击，积极推动三乡医院多能互补系统落地，为向能源产业价值链整合商转型积累了经验。

九、构建敏捷高效的系统规划建设体系

中山供电局基于机构改革的优势，着力构建敏捷高效的系统规划建设体系，围绕加快建设安全、可靠、绿色、高效智能电网的目标，秉承"系统需求即是规划方向"的理念，着力推进"两强三化"，即系统与规划强耦合、规划与建设强关联、组织扁平化、业务集约化、全过程体系化，持续跟进41个关键指标，基于"安全第一、风险可

控"的前提，达到风险、成本、效益总体最优，实现由系统、规划各自最优向有限资源约束下的系统规划总体效果最优转变，实现电网安全零事故、可靠供电不拉路、清洁能源全消纳、精准投资效能优，更好地服务粤港澳大湾区建设和中山市高质量发展。目前已印发方案，正全面推进相关工作，力争以实际成果体现出改革成效，做好机构改革后半篇文章。

▲ 电力生产调度综合楼光电综合能源系统

进入 21 世纪以来，中山供电局电网设备生产运行工作不断发展变革，逐步形成了以供电可靠性管理为抓手、生产计划管理为龙头、资产全生命周期管理为主线、智能技术应用为实现路径的生产运行管理模式，助力中山供电局安全生产工作更高质量发展。

第五章

生产运营

第一节　资产管理工作变迁

2014 年之前，中山供电局在生产技术领域主要以传统设备技术管理为主，从 2014 年开始在生产技术领域引入资产管理理念，目前共经历了模式转变、探索实践、初步构建三个发展阶段。

一、模式转变：设备管理向资产管理模式转变（2014—2016 年）

借鉴广州供电局、深圳供电局等单位的先进经验，中山供电局撤销生产技术部，成立生产设备管理部，传递出了电网设备由技术管理向资产管理发展的信号。当时由生产设备管理部、系统运行部分专业负责电网主设备资产业务工作，由财务部负责资产价值管理工作，以资产管理为研究方向，制定了电网设备风险管控策略，梳理制定了电网资产技术监督管理、电网设备退运处置管理、电网资产账卡物一致性核查等一系列资产管理制度，配合广东电网公司落实了资产管理信息系统建设等工作，改变了生产运行工作重技术、轻资产的局面，大幅度提升了资产的有效利用率。2016 年，中山供电局报废资产净值率第一次迈入 7% 以下的大关，标志着电网运营由设备管理向资产管理转变的探索取得了初步成效，为之后继续探索资产全生命周期管理工作奠定了基础。

二、探索实践：开展资产生命周期管理策划与实践（2017—2019 年）

通过与国家电网江苏、浙江电力公司等企业对标交流，中山供电局在资产管理领域引入精益管理理念，通过找差距、学方法、定举措、抓落实等工作，探索基于全生命周期管理的资产管理模式变革工作，资产全生命周期管理相关专业扩大至生产技术部、办公室、财务部、市场营销部、系统运行部、信息中心六大业务部门，并结合计划发展部的电网可研规划管理、物流中心的逆向物资管理工作，探索推进资产管理全业务链条各项工作。通过借鉴国内外先进经验，梳理优化了资产管理业务与流程，配合完成了输配电价改革的相关工作，开展了电网设备价值资产墙分析研究，缩短了报废资产处置流程，提升了配网台账准确性及数据协同一致性，配合广东电网公司修编业务指导书，加强资产管理信息系统应用，探索实现了电网规划可研、物资供应与工程建设、生产运行、退役报废的全业务场景式管理，初步提升了资产管理绩效，稳步

▲ 缩短逆向物资回收周期精益项目工作组成员

提升了资产管理能力。中山供电局 2016 年、2018 年、2019 年等年度的报废资产净值率均小于 7%，基本稳定在了国际先进水平。中山供电局利用三年时间，将电网资产管理由生产技术领域的薄弱领域，逐步发展为优势领域，通过逐年提高的账卡物一致率，进一步完善了中山电网基础数据，夯实了基层基础基本技能的水平，奠定了资产管理工作进一步深入推进的基础。

但是值得深思的是，虽然中山供电局已初步按照资产全生命周期的形式开展了电网设备管理，但是尚未形成体系化的管理思维，各专业间制度未协同、指标各自为重、管理要素未有效覆盖等问题仍然突出，中山供电局资产全生命周期管理工作亟须一次突破性的变革，以适应人民日益增长的用电需求以及电网投资逐步缩减的行业发展背景。

三、初步构建：建立建成资产全生命周期管理体系（2020 年以来）

2020 年 4 月，南方电网公司印发《全面深化资产全生命周期管理工作推进方案》，资产管理改革工作迫在眉睫。6 月 24 日，历经反复多轮的研讨，中山供电局资产管理部终于在局机构改革的大潮中应运而生，按照资产全生命周期管理脉络设立资产发展、资产供应、工程建设、变电运营、输配电运营和资产绩效及综合 6 个分部，全面、有效承接了原生技、基建和物流的职责，实现了业务运转平稳过渡，同时精简岗位设置，优化人员配置，使资产管理部门职数由改革前的 58 人精简至 29 人，全面实现减员增效。

与此同时，中山供电局响应南方电网公司、广东电网公司工作部署，成立了中山供电局资产全生命周期管理委员会，资产全生命周期管理委员会包括办公室、人力资源部、合规与监审部、财务部、系统规划部、资产管理部、市场营销部、创新与数字化部和安全监管部9个职能管理部门，并通过资产全生命周期管理体系文化建设工作与党建工作部保持深入联动，实现了资产全生命周期管理理念与执行在全局范围内的全覆盖。

按照大部制改革思路，融合安全生产风险管理体系、责任体系、保障体系与监督体系、基于可靠性的全生命周期管理体系（LCR）的要求，进一步优化基于ISO 55000标准的资产管理体系框架，形成六位一体贯穿式管理、闭环式管控机制，以资产管理部"六位一体"管理策划、执行与回顾为载体，搭建前、中、后管理平台，按照前台保构架、重策划，中台促协同、强执行，后台深监控、全评价的方式，促进企

▲ 中山供电局资产管理体系认证证书

业可持续、高质量全面发展。构建高度融合的前台策划网络，建成资产管理六大计划联审联控机制，确保计划综合实施策略实现最优；设置协同高效的管理执行中台，建立以工程项目为载体的资产管理内部协同办公机制、资产管理与系统规划管理协同办公机制、资产管理与市有关部门政企联动工作机制以及全过程高强度监控的资产全生命周期跟踪机制；搭建综合研判、快速响应的管理回顾后台，建立基于生产监控指挥中心的工作质量及风险预警机制以及资产管理业务逐级研判机制。

中山供电局贯彻国企及电力体制改革相关政策，全面承接落实南方电网公司、广东电网公司资产全生命周期管理发展战略纲要，以全生命周期管控为主线，优化业务流程，强化了原先生技、基建、供应链管理中的薄弱环节，解决了可研阶段资产评估能力弱、工程项目长期挂账、工程投产遗留问题多、拆旧物资回收情况监控困难等一系列突出问题，明确资产管理体系建设目标与实现路径，发挥资产管理计划的龙头作用，使物资供应与工程基建主动服务生产，满足智能运维工作要求，大幅度提升工程投产效率，打造本质可靠的全市域高供电可靠性品牌，依托生产监控指挥中心实现资产管理指标、任务动态监管，系统回顾资产全生命周期管理工作落实情况。推动规划、供应、建设、运维、退役、评价各业务领域高效协同，促进资产全生命周期业务高效率、高效能、高质量发展，达到资产实物管理和经济价值管理的统一，成为国内首批获得ISO55000资产全生命周期管理体系认证的地市级供电企业。通过资产管理部的高效运作与资产管理体系的高质量运行，在投资收紧、严控供电成本的大背景下，2020年中山供电局严守资产风险，全面提升资产效能。2020年，中山供电局中压客户平均停电时间为0.49小时，同比减少0.11小时；低压客户平均停电时间为0.43小时，同比减少0.03小时；重复停电用户比例为4.36%，同比下降33.5%；综合电压合格率为99.999%，同比持平；报废资产净值率为6.13%，同比减少0.07个百分点；中压线路故障率为2.34次百千米·年；配电自动化终端在线率为97.59%，同比上升2.59%。中山供电局着力研究破解电力供应难题，于2020年完成220千伏君兰、团结、古海输变电工程，110千伏和泰、曹二、富豪站扩建、福隆、员峰、翠景输变电工程，以及国电民众项目接入系统工程等10项长期挂账项目建设，打通了电力传输的"任督二脉"，进一步提升了中山电网的网架水平。考虑到中山西区、沙溪片区迫切的用电需求，为保障该区域招商引资工作顺利开展，中山供电局打破了110千伏翠景变电站的停工局面，仅用时145天就成功建成投产，破除了中山市电网供电瓶颈，有效解决了中山城区用电难题，同时创造了变电站建设中山新速度。中山供电局在资产全生命周期管理体系建设的元年，全面完成资产管理各项目标任务。

2021年伊始，为构建资产全生命周期管理"六位一体"齐抓共管的大格局，实现资产全生命周期管理高效率、高效能、高质量发展，中山供电局高标准编制了资产全生命周期管理三年行动方案，为实现资产全生命周期风险、效能和成本指标综合最优，达到建成"安全""可靠""绿色""高效""智能"电网的目标不断砥砺前行。

第二节 供电可靠性管理沿革

一、开启可靠性管理（1992—1999年）

1992年前，中山供电局尚未开展供电可靠性管理工作，经过"双达标""创一流"活动，中山供电局启动实施了供电可靠性管理，实现停电计划从无到有，运行方式安排逐步规范，设备健康状况得到更多关注。1999年，中山供电局城市供电可靠率由1992年的99.51%提升至99.85%，电力生产各个环节逐步树立供电可靠性管理的理念。

二、探索发展方向（2000—2006年）

2000年至2006年，中山供电局供电可靠性指标一直处于99.85% ~ 99.88%之间。通过对管理与技术手段的探索，中山供电局明确提升供电可靠性要从网架着手，大幅提升可转供率，以减少用户停电时间。从2006年开始，中山供电局对中山配电网进行了全面的规划，并提出了具有中山特色的"三分二自一环"的配电网建设思路。

三、夯实可靠性基础（2007—2011年）

2007年，南方电网公司提出了"以提高供电可靠率为总抓手"的工作要求，中山供电局以此为契机，确定了"三年内将城网环网率提升至100%，城农网实行差异化管理"的工作思路，大刀阔斧地打造坚强电网，使城市供电可靠率实现了质的飞跃。

2008年，中山供电局开始全力推进配网自动化建设与改造，城市中心区重点推进配网自动化主站升级和"三遥"改造，电缆线路重点推广使用电缆短路故障定位系统，实现"二遥+故障定位"功能，架空线重点推广使用馈线自动化技术，实现"二遥+馈线自动化"功能。

2009年，中山供电局开始常态化开展配网带电作业，有效降低配网检修停电对客户的影响，并推进移动发电车应用，逐步安排在供电台区低压柜（箱）内安装发电车快速接入接口。

2010年，通过三年建设，110千伏城市主干网满足N-1的要求，10千伏配网环网率提高至87.24%，城网环网率达100%，同时，城网配网自动化覆盖率达100%。中山供电局可靠性指标有了一个显著的飞跃，2010年全市用户平均停电时间由"十五"末期的19.45小时/户降低到10.89小时/户，城市用户平均停电时间由10.51小时/户降低到1.50小时/户。在国家电监会2011年度电力可靠性指标发布会上，中山供电局首次被评为"全国供电可靠性A级金牌企业"，在全国评比综合得分中位列第四。

2011年，在城区配电网建设已取得部分进展的情况下，中山供电局提出要"巩固城网、提升农网"，围绕"基础管理"等五大领域开展工作，以实现城乡协调发展。2011年，中山供电可靠性更上一层楼，在国家电监会2012年发布的全国20家供电可靠性金牌企业名单中，中山供电局再次获得"全国供电可靠性A级金牌企业"荣誉称号。

四、提升技术应用（2012—2018年）

加大电网投资改造，建设智能电网及提升智能运维水平。输电网方面，明确了远景目标网架规划，即以"三核六环"格局构建220千伏及以上目标网架，以"3T、双链"结构构建110千伏高压配电网，建设完成后，主网架形成以3个500千伏变电站为核心、6个220千伏双回链式环网覆盖全市的坚强结构，输电网任一元件停运均不影响用户供电。配电网方面，坚持以"三分二自一环"的工作思路规范中低压配电网的规划建设，即按照南网规划原则与可靠性要求，实现供电分区、结构分层、管理分界；在此基础上，通过不断提升配电自动化系统的功能和实用性，实现"主干层故障自动隔离、分支层故障自动定位"；同时，以100%为目标不断提升环网可转供电率。

在前期建设的基础上，大力推广配网自动化实用化，使配网主干线及设备全部实现自动化，从而可以对城市中心区域供电电流、电压进行自动检测。2012年，中山电网非故障用户复电时间减少62%，实现架空线路配网自动化后，非故障用户复电时间减少99.7%。2012年2月，中山供电局被南方电网公司授予"中国南方电网公司配网自动化示范基地"称号，其先进技术和经验在全网推广，配网自动化成为助力供电可靠性提升的有力武器。

不断扩大带电作业覆盖率，经过多年的不断努力，带电作业项目从开始的接火、杂物处理等五项常规，扩大至接火、立杆、开关更换、紧线等复杂带电作业项目。

2018年，中山供电局落实南方电网公司"十三五"改革发展推进会上提出的"185611"发展目标要求，使客户平均停电时间（中压）减少为0.64小时，同比减少0.75小时，首次实现了客户停电时间小于1小时的目标。

五、实现本质可靠（2019—2021年）

2019年，广东电网公司建立了供电可靠性本质可靠管理机制，明确了供电可靠性管理要以服务安全生产、服务电网高质量发展为目标。中山供电局按照广东电网公司"本质可靠"的工作要求，定位于服务安全生产、服务电网高质量发展，坚持安全第一，优化指标导向，建立了以网架可靠、设备可靠、管理可靠、技术可靠为目标的供电可靠性本质可靠管理机制。2019年，中山供电局客户平均停电时间为0.6小时，停电时间稳定保持在1小时以内。

2020年，中山供电局继续狠抓综合停电管理；精细化、差异化制定运维策略，有效降低中压线路故障率；通过故障快速复电手段减少故障停电时间；成立不停电作业中心，提高不停电作业水平；对标分析全国可靠性排名前十的主要城市的可靠性与网架指标，继续加强本质可靠的电网建设；优化营商环境，确保获得电力得分。2020年，中山供电局中压用户平均停电时间为0.5小时，首次进入30分钟区间，供电可靠性持续保持全国领先水平，连续三年用户平均停电时间低于1小时。

2021年，中山供电局继续以供电可靠性为总抓手，落实国家能源局"六标杆和五践行"的工作指示，承接广东电网公司《2021年提升供电可靠性本质可靠水平工作方案》各项工作要求，决战决胜"全国最好"，助力优化电力营商环境，短期内大幅提升中山供电局不停电作业整体实力，远期不断完善中山主配网网架建设。试点不停电作业示范区，在高可靠性区域实现客户停电零感知，持续保持可靠性全国领先地位。

第三节 设备检修试验工作发展历程

2014年之前，中山供电局在设备检修、试验、在线监测领域主要以"缺陷后检修"模式为主，自2014年开始逐步形成了"定期检修"模式，共经历了检修清零、检修常态化、建立设备差异化运维体系三个发展阶段。

一、实现存量设备规范化检修清零目标（2014—2017年）

自2014年9月底南方电网公司下发《电力设备检修规程》以来，按照"应修必修，修必修好""应试必试，试必试全"的设备检修原则，中山供电局制定了2015—2017年设备三年检修规划，在2017年年底全面完成了存量设备规范化检修工作。

2014年年底，中山供电局成立了"变电一次设备检修规划工作机构"，研究并确定了规范化检修试点方案。在局设备部牵头组织下，变电运行部门选取了110千伏石岗站、二洲站主变、220千伏中山站GIS设备，在2014年12月10日前完成了规范化检修试点工作。在检修试点的基础上，总结了经验，修订完善了主变、户外瓷柱式断路器、户外隔离刀闸、GIS等变电主设备的检修作业指导书及典型检修方案。

中山供电局按要求开展规范化检修项目的前期准备工作及施工工作，按停电计划开展现场检修工作，并安排人员对现场进行监督、监管，重点检查作业现场风险管控措施的落实情况，检查施工方案、检修工艺的执行情况。2015年至2017年年底，中山供电局规范化检修工作按计划开展，按三年检修规划完成了存量设备规范化检修清零目标。

二、预试与检修相结合，实现设备规范化检修常态化（2018—2019年）

2018—2019年，中山供电局积极参与南方电网公司、广东电网公司设备预防性试验与检修工作融合的探讨，多次选派专家参与南网《电力设备检修试验规程》的编制工作，将预试与检修规程在管理和技术层面合二为一。2018年1月1日之后，全面贯彻执行《电力设备检修试验规程》，通过预试与检修工作融合，全面实现设备规范化检修常态化。

通过改进和完善规范化检修、预防性试验工作，进一步提升工作效率和质量。通过组织与厂家进行技术服务谈判，统筹协调设备运行部门、设备厂家及施工单位之间的分工合作，实现了厂家服务与现场检修的有机结合，节省了大量人力物力，提升了规范化检修工作的质量和效率。

通过选派技术骨干参加南方电网公司、广东电网公司组织的各类设备、技术培训班，使其学习和掌握各类变电一次设备规范化检修及预防性试验的知识，返回局后进行二次宣贯，提升了各级技术人员的专业素养，有序扩大了自主规范化检修工作的范围和比例。

加大停电检修计划推进力度，制定了《设备规范化检修进度掌控表》，梳理和核实停电计划，通过与调度部门充分沟通协调，在确保电网运行可靠性的前提下，优化综合停电安排。通过合理的月度和周日停电计划，推进修理技改项目工作进度，避免每年出现的大量停电检修工作积压到第四季度，对电网方式、人员、工器具、资金结算等造成巨大压力。

三、离线与在线监测相结合，建立设备差异化运维体系（2020年以来）

通过组建局生产监控指挥中心，重点针对变压器油色谱在线监测、GIS局放在线监测、开关柜温度在线监测等有效的在线监测技术，在每个工作日对装有在线监测装置的变电站和设备开展监控，组织编制在线监测周报及月报。同时，结合日常离线的GIS局放测试、开关柜局放测试、红外测温等监测方式，并与日常巡视、规范化检修、停电预防性试验相融合，逐步建立起中山供电局设备差异化运维体系。

中山供电局依据《输电及变电一次设备运维策略及管控机制实施细则》，基于年度设备健康状态和重要程度，按照设备风险矩阵，确定了所有主网设备的管控级别，将设备管控级别从高到低划分为Ⅰ级、Ⅱ级、Ⅲ级和Ⅳ级。同时，制定《重要输变电设备管控清单》，按管控级别制定运维策略，对Ⅱ级及以上的油浸式电力变压器、SF6断路器、组合电器、架空线路和电缆线路按"一机一卡、一线一卡"的原则编制运维策略落实卡，明确运维工作内容和责任主体，用于指导重要设备的维护，体现了重要设备重点维护。各单位根据设备管控清单建立设备运维策略台账，并按对应的运维策略制订巡视、维护和检测工作计划，按计划开展设备运维工作。发生电网方式或设备状态变化时，资产部下发运维策略调整通知书，各单位按要求调整设备运维工作计划。通过设备差异化运维，改进和完善了基于问题的设备动态状态评价及风险评估流程，并在生产管理信息系统中的相关模块实施流转，实现了变电一次设备动态状态评价及风险评估的常态化；通过制定基于问题的专项运维策略并严格实施，大大降低了设备

▲ 文山站启动

的缺陷率，实现了专项反措专项跟进和闭环管理，及时解决了影响电网安全运行的重大问题。

通过建立"定期检修模式"及"差异化运维体系"，中山供电局在设备检修、试验、在线监测领域有针对性地制定了具体的风险管控策略及管理措施，梳理了设备管理重点工作及任务，明确了各项工作的责任单位、责任人及完成时间节点，确保南方电网公司、广东电网公司及中山供电局重大决策部署的落地，最大限度地降低设备故障率及缺陷率，提升设备运行质量，确保电网及设备的安全稳定运行。

第四节　生产项目管理模式变迁

为统筹协调各方面资源，打破部门壁垒，切实提高物资采购、项目建设等的效率，中山供电局持续发力，推动生产项目立项模式、采购模式、管理模式三部分内容的发展变革，加强各业务部门的协同合作，加快生产项目实施进度。

一、生产项目立项模式的发展转变

2017年以前，中山供电局生产项目立项以专业为界限，分散管理，管理要求及管理水平差异性较大。各项目实施部门的各专业自行组织招标、停电申请、施工验收、定案结算等工作，造成施工现场人员管理混乱、统筹停电难度大、交叉作业安全监管模糊等问题，影响了生产项目实施效率，现场施工也存在很大的安全隐患。

2017年下半年，根据公司"统一规划、统一建设"的工作部署，中山供电局依据以"变电站、输电线路"为单位整合主网生产项目的指导意见，对变电站设备、设施以及输电线路等修理、技改项目的立项策略进行了全面调整，突破了项目管理一直以来以设备类型、以专业为界限的立项模式，变为以整站、整条线路为单位整合项目，做到同步设计、同步招标采购、同步实施、同步竣工投产，实现了建设效率、效益总体最优的目标。

中山供电局以投入资源统筹、专业协同为原则，面向变电站、输电线路、配电线路，以统一的问题库、统一的规划项目库为基础，通过将各专业项目进行整合立项，统筹实施，实现电网发展资源的精准投放、各专业项目的集约管理和项目团队的优化设置，减少同一区域内不同类型项目多次进场、重复施工、重复停电、施工力量多头管理、建设管理力量重复投入等问题。

二、生产项目采购模式的发展转变

2017年以前，中山供电局物资、服务以及施工三大类招标中，除物资类外其他两类招标采购都由供电局各项目实施部门项目负责人自行组织，由于采购数量大、采购类型零散，未进行有效统筹及优化，造成工作效率较为低下，且存在一定的廉洁隐患。

为解决在招标采购活动中存在的各种问题，中山供电局物流服务中心统筹开展全品类采购目录的优化。2017年，首先从项目各实施部门开始，对全年采购需求计划进行优化整合。在施工服务类采购中，将同类型、相同资质要求、工期计划相对同步的项目合并为同一采购标的；物资采购实行采购班车制，制订全年采购计划，需求部门按班车时间进行物资申报，全面减少采购批次，提高采购效率。2018年，为解决零星物资采购和供应需求，中山供电局配合南方电网公司开展南方电网电子商城建设与应用，积极推动各类常用、零星物资审核上架，为需求单位提供最优质的商品与服务，将原来几个月的物资采购周期缩短到半个月以内。同时，在上一年基础上，中山供电局将采购权限调整到各专业职能管理部门，从全局专业进行采购统筹，进一步提高采购集中度。

从 2019 年起，南方电网公司、广东电网公司为进一步提高采购集中度，在全省范围内大规模压减采购项目和采购批次，加大项目的管控和采购需求的整合，逐步将施工、服务类采购转为集中采购，至 2021 年，授权中山供电局采购的类别只剩余 11 项，充分发挥了规模效益。

三、生产项目管理模式的发展转变

中山供电局以资产全生命周期管理为理念，融合物流服务中心、计划发展部、生产技术部、基建部等多个部门的业务，于 2020 年 6 月成立了资产管理部。为应对职能转变，生产项目管理相应调整管理思路，建立项目前期（前期规划、申报立项、招标采购）、项目中期（物资供应、项目实施、安全监管）以及项目后期（定案结算、项目评价）相衔接的管理模式，将全生命周期管理的理念融入项目管理中，将项目推进过程中阻碍实施的难点、痛点问题归集起来，统一协调解决，为现场实施扫清障碍，全面提升实施效率，确保项目有效落地。同时，将项目招投标、现场实施、定案结算三项业务分离，相较于以往由单一角色负责的模式，能有效降低项目实施过程中的廉洁风险，使各业务环节人员起到相互监督、相互制约的作用，为生产项目实施创造"干净"的大环境。

2020 年年底，在新的项目管理模式下，各业务分部协同合作，全面加快了生产项目实施进度，提升了各类指标的均衡性水平，全局第四季度生产计划占全年比重较往年有明显改善，有效缓解了年底施工扎堆引起的人员不足、安全监管压力大、作业人员负荷重等问题，筑牢了"安全防线"。

第五节　智能技术应用及实用化

智能技术应用如同一颗生命力旺盛的种子在中山供电局电网内部快速发芽生长，"输变配"专业不断运用智能化、数字化、物联网等先进技术推动传统电网业务转型升级，优化安全生产管理模式，加速智能技术与生产业务的融合应用，从源头上降低电网、设备和人身风险，为基层减负，提升安全运行水平，促进生产运维"减危、提质、增效"，实现电网"本质安全"。

一、智能技术初应用（2005—2017 年）

传统电网从 20 世纪 90 年代进入信息化时代，而近年来数字化技术的逐步深化应用使电网向智能化发展。中山供电局从设备状态监测和数据自处理方面探索智能技术，首先是监控摄像头的升级，随后于 2013 年开始引入变电站轮式巡视机器人、输电线路巡视无人机等智能终端，并在电力设施设备加装在线监测装置等，初步实现以机器替代人工进行设备巡视维护作业，但变电运行专业的设备巡视、维护、操作和现场作业监管主要还是依靠值班人员现场开展，特别是重复性较高的巡视维护作业。智能技术的初步应用，拓展了中山供电人的思维，中山供电人开始总结目前应用的不足，并思考往后可发展的方向。

二、智能电网试点建设及实用化（2018—2020 年）

2018 年，南方电网公司提出依托"云大物移智"等智能技术，构建基于人工智能的"智慧生产"体系，提升公司生产领域的智能化水平，以实现智能装备、智慧运行，最终达到"提质增效"的总体目标。广东电网公司承接南方电网公司"四个一"智慧生产体系的建设目标，制定"六个全覆盖"的智能技术建设指引，开展输变配及综合领域的智能化建设。中山供电局立即制定智能应用示范区建设工作方案，按照"因地制宜、循序渐进、守好底线"的推进策略选取试点进行改造。南方电网公司对数字电网提出了智能、安全、可靠、绿色、高效五个特征要求，其定义为：①智能包括本体智能和数据智能；②安全包括电网本质安全和系统网络安全；③可靠是指借助数字孪生、智能传感测量、智能网关、人工智能等先进数字技术实现状态实时感知、数据实时分析、故障提前预测、支持辅助决策等功能；④绿色是指通过新技术、新设备、新材料、新工艺进行科学规划、环保施工、节能运行、智能调度和精细管理，降低其对自然景观和环境的影响，最大可能地减少水土流失和植被破坏，降低能源损耗及减少环境污染，实现节地节材和节能降耗，将效率最大化、资源节约化、环境友好化、管理智能化的理念全面融入数字变电规划、建设、运行的全过程；⑤高效是指遵循网络安全标准和统一电网数据模型，构建相对应的数字孪生体，依托物联网平台、电网管理平台打通变电站的感知、分析、决策、业务等各环节，使管理进一步化繁为简，运行更便捷、更高效，组织效率大幅提升，推动设备巡视、操作、调度等常规任务朝着提质增效的总体目标优化。

（一）输电专业智能改造建设

中山供电局在输电专业的探索主要集中在无人机自动巡检、通道视频监控全覆盖可视和视频监控智能分析识别告警 3 个方面，着力在输电线路自动巡检、视频监控、智能监测 3 个业务领域开展建设。

1. 自动巡检

以实现输电线路无人机自动巡检为目标，完善设备、人员配置。完成无人机作业班的班组设置，实现全员具备自动巡检开展能力；完成精灵 4RTK 无人机配置，满足自动巡检设备需求。现已具备杆塔三维数据采集、坐标数据校正、航线规划能力，完成 1000 千米线路的航线规划；自主开展杆塔精细化检查自动飞行作业，完成 560 千米的自动巡检任务。

2. 视频监控

▲ 输电线路智能巡视、监测

以输电线路视频监控全覆盖为目标，利用自组网通信带宽高、延时低、回路多的优势，实时监控输电设备主要状态及外部环境，实现实时全方位专业巡视。搭建 201 套自组网视频设备，实现 50% 的输电线行视频监控覆盖。

3. 智能监测

在广东电网公司的统一部署及中山供电局的自主建设下，已初步建成电缆环流监测系统、微气象在线监测系统、线路故障定位系统、电缆通道外力入侵实施预警系统等智能监测系统。在12回500千伏、6回220千伏的跨市共管线路，10回110千伏架空、电缆混合线路安装故障定位装置，实现故障快速判断定位，为快速抢修复电提供保障。

（二）变电专业智能改造建设

中山供电局以提质增效为总体目标，面向设备、基于业务，实现变电站物理形态数字化、状态数据可视化、运维决策智能化，建设物联网平台及专业支持平台，高效联动局生产监控指挥中心，实现智能变电站的精益化管控、智慧化运行。以两个典型变电站——220千伏光明站和500千伏文山站作为敞开式与GIS变电站的代表，开展智能变电站的试点建设。在开展试点建设中，不断总结建设经验，并在南方电网公司、广东电网公司指导下参与编制《新一代智能变电站推广应用手册》，包括智能巡视、智能安全、智能操作、信息建模、生产监控指挥中心分册等7本分册，目前已在全网印发。根据手册的指导，按照"因地制宜、循序渐进、守好底线"的推进策略，中山供电局在"智能巡视、智能操作、智能安全、信息建模"4个业务领域展开建设。

1. 智能巡视

以实现变电站内100%巡视无人化为目标，综合可见光、红外光以及各类传感器（局放、油色谱、容性设备、AIS等）等智能技术，搭载固定式+移动式智能终端（移动式的机器人+固定式的视频监控+固定式的在线监测），依托智能巡视的配置及应用原则，开展智能巡视改造建设工作。目前智能巡视方面已可应用智能巡视机器人、空间网格化布点监控摄像头、综合在线监测系统，以及图像识别、大数据分析等智能技术，实现设备外观、位置状态、表计油位、红外温度等数据的智能识别、检测分析。

2. 智能操作

以实现变电站内设备全部远方操作，实现变电站内现场操作无人化，最终实现变电站内设备全部自动程序控制操作为目标，首先升级、改造了站内一次、二次设备，包括断路器类、隔离开关类、接地刀闸类、高压柜类、空开类、二次设备类；其次，对操作对象加装姿态传感器、视频识别设备等，判别设备状态，嵌入调度程序化操作流程，实现倒闸操作过程站端无人化。目前，光明站和文山站可应用图像识别技术判定开关刀闸位置状态，远方操控设备，实现110千伏及以上线路的智能程序化操作。

3. 智能安全

以实现安全全局内嵌、风险管控一线贯穿为目标，梳理目前可以取代当前安全监管工作的成熟技术，以智能安全替代传统管控模式，尽量避免人为和管理层面的介入，在设备层面完成风险管控，按照手册的指导，对人员管控、区域管控、行为管控等进行智能化建设。经过反复调试与优化，在2019年1月实现了区域内现场作业全过程智能监管。

4. 信息建模

按照《新一代智能变电站推广应用手册》的指导，建立依托空间位置对应存在的变电站三维模型，明确相关 3D 建模技术及数据互联互通的标准及应用场景，依托智能网关项目搭建智能变电站平台。目前已完成光明站和文山站的三维模型搭建，接入部分数据，完成界面相关设计，最终将与智能巡视、智能操作、智能安全信息结合，汇聚变电站设备信息、作业信息、环境信息等，形成变电站信息门户和工作台，提供巡视规划、大型作业预演、故障仿真、技能培训等应用，为生产管理提供支持。

（三）生产监控指挥中心建设

生产监控指挥中心按照"三个穿透、三个透明、三个管控"的思路展开建设，即通过对设备运行、人员作业、生产管理多源数据的整合分析，以"设备运行信息穿透""人员作业信息穿透""生产管理信息穿透"为手段，以生产监控指挥平台和智能终端体系建设为载体，穿透一线作业现场，做到"设备运行状态""人员作业状态""业务流程状态"的"三个透明"，实现"设备运行质量""人员作业质量""业务管理质量"的"三个管控"。生产监控指挥中心自 2018 年年底挂牌成立，已在以下四大类业务中取得成效。

（1）设备监控类业务。本业务主要落实局生产设备运维管理要求，监控局属范围内设备异常告警信息，提升设备精益化管理水平。

（2）作业监控类业务。本业务主要落实局智慧安全监督相关工作，利用信息系统开展线上监管，提升作业安全监管智能化、规范化水平。

（3）管理类管控业务。本业务主要通过计划管理、指标管理、业务流程管理等管理工具的信息，以计划管理为龙头，提高各类工作的计划性与有效性。

（4）开发交办类业务。本业务主要是发挥中心作为全局生产业务管理平台的作用，落实上级交办的各项工作，落实智能运维工作，提高运维管理智能化水平，提升生产管理效率。

通过以上试点建设，中山供电局输变业务发生了一系列转变，特别是变电专业，如光明巡维中心在 2019 年下发了《220 千伏光明变电站无人化巡视指导意见（暂行）》，2020 年推广至巡维中心管辖 8 站，110 千伏、220 千伏线路运行和冷备用之间的状态转换已实现现场无人操作，变电站现场作业安全监管转为现场无人化智能监管。

三、智能化技术应用提升（2020 年以来）

2020年11月,中山供电局配合南方电网公司完成了"南方电网物联网建设(数字电网平台建设)"灯塔项目验收,实现了智能化试点建设有效落地。2021年,中山供电局为保障"全国最好"行动项目顺利完成,以"可靠性、先进性、经济性"为总抓手开展智能技术实用化推广,注重解决生产实际问题,将可靠性高、性能优异、性价比突出的智能设备应用到生产现场。2021—2025年,资产领域的智能技术应用将依托生产监控指挥中心及站端设备智能运维技术的实施,形成覆盖输、变、配生产领域的智能运维体系,打造"设备状况一目了然、生产操作一键可达、风险管控一线贯穿、决策指挥一体作战"的智能运维新模式,使作业人员从简单重复的巡视、操作及监管业务中解放出来,提高人员利用率,逐步实现生产关系的优化转变,达到提质增效的目标。

(一)生产监控指挥中心功能提升

生产监控指挥中心的规划建设主要服务于设备监控、作业监控、管理数据支持,以"全面支撑生产运行业务、提升设备整体管理绩效"为目标,强化支撑作用,系统落实生产运行各项工作,突出抓好装置和终端运维,综合运用各类系统数据,统筹推动中山供

▲ 中山供电局生产监控指挥中心,开启中山电网智能运维新模式

电局智能技术应用与实践。通过状态监测班的实体化运作，以问题为导向，以大数据分析为手段，在设备监控、智慧监管、计划管理及管理数据支撑等方面，充分发挥数据汇聚中心以及智能运维中枢的作用，提升生产管理效益，提高生产管理水平。

（二）变电智能运维实用化推广

中山供电局总结光明、文山变电站智能运维试点工作经验，确保智能巡视、智能操作、智能安全等业务的实体化运作，在重点变电站开展无人化试点，实现机器对人员的完全替代。实用化过程中需充分利用5G、AI等新技术，开展绕组温度、铁芯接地电流、变压器局放、SF6微水、断路器分合闸线圈电流、断路器机械特性、紫外线等成熟在线监测技术的应用；结合AR、VR技术对设备运行、缺陷情况进行模拟和实物仿真处理；积极推进变电无人机巡视、检修单兵装备部署；探索GIS腔体微型检修机器人、带电水清洗机器人等检修类机器人的研发与应用；计划至2025年，逐步将智能运维扩展到全局所有12个巡维中心，实现中山电网变电领域智能运维全覆盖。

（三）输电线路智能运维建设

输电专业已实现无人机自动巡检、通道视频监控全覆盖可视和视频监控智能分析识别告警。2021—2025年，计划开展视频监控项目加密布点，满足视频分析的距离要求，提升视频监控告警准确率；应用输电线路智能测温装置，实现重要交叉跨越连接金具实时监控；应用无人机智能机柜、机巢及巡检智能管理系统，提升自动巡检效率；应用杆塔倾斜、挠度监测设备，实现隐患区段、重要跨越点杆塔状态实时感知，有效推进输电智能运维实现质的飞跃。

通过智能技术的实用化，设备运维业务已具备集中监管条件，现有的基层班组将逐步进行结构优化调整，达到提质增效的目标。

第六章 安全生产

电力行业是国民经济的基础性行业，良好的电力安全状况是电网自身及各行各业实现经济效益的基础和前提，是促进国民经济平稳运行、保障人民群众日常生活的重要条件，对于维护社会稳定有着不可或缺的作用。

中华人民共和国成立以来，为满足中山电网建设发展的需要，中山供电局从规范安全管理模式、应用安风管理体系，到构建本质安全文化、优化应急管理体系，再到优化职工健康管理，切实将以人为本的企业生产经营理念与企业安全管理工作有机融合，有力保障了员工生命健康和生命安全。

第一节　建章立制，持续规范安全管理模式

中山供电局不断探索安全管理模式，从安全生产组织机构、人员配置、制度建设、日常管理机制方面，根据管理需求的变化及企业发展情况持续优化。

一、不断完善安全组织机构及人员配置

20 世纪 60 年代，中山电力在职能部门设置了一名安全生产专责。1981 年，成立了中山供电局安全生产领导小组，由分管副局长担任组长，中山供电局层面设有专责安全员负责全局安全管理的具体事务性工作，各生产基层以及班组设置兼职安全员，形成了三级安全监察网和安全监管机构的雏形。1985 年，中山市供电局成立局安全生产委员会，由生产副局长担任安全生产委员会的主任，工会主席任副主任，并设六名委员，代表局对中山电网系统执行安全监察职能，贯彻落实"安全第一、预防为主"的方针。同时，为有效开展安全管理工作，按部门设立了专业的安全生产领导小组：局本部安全小组，由四人组成，负责检查监督本局范围安全工作及管理；交通安全小组，由六人组成，负责全局机动车辆的安全管理工作以及汽车司机年审等；消防保卫小组，由三人组成，负责防火防爆、安全保卫的组织工作；城镇安全用电小组，由三人组成，负责城镇工矿企业以及居民安全用电管理工作；农电安全小组，由三人组成，负责全市各农电分所安全、保卫、文明生产以及各区乡用电安全管理工作。各二级生产单位相继成立安全机构，班组设安全员。三级安全监察网得到进一步完善。

随着中山电力事业的快速发展，安全管理工作的重要性越来越凸显，建立全局统一安全管理机构的需求越来越迫切。在这种形势下，1993 年 2 月局安监科应运而生，安全监管工作从此进入了更加业务化、系统化、制度化、规范化的新阶段。

中山供电局不断完善"党政同责、一岗双责、齐抓共管、失职追责"的安全生产责任体系。2019 年，进一步明确中山供电局领导班子的安全责任。其中：党委书记（企业负责人）是本单位安全生产第一责任人，履行安委会主任职责；行政主要负责人（总经理）是本单位安全生产主要负责人，直接管理安全监督工作；分管副职是分管领域安全生产直接负责人，履行本领域安全生产直接领导职责。按照"谁主管谁负责"及"管业务必须管安全"的原则，明确各级专业管理部门和人员对自身业务承担安全管理责任，将安全生产与业务工作同安排、同落实、同检查、同考核。

二、安全管理工作制度化、规范化

科学的安全管理需要完善的制度支撑。中山电力初期规程制度较少，其安全制度的依据是原燃料工业部于1951年颁布的《电业安全工作规程》和1953年颁布的"1684"命令。1962年，中山县电业公司成立以后，逐步建立相应的制度。1973年，中山电力开始编写《安全生产管理制度》《岗位责任制》《各级管理人员安全生产责任制》等，为中山电力实施制度化、规范化的安全管理模式奠定了基础。

至1999年，国家颁发的行业规程已基本齐全，中山电力局根据自己的实际需要编写各类规章制度。

2002年南方电网公司成立后，中山供电局根据南方电网公司、广东电网公司的制度体系，进一步完善中山供电局制度体系建设，并结合"两书""两册"的修编工作，不断优化管理流程及管理方法，形成系统的安全管理制度体系。

三、持续健全安全生产责任制体系

安全生产责任制是企业岗位责任制的一个组成部分，是企业中最基本的一项安全制度，也是企业安全生产、劳动保护管理制度的核心。1973年，中山电力开始编写《岗位责任制》《各级管理人员安全生产责任制》，并随着岗位配置不断完善，健全覆盖全面、权责明晰的全员安全生产责任体系。2020年，修订《中山供电局安全生产责任制管理业务指导书》，明确安全生产责任制建立和实施全过程的管理要求。基于组织机构调整，根据"见人见事见管理"的要求，在南方电网公司责任制模板的基础上，全面修编《中山供电局职能部门安全职责规定》，制定局领导班子、各部门主要负责人等各级各类人员安全职责清单和到位衡量标准，组织全员签订安全责任书，压实安全生产责任，做到人人有责、层层负责，确保责任链条无缝衔接，形成明责知责尽责担责的全员履责良好机制。

四、形成有效的安全管理机制

随着安全管理工作的逐渐深入，中山供电局形成了一系列行之有效的安全管理机制，并在实践中得到了检验。

（一）定期安全会议机制

1. 安全生产委员会会议

中山供电局每季度召开一次安全生产委员会会议，对安全生产突出问题、重要风险进行讨论，提出解决措施，明确安全生产管理方向。

2. 安全生产分析会

中山供电局内部每月召开一次安全生产分析会，也称为安全例会，由主管安全生产的局领导主持，各部门、单位的安全第一责任人参加，内容包括各部门、单位汇报当月在安全生产工作中的情况，局领导布置下一个月安全生产的重点工作等。

3. 人身风险专题分析会

2019年开始，中山供电局建立了人身安全月度专题分析会议机制和事故事件季度分析讨论机制，由局长每月组织一次作业现场人身安全月度专题分析会议，每月通报安全生产现场监督发现的杜绝类、严禁类问题，剖析问题根源，解决作业现场人身安全管控的难题，重点防控作业现场触电、高空坠落、倒杆和物体打击等作业风险。

4. 班前班后会

班组层面建立了班前班后会制度，班组每个工作日上班后召开班前会议，对班组当日工作内容、分工及风险预控进行说明，提出工作中可能出现的危害，明确工作安全注意事项，班长向工作负责人进行安全风险交底。召开班前会前召开上一工作日班后会，内容包括：总结分析工作实际中发现的技术问题、缺陷，分析人员作业行为，跟踪工作遗留问题并提出解决措施，表扬好人好事，对于忽视安全或违章作业的人和事，开展批评和自我批评，找出经验教训，制定今后的预防措施等。

5. 安全活动日

生产班组每周开展一次安全活动，总结一周来在安全生产工作中的经验教训，吸取兄弟单位的事故教训，学习上级下发的事故通报和事故快报，学习规程制度，开展事故预想和反事故演习，使活动更有教育意义，收到更大的成效。

（二）定期巡回检查机制

建立定期巡回检查机制，及时发现运行中设备的缺陷，把事故消灭在萌芽状态。巡回检查变电设备，一般每天检查1~2次，高压线路每月检查1次。为提高设备检查质量，还确定了检查内容、检查路线等，发现缺陷后做好记录，及时安排人员进行处理。

（三）安全大检查机制

中山供电局成立以安全生产第一责任人为组长的领导小组，常态化开展定期检查及专项检查，建立"线上＋线下"检查机制，对各部门、各单位开展拉网式、全覆盖安全大检查工作。针对检查发现的问题，制订整改计划并持续跟踪整改情况。

▲ 光明巡维中心班组安全活动中讨论学习"六条铁律"

（四）"线上+线下"综合安全监督机制

2019年开始，中山供电局全面推广三级"线上+线下"安全监督，各生产单位建立本单位"线上+线下"监督模式，资产、系统、市场等专业管理部门开展专业领域安全监督，安全监管部开展再监督。2020年，积极推广应用智慧安全监督系统，开通OTN专线39条，配备"线上"移动视频终端304台、"线下"设备100台，督促各单位按照"同开工、同结束"的原则，对所有作业进行全覆盖、全过程视频监督。

（五）常态化隐患排查治理机制

2020年，中山供电局完善安全隐患分级和排查整治标准，推动政企联动的涉电公共安全隐患整治机制建设，促成市政府出台《中山市电力设施外部隐患综合治理工作方案》，用3个月时间全面消除351宗电力设施外部隐患。全面落实《广东省生产经营单位安全生产"一线三排"工作指引》，按照"产权归谁，责任归谁"的原则，常态化开展安全隐患排查整治，全力确保安全生产局面平稳。

（六）问题主动暴露机制

2006年，中山供电局结合自身实际情况，设立了"安全生产特殊贡献奖"，开始探索员工自觉暴露安全生产隐患和自主管控安全风险的机制。2012年，按照南方电网公司、广东电网公司的统一部署，中山供电局出台了"三不一鼓励"实施方案，并根据实施情况和安全文化建设工作需要，于2013年出台了安康生产激励方案，每季度搜集、评选、分享一次优秀安康案例（"三不一鼓励"案例）。2014年起，每年编印《安全生产经验分享手册》，收集汇编员工分享的优秀案例材料，并给予所在单位以激励。2017 年，为进一步培育员工遵章守纪的良好行为习惯，中山供电局推出了"暖心行动"机制，利用班前班后会、安全活动、微信群等平台分享日常生产工作中存在的不安全因素和管控方法、经验等。至此，中山供电局形成了涵盖周、季、年三个时间段，覆盖个人、班组、单位及局四个层级的系列"三不一鼓励"推进机制。

第二节　基于风险，深入应用安全生产风险管理体系

安全生产是电网企业生存和发展的基础，做好风险控制是实现安全生产的重要保证。电网安全稳定运行涉及企业内部、外部多种因素，系统地强化风险意识、加强风险管控，是提高驾驭现代化大电网能力的必由之路。中山供电局引入了安全生产风险管理体系建设思路，应用"基于风险、系统化、规范化和持续改进"的思想和原则，通过筑牢基础、深化运转和持续提升三个阶段开展体系建设工作。

一、科学安全管理方法的引入和发展

2007 年，南方电网公司探索建立了具有南方电网特色的安全生产风险管理体系，形成了一整套科学的安全管理内容与方法。

在体系建设之初，中山供电局设立安全生产风险管理体系办公室，制订详细的体系推进计划，印发了风险管理体系应用手册，组织开展全员风险管理知识培训，以及覆盖全局各层级的体系思想及体系知识培训，并启动四大风险评估工作。2010 年，中山供电局获得了 3 钻体系审核认证评价。

2010 年后，中山供电局将体系建设工作目标确定为风险管控的常态化实施及体系核心思想向横向领域延伸，并确定了以"两本手册"为载体的体系应用方式。2012 年，中山供电局获得了 4 钻体系审核认证评价。2013 年年底，中山供电局在电网企业安全生产标准化规范及达标评审中获得了 96.41 分，实现电网企业安全生产标准一级达标。

二、体系核心思想的深化应用

4 钻向 5 钻的迈进，不仅仅体现为管理的系统性、全面性，也体现为企业全员在

安全管理工作中的主动性与参与性。在之后的体系建设工作中，中山供电局围绕"全面风险管控及安全文化建设"的主要目标，从组织机构、风险管控方法、风险驱动机制、人力资源系统四个方面完善基于风险的管理机制，将体系核心思想进一步融入"两书"的修编与执行过程中，并借助安全文化特有的影响力和渗透力促使其持续改进，从而夯实"基于风险"的管理基础。

▲ 体系 5 钻建设启动会

三、提升"基于风险"的组织机构的全面性

对"基于风险"的组织机构进行了全面的梳理，确定组织机构的层级关系，对企业目前可能存在的电网、设备、人身、火灾、安保、项目等风险类别进行了系统梳理，并对目前企业 4 类综合管理机构及 31 个专项管理机构进行了收集、辨识，然后根据结果进行调整。

四、加强"基于风险"的系统性管理

2015 年，中山供电局严格落实南方电网公司、广东电网公司中长期发展战略，以一体化管理为契机，通过对上级管理要求的承接、法律法规的梳理及体系核心思想的融入，编制了中山供电局本地化的业务指导书及作业指导书，建立了企业"基于风险"的标准体系。在此基础上，开展管理风险脉络的梳理工作，以电网风险为核心，梳理

其本身的结构风险、电源风险及可能造成电网风险的设备风险等关联风险。以关联风险为起点，进一步梳理可能造成风险的危害因素。对产生危害因素的条件进行分析，形成基于电网风险的总体脉络图。

从提升"基于风险"目标指标驱动有效性的角度出发，开展了"基于风险"目标指标的分解工作。对可能造成指标突破的风险种类进行分析，归纳危害因素，找到形成危害因素的具体原因，制定控制措施，并将其应用于完善过程指标及业务指导书、岗位职责，确保"基于风险"目标指标、控制措施、岗位职责有机结合，融为一体。

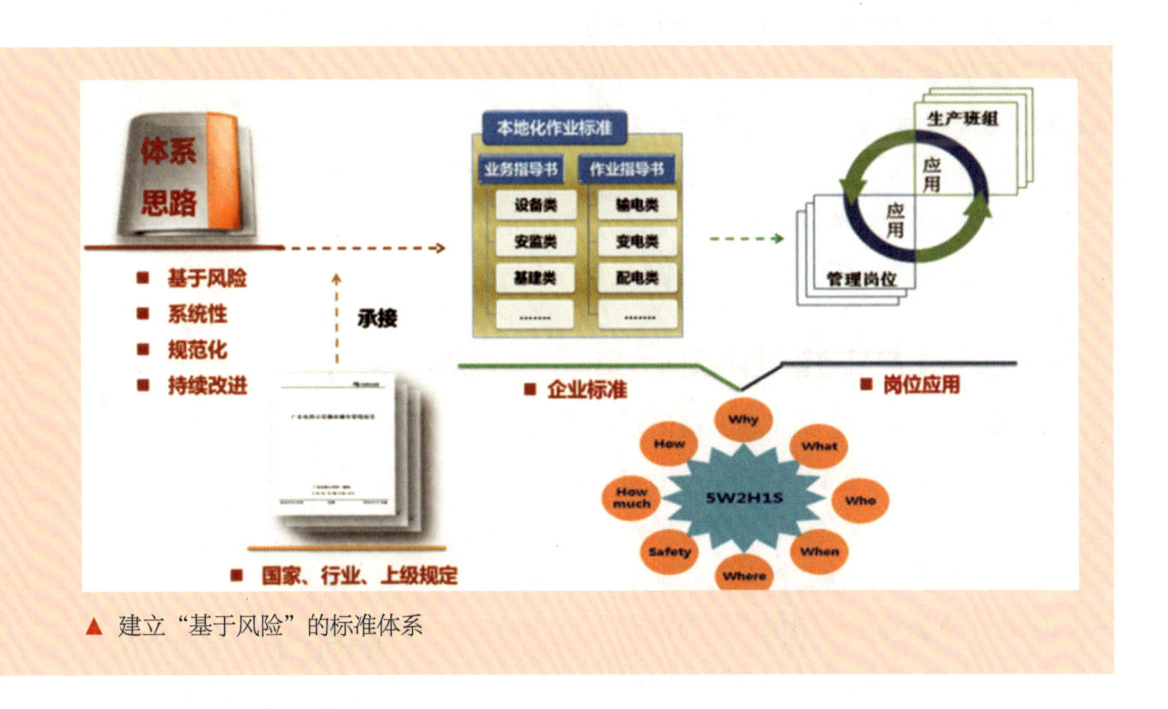

▲ 建立"基于风险"的标准体系

五、系统规划，培养风险管理人才

考虑到风险管理人才梯队的重要性，2015年年初，中山供电局制定了体系建设骨干培养工作方案，但由于方案组织实施部门的局限性及培训资源的有限性，阻碍了风险管理人才梯队的发展。基于此，中山供电局对风险管理人才梯队的建设思路进行了深入思索，并从"五个转变"（牵头部门"变"、培训人员"变"、培训目标"变"、培训内容"变"、培训方式"变"）入手，制定了风险管理人才梯队建设方案。中山供电局于2018年制定体系建设人才培养三年规划，明确各层级审核员的培养要求，下达定期专项任务，提高审核员审核能力及体系推进能力。截至2022年6月底，中山供电局共有高级审核员3名，中级审核员142名，初级审核员437名。

六、探索建立百万工时工伤意外率管控机制

通过组织调研、收集意见、研究分析，编印了《中山供电局员工因工受伤统计分析与应用管理业务指导书》，明确了安监、设备、人资、基建等部门的管控职责，制定了因工受伤事件收集、统计、分析、应用的具体要求，并将因工受伤事件收集分析机制的应用范围由中山供电局属内部员工向承包商进行延伸，推动因工受伤事件具体管控的机制化、常态化。

通过多年探索与优化，风险管控机制逐步完善，人员意识和素养不断提升，"基于风险"已融入企业各环节并实现自我纠偏与改进。风险管理体系运转经验、风险评估技术手段、管理脉络梳理方法等成为系统内各单位对标、学习对象。中山供电局于2016年年底顺利通过南方电网公司安全风险管理体系审核，2017年被南方电网公司授予安全生产风险管理体系5钻1星等级。2020年，中山供电局通过南方电网公司体系复审，2021年1月获得5钻1星审核证书。

七、安全生产风险管理体系向大集体企业延伸

2012年，中山供电局部分大集体企业依照《安全生产风险管理体系》（电力施工企业部分）开始安全生产风险管理体系建设。2017年，《安全生产风险管理体系（2017版）》发布后，中山供电局将安全生产风险管理体系向大集体企业全面延伸。2019年，制定大集体企业体系建设规划，组织骨干参加体系建设知识培训，指导修编体系制度文件，定期组织相关职能部门开展专业指导，组织体系审核专家对大集体企业开展体系初审，将风险管控思路落实到大集体企业建设中。2022年，中山供电局印发大集体企业体系建设实施计划，进一步推动大集体企业安全生产风险管理体系建设，夯实安全管理基础，培育本质安全型人员。

▲ 5钻1星证书

第三节　根植理念，构筑本质安全文化

长期以来，中山供电局始终秉持"一切事故都可以预防"的安全理念，不断探索、推进安全文化建设，引导员工安全意识与企业安全理念趋同、固化，培养员工遵章守纪的良好安全习惯，为打造本质安全企业做出了贡献。

一、安全文化建设初步探索

早在2003年，中山供电局就提出了"一年整合，两年提高，三年初见成效"的安全管理阶段性工作目标。2004年，围绕安全管理工作目标进行了机构、制度、理念三大整合，确定了安全管理全过程的25个主营业务，形成了关于安全管理的47个规范性文件；同时，开展安全性评价工作，按照评价、分析、评估、整改的过程实行闭环动态管理。

2005年，中山供电局开展了"安全文化基础建设年"活动，营造了安全文化氛围，提升了人的安全素质，提高了设备、环境安全水平，强化了安全监察网基础建设。

2006年，中山供电局开始系统建设企业全方位文化体系，安全文化作为子文化得

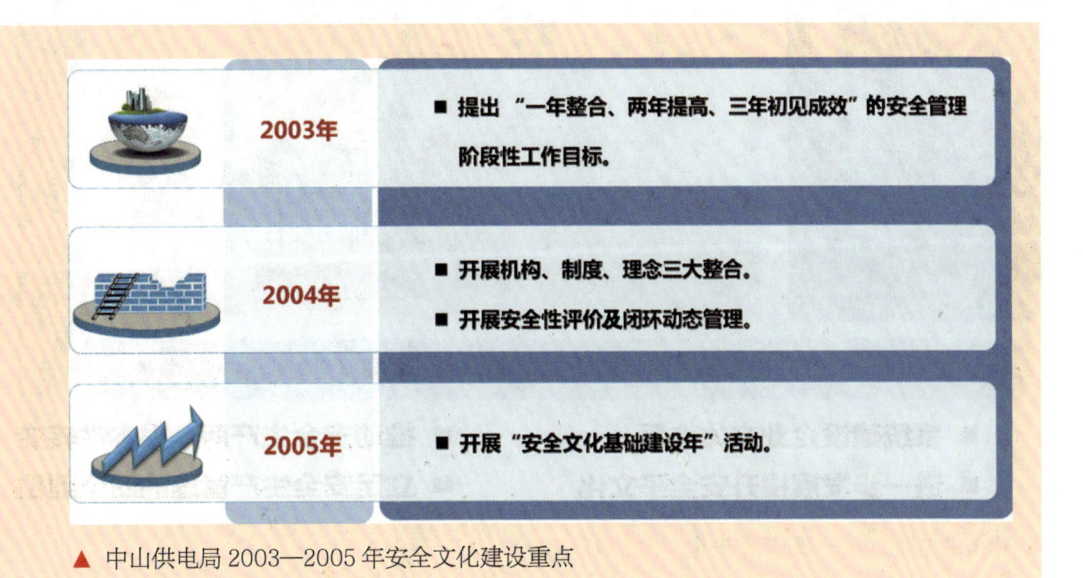

2003年	■ 提出"一年整合、两年提高、三年初见成效"的安全管理阶段性工作目标。
2004年	■ 开展机构、制度、理念三大整合。 ■ 开展安全性评价及闭环动态管理。
2005年	■ 开展"安全文化基础建设年"活动。

▲ 中山供电局2003—2005年安全文化建设重点

到发展。中山供电局以做实做好生产现场的安全管理与监督工作为中心,紧密围绕生产班组安全管理基础建设和生产现场动态安全监督两条主线,大力推进安全管理基础建设。

2007年,中山供电局以"推动安全生产两个根本性转变"为目标,立足安全工作"标准到位"、安全管理"指导到位"、作业现场"监督到位"、过程管理"考核到位",寻求安全管理的创新与突破。

2008年,中山供电局引入安全生产风险管理体系,将5S管理、PDCA方法融入日常管理中,推动现代安全管理体系创新,同时组织22期地毯式全员安全教育培训,受训人数达1122人。

2009年,全局全面启动安全生产风险管理体系建设,建成"用文化的力量,撑起安全的大厦"为主题的安全文化展示厅,从溯源、笃行、领导说安全、重点战役、撷英、安康文化等多个篇章入手,回顾了中山供电局安全文化发展的艰辛历程,再现了安全管理重点战役的辉煌成果,供全员参观学习。

2010年,中山供电局全面推进安全生产风险管理体系暨规范化建设,大力开展"U see U act"(遇问题,即改善)等活动,鼓励员工对不安全问题和现象及时发现、及时制止、及时上报,真正做到企业安全我负责,推动实现"要我安全"向"我要安全"的转变。企业员工逐步形成正确的安全价值观与意识形态,局安全文化也逐步由

▲ 中山供电局2006—2007年安全文化建设重点

理念引入

引入安全生产风险管理体系，将5S、PDCA等管理方法融入日常安全管理，组织开展全员培训。

持续推进

持续推进安全生产风险管理体系建设，大力开展"U see U act"等活动。

2008年　2009年　2010年　2011年

全面启动

全面启动安全生产风险管理体系建设，建成"用文化的力量，撑起安全的大厦"企业安全文化展示厅。

互助分享

建立未遂事件和不安全行为主动预防管控机制，推动经验分享。

▲ 中山供电局 2008—2011 年安全文化建设重点

"监督管理阶段"向"风险管理阶段"迈进。2011年以来，建立"基于风险"的未遂事件和不安全行为主动预防管控机制，推动全员安全经验分享。

二、安全文化建设系统推进（2012 年以来）

2012 年，中山供电局组织开展了大规模的企业安全文化现状调研，摸清企业安全文化现状，发布了《中山供电局安全文化建设现状评估报告》。2013 年，基于安全文化现状，编制了《中山供电局安全文化理念手册》，建立了统一的安全文化理念体系；印发了《中山供电局 2013—2015 年安全文化建设规划》，围绕基础条件、安全环境、安全保障、安全意识、安全能力、安全习惯六个维度，推出了系统的安全文化建设举措。

2016 年，中山供电局通过再调研，编印了《中山供电局安全文化研究报告》，总结了第一规划期建设工作经验，并形成了《中山供电局精益安全文化建设方法体系》，提炼出"认知、认同、参与建设安全文化，自觉、自愿、自主管控安全风险"的中山供电局安全文化建设框架，对安全文化理念体系进行了补充，开展了本质安全人模型研究应用。

2017 年，基于对第一规划期的修正完善，结合新时代电力企业安全文化建设工作发展方向，面向全局公布了《中山供电局 2017—2019 年安全文化三年规划》，开启了

▲ 2013年安全文化建设启动大会

新阶段安全文化建设工作。同时，推行"暖心行动"员工行为改善机制，用文化的力量引导员工自觉辨识风险，自愿制定管控措施，遵守安全承诺，自主改善安全行为，培育良好的安全习惯。

2018年，中山供电局按照南方电网公司《安全文化"十三五"建设指导意见》和广东电网公司《安全文化"十三五"建设实施意见》的要求，印发了《中山供电局2017—2022年安全文化五年规划》，并承办广东电网公司首届安全文化节。

经过长期建设，中山供电局安全文化建设取得了显著成效，员工自主管控安全风险的意识显著提升，遵章守纪的良好安全行为习惯逐渐养成，全员参与、互助分享、持续改进的安全文化悄然形成。中山供电局安全文化建设得到广泛认可，获得"全国安全文化建设示范企业""国家能源局电力安全生产标准化一级企业""广东省安全文化建设示范企业"等称号。

中山供电局将安全文化建设向基层单位延伸。2019年，输电管理所、试验研究所、石岐供电分局等单位获得"广东省安全文化示范企业"称号。2020年，变电管理一所通过评审，获得"广东省安全文化示范企业"称号。

党建引领　兴企有为　**第二部分**

▲ 建立组织和员工安全生产双向承诺机制

▲ 2018年7月，中山供电局承办广东电网公司首届安全文化节

▲ 安全文化建设画册

▲ 提炼形成中山供电局安全文化建设体系

第四节 全面升级，优化应急管理体系

2013 年，根据广东电网公司部署，中山供电局安全监管部与生产设备管理部进行了职能交接，应急及保供电工作的归口管理部门由生产设备管理部变为安全监管部。

一、持续完善应急组织和应急预案体系

中山供电局深入贯彻"两个坚持、三个转变"的防灾减灾救灾新理念，健全职责明晰和机构完备的应急组织体系，在应急保供电业务管理职责变更后，明确了应急指挥中心及其办公室、防灾领导小组及其办公室的人员和职责，组织修编、评审、备案，形成了包括"三层"（总体预案、专项预案、现场处置方案）、"四类"（事故灾难、自然灾害、公共卫生事件、社会安全事件）的"1+18+360"的应急预案体系。2014年，对应急预案体系进行精简优化，组织完成了全局"1+15"应急预案的集中评审和发文工作，提升了应急预案和现场处置方案的针对性和可操作性。2018 年，全面回顾、优化应急预案体系，形成了"1+16+387"的预案体系，至此局应急预案体系构架已基本完成，并不断根据演练、实战和后评估改进，提升应急预案的针对性和实效性。

二、多面入手，打造坚强的应急保障体系

2013 年，按照"平战结合、内外结合、分层管理、专业搭配"的方式重新梳理各应急队伍，组建了 36 支涵盖 9 种电力专业的应急救援队，共 1139 人；摸清应急装备家底，其中，应急发电车共 15 台，应急发电机共 56 台，重新明确了装备应急调拨、日常维护等管理要求。经过持续完善，至 2019 年，已建成 40 支总数 1500 人，涵盖主配网各专业的应急队伍，配强配好涵盖"陆海空电"等的各类应急装备 139 台架（其中，发电车 33 台，发电机 75 台，高空作业车 1 台，钻孔立杆车 1 台，排涝车 1 台，自吊车 3 台，应急指挥车 1 台，卫星电话 15 台，橡皮艇 5 台，冲锋舟 2 台，应急无人机 2 架），并利用应急指挥管理系统规范应急装备管理，推行"按需配置、到期轮换、统一管理、分散存放、平战结合、应急可用"的应急装备管理办法。

2020 年，中山供电局完成应急指挥中心功能改造，打通与生产监控指挥中心联动通道，提高了应急指挥场所运转水平，并全面推进镇区供电分局与当地政府音视频互

联互通建设，推广应急清障联合机制，进一步提升了政企联动能力。

三、以练促战，保障应急体系运转正常

中山供电局根据应急管理要求，每年结合实际组织制订年度应急演练计划，通过各种形式的应急演练不断查找漏洞，持续改进，促进实战能力提升。2013年，组织"1+3"大面积停电应急演练，该演练采用检验性的现场实战综合演练组织形式，以快速复电技术支持系统为操控平台，由应急指挥中心统一指挥，同时检验电力安全事故（事件）、客户服务事件、新闻危机公关事件三个预案。2014年，组织参加广东省"西电东送"大通道故障综合演练，检验了突发客户停电信息传递工作指引，进一步巩固了高效的政企联动工作机制。

中山供电局通过积极有力的措施主动履责，优质完成各项保供电任务。近年来，成功应对了台风"天兔""彩虹""卡努""天鸽""山竹"以及多轮暴雨等自然灾害，圆满完成了"建党百年""抗战胜利70周年""纪念孙中山先生诞辰150周年""十九大"等的保供电任务。正确应对台风"海高斯"的影响，启动应急响应10次，编制应急处置后评估报告，从7个方面制定了23项改进提升措施。

▲ 保供电现场抢修人员检查设备

第五节　以人为本，员工健康促企业发展

中山供电局坚持"以人为本"的理念，关心员工的身心健康。中山供电局通过办公室、工会等部门关心员工健康，开展员工健康体检等工作。2013年，安监部开始负责职业健康管理工作，有效预防、控制和消除职业健康危害，提升职业病防治工作水平，保障员工职业健康权益。

一、完善职业健康管理架构

2014年，中山供电局根据风险管控需求搭建由职业健康组织领导机构、安全监管部及各部安全管理人员（管理监督机构）、各班组安全员组成的局职业健康管理三级网络，其中在安全监管部设立职业健康管理专职管理员，统筹、协助其他职能部门、二级生产单位及供电分局的兼职管理员开展职业健康管理工作。

二、优化职业健康风险评估方法

2014年，对环境与职业健康风险评估方法进行了优化，采用定量与定性两种方法并行的模式。基于南网危害辨识与风险评估技术标准中的PES定量评估方法，修正P、E、S三个因子的取值标准和分值，形成更加科学合理的定量评估方法。首次推广定性风险评估方法，弥补定量评估方法的不足。通过检查表的形式，从个人直观感受、危害因素的性质、控制措施、应急处置、个人防护、接触时间、培训等方面，引导员工对暂时无法量化的危害因素进行定性评估。

三、系统管控职业健康风险

厘清企业生产流程，统筹规划各部门的生产任务，对人力资源、设备资源进行整合，将各岗位工种进行分类，梳理企业岗位差异并辨识职业禁忌症，掌握职业危害因素分布情况。同时，建立完善的职业健康管理档案，将职业健康风险评估、环境监测数据输入及输出等有机结合，实现从风险的角度进行职业健康管理，强化对风险结果的应用。

四、开发职业健康管理信息系统

为实现职业健康管理的精准化、精细化、流程化，2014年，中山供电局开启了职业健康管理信息系统研发工作，该系统于2015年1月正式单线运作。中山供电局通过职业健康管理信息系统开展全区域的职业健康危害辨识及风险评估，同时开展了完善的职业健康监护档案管理。该项目荣获广东省企业管理现代化创新成果三等奖与广东电网基础管理改进三等奖。2019年，中山供电局积极参与南方电网公司、广东电网公司职业健康管理信息系统的试点应用，将中山供电局职业健康管理信息系统移植到资产管理系统，实现在全网推广应用。

五、开展国家健康促进企业试点项目建设

制定了《中山供电局健康促进企业深化工作方案》，开展项目建设，组织开展项目中期考核评价、项目验收评审前筹备工作。2016年2月，通过国家疾病预防控制中心职业卫生与中毒控制所专家验收审核，获评"国家健康促进企业示范单位"。

▲ 中山供电局获评"国家健康促进企业示范单位"

六、深化探索，持续优化职业健康管理

2017年，全面总结近年来职业健康管理优秀成果，开展"基于风险控制模型的

供电企业职业健康管理创新与实践"等课题研究及精益管理探索，联合省电科院开展"基于风险评估的职业健康管理体系研究及系统开发"课题研究及应用。

2018 年，参与完成南方电网公司《职业健康管理办法》和广东电网公司《职业健康管理实施细则》修编，把中山供电局在危害辨识与风险评估、建设项目预防管理、劳动过程防护管理、职业医疗与康复等方面的做法融入南方电网公司、广东电网公司的制度中。

关注建设项目过程的职业健康风险管控，将其纳入项目风险管控模型中，开展危害识别、风险评估及管控，通过检查、审核等促进现场职业健康管理。2019 年开始，利用智能巡视机器人、空间网格化布点监控摄像头、传感器监测数据，实现对全站巡视点位监测的全覆盖，充分应用图像识别、大数据分析等智能技术，智能识别、检测分析设备、设施等的巡视数据，使人员转为开展智能巡视的后台监控、数据分析工作以及全部设备设施的维护检修工作等，既避免人员暴露在职业健康风险环境中，又实现巡视的精细化。

第七章 科技创新

科技是第一生产力,是企业快速发展的动力源泉。随着中山电力的发展,电网建设对科技革新与运用的需求不断增强。为实现电网建设更快更好的发展,中山电力人积极探索电网科技领域的科技创新,在电网自动化、信息技术和数字化转型等领域不断取得重要突破,为打造全市域智能电网提供了坚强有力的支撑。

第一节　配网自动化变迁

为快速适应电网发展要求，打造安全、可靠、绿色、高效的粤港澳大湾区智能电网，中山供电局勇于创新、敢于担当，重点推进配网自动化不断向"智能型"转型升级。配网自动化经历了起步、实用化、智能化三个阶段。

一、配网自动化起步阶段（2000—2008 年）

中山供电局作为原广电集团公司地区配电自动化的试点单位，从 2000 年开始进行配电自动化系统建设。

一期工程主站采用东方电子 DF9100 系统，共建成 3 个配电子站、37 台配电终端。之后，在 2003 年、2008 年又陆续进行了二期、三期配电自动化建设，新增 3 个配电子站、121 台配电终端，系统接入的"三遥"终端达到一定规模。

在配网自动化起步阶段，中山供电局采用了光纤集中型配网自动化模式，在核心城区部分线路进行试点。此时配电网架比较薄弱，辐射状配电网架比较普遍，馈线分段数较少且分段不合理，使得配电运行方式不够灵活，紧急情况下的应对能力弱，转供电能力差。在建设过程中，中山供电局逐渐发现单纯依靠光纤通信介质的"三遥"配电自动化终端建设存在四个方面的弊端：①光纤通道建设周期长，难以大面积推广；②光纤通道建设造价昂贵；③对开关柜要求高；④对光纤通道和终端设备的可靠性要求高，运行维护成本高。

二、配网自动化实用化阶段（2008—2017 年）

（一）思路转型

计算机技术和通信技术的迅速发展，配电一次设备、配电自动化终端和配电自动化主站系统制造水平的快速提高，为配电自动化建设奠定了设备基础。同时，配电网分析与优化理论研究取得了新的突破，为配电自动化建设奠定了理论基础。城乡配电网的建设与改造取得了丰硕成果，网架结构趋于合理，为进一步发挥配电自动化系统的作用提供了条件。

南方电网公司从 2008 年开始，在多个城市进行了配电自动化建设试点，掀起了新一轮配电自动化建设与投资的热潮。此时，不再将提高供电可靠性作为单一目的，而是开发了配电自动化和配电管理范围内与有关计算机应用系统相集成的系统，以体现资源利用、信息共享，向突出的实用性方向发展。

2008年开始，中山供电局总结几年来开展配电自动化系统管理的经验，结合"三遥"终端建设的局限性，转变配电自动化建设思路，分步骤、分阶段引入多种配电自动化技术，明确了配电自动化发展的六大目标：提高供电可靠性；实现配网优化运行；实现相关系统集成；实现分布式电源接入；实现客户互动技术；提高配网运行水平和供电可靠性管理水平。

（二）总体设计及建设

通过对国内外发展历程的研究可知，配电自动化技术的发展呈现多样化、集成化、智能化和综合化的特点，由此总结出配电自动化的五种主要模式，即简易型、实用型、标准型、集成型、智能型。

1. 简易型

简易型配电自动化系统是基于就地检测和控制技术的一种系统。其采用故障指示器获取配电线路上的故障信息，通过人工现场巡视线路上的指示器翻转变色来判断故障，或将故障信号上送主站，由主站判断故障区段。在配电开关采用重合器或者配电自动开关的情况下，可以通过开关之间的时序配合就地实现故障的隔离和恢复供电。

这种模式不需要通信系统和主站而独立工作，结构简单、成本低、易于实施，但环路上重合器和开关之间保护的配合靠延时实现，适用于单辐射或单联络的配电一次网架。

2. 实用型

实用型配电自动化系统由主站/子站系统、通信系统、监控终端互相配合，利用终端设备监测故障信号和开关动作情况，按照配网调度系统中预先设置的电网拓扑分析判断出故障区段，并通过远方操作将故障区段隔离和恢复非故障区段的供电。

这种模式利用多种通信手段，以实现遥信和遥测功能为主，并可对具备条件的配电一次设备进行单点遥控，结构简单，但需满足一定的通信条件。

3. 标准型

标准型模式是在实用型的基础上实现完整的配电SCADA功能和集中型馈线自动化功能，能通过配电主站和配电终端的配合，实现配电网故障区段的快速切除与自动化恢复供电，并可通过与上级调度自动化系统、生产管理系统、电网GIS平台等其他应用系统的互联，建立完整的配网模型，实现基于配电网拓扑的各类应用功能，为配电网生产和调度提供较全面的服务。

这种模式适用于多电源、多联络、多分段的配电网及一次设备比较完善、配电网自动化和信息化基础较好的城市配电自动化建设。

4. 集成型

与标准型基本相同，但对配电线路/设备的数据采集和实时监控拥有更大规模。该模式系统结构完整，自动化程度高，管理功能完善，运行方式灵活，建设成本高。

5. 智能型

智能型在标准型或集成型的基础上，通过扩展配电网分布式电源/储能装置/微电网的接入及应用功能，在快速仿真和预警分析的基础上进行配电网自愈控制，并通过配电网络优化和提高供电能力实现配电网的经济优化运行，以及与其他智能应用系统的互动，进而实现智能化应用。

中山供电局结合配电自动化发展目标，综合利用五种建设模式，采用"标准先行、统一规划、因地制宜、分步实施"的总体原则，确定"以覆盖全部配网设备为基本考虑，以信息资源综合利用为重要手段，以配网调度/生产指挥为应用主题，以提高配网管理水平为主要目的"的设计原则，在加强一次网架的基础上，利用多种通信手段，按照不同地区的不同条件，分步、有序、全面地开展配电自动化系统建设，实现信息共享集成和综合利用，提高供电可靠性和服务质量。

中山供电局创造性地提出"三分二自一环"的配电网网架规划，即供电分区、结构分层、管理分界；架空网故障自动隔离、电缆网故障自动定位；以100%为目标提升环网率。这一规划原则为中山供电局后续大规模建设配网自动化系统奠定了坚实基础。

2004年9月，中山供电局第一次开展架空线馈线自动化试点。2007年，在电缆线路安装"一遥"故障定位设备。

2008年，开始推广配电网馈线自动化和故障定位综合应用：10千伏电缆线路利用安装的故障指示器，将过流和接地信号上送主站，供调度员判断故障区段；10千伏架空线路分段开关和联络开关采用负荷开关配FTU，具备"二遥"功能和馈线自动化功能，能通过重合器就地隔离故障，并通过无线公网将告警信号、遥测、开关位置上传主站，实现了故障自动隔离，同时解决了站外开关盲调问题。因此，"二自"目标得以实现。

2010年9月，中山供电局10千伏线路主干线实现配网自动化全覆盖，共接入138套"三遥"终端（核心城区）、902套故障定位终端（非中心城区）、1866套馈线自动化终端。与此同时，对配网自动化主站系统进行升级改造，充分突出"信息化、自动化、互动化"特征。新的OPEN3200系统具备45万点的超大数据处理能力，逐步实现配电SCADA、馈线自动化、配电网分析应用、智能化分析应用等功能，并接入

23801 个配电信息，实现了中山配电网设备的全景展示和全面覆盖。

2011 年 4 月，中山供电局配网自动化系统通过广东电网公司组织的实用化验收。2012 年 2 月，中山供电局获评"中国南方电网公司配网自动化示范基地"。

三、配网自动化智能化阶段（2017 年以来）

2017 年以来，中山供电局深入承接广东电网公司智能电网建设方案，贯彻落实配电自动化全面升级的要求，全力推动配电网自动化由"就地型"向"智能型"升级，全面实现故障自动隔离、网架自愈重构。

按"十四五"规划，2021 年中山 A 类城区实现"双策略智能分布式"全覆盖；B 类镇区实现"馈线自动化＋三遥"功能，有条件区域实现智能分布式覆盖。全市域智能电网将成为中山供电的三张名片之一，有效支撑中山市社会经济高质量发展，助力大湾区智慧城市建设。

中山供电局追求网架本质可靠，与"智能型"升级同步开展配电网网架建设，打造灵活可靠的自愈型配电网网架结构。10 千伏配电网以网格为规划单元，初期采用 2-1、3-1 单环网结构，完善合理分段，实现灵活转供；负荷饱和时实现 4 回线多分段、多联络的双环网结构，网格类点负荷采用 N 供一备方式。截至 2021 年，中山供电局 10 千伏线路环网率达 96.78%，可转供电率为 94.66%，站间联络率达 68.05%，馈线自动化有效覆盖率为 87.67%。

为了提升资产利用效率，避免对现有设备进行大拆大建，中山供电局配电网自动化改造按"直接沿用、到期更换、整体置换、层级优化"十六字原则开展。

2017 年以来，中山供电局已经完成 93 个智能分布式环网组建设，共涉及 313 条 10 千伏线路和 1867 个站点，A、B 类地区总计完成 3310 个"三遥"站点建设。配电自动化全面升级有效提高了电缆线路可靠性，2019 年 10 千伏电缆线路中压停电时间较 2017 年下降 59.1%。

第二节　信息化建设和数字化转型

中山电力信息化工作的历史虽然很短，但在各级领导的重视以及信息通信技术人员的努力下，中山电力信息技术迅猛发展，从 20 世纪 80 年代的单机运行发展到如今的千兆光纤网络，从简单的文字和信息处理发展到现在的"云大物移智"智能技术综合应用，从传统的电网发展到今天的智能数字电网，实现了数字化、网络化、智能化。

一、信息化发展历程

（一）软硬兼施，双剑合璧

中山电力紧跟信息化时代发展潮流，重视信息技术硬件和软件方面的投入、研发和建设，使信息化基础设施不断完善，信息系统开发和应用水平不断提升，助力中山电力在信息时代腾飞发展。

1. 基础设施建设

1984年购入第一台个人计算机——APPLE Ⅱ，用于工程技术人员掌握计算机操作及开展基础知识学习。1987年组建局电脑室，从属局办公室，第一个电脑室的规模大约20平方米，从事计算机应用管理工作的仅一人。1988年省电力局用电处分配3台华立B16型计算机给中山电力部门。

随着企业规模的不断发展壮大，数据、信息流量的急剧增大，多媒体应用已成为必然，现有的网络架构已不能满足企业发展的需求，必须采用现代化的信息管理手段。1991年，中山电力开始搭建局本部大楼的局域网，采用同轴电缆，速率为10M。中山电力从1993年至1997年推进计算机应用，下属城区、火炬及农电分局也组建了自己的计算机网络，并根据各自的管理和生产需要开发了相应的应用模块。

中山供电局逐年加大信息化设备和网络环境的建设投入，并适时发布了《中山供电局计算机终端设备配置标准和申请办法（试行）》。截至2021年，中山供电局共有微机终端7532台，服务器242台，移动终端1584台，机房3个，面积约600平方米。

中山供电局已建成包括光纤通信、微波、载波、程控交换等多种方式的比较完善的电力通信系统，遍布中山市24个镇区，实现计算机网络与通信网络技术上的融合，并从全局的高度对信息网络进行规划、建设、管理，为中山数字电力构筑一条先进可靠的信息高速公路。

2. 系统开发与应用

信息化深刻改变了人们的生产生活方式，现代化的企业管理离不开管理信息系统的支持。中山供电局各阶段建设的管理信息系统极大地提高了企业管理和生产效率，并随着企业的发展而不断完善。信息系统的开发、应用主要经历了单机运行、网络运行、快速发展、大集中统一版本、智能新技术广泛应用几个阶段。

（1）单机运行阶段。1987年电脑室技术人员用仅有的一台APPLE Ⅱ计算机进行单项应用的软件开发工作，利用计算机建立了工资发放系统。1988年省电力局用电处分配 3 台华立 B16 型计算机，电脑室仅有的两位技术人员开发了大宗用户电量计费系统、三电管理的部分统计表等。

（2）网络运行阶段。电脑室于 1991 年在局本部组建了"3＋网"，局计算机系统开始进入网络化阶段。随着技术的不断进步，为推进企业信息化建设，1993 年在原电脑室的基础上，组建了计算机中心，隶属于局办公室。计算机中心采用 FOX-PRO 开始了人事、工资、用电、工会等业务的管理信息系统 C/S 模式开发，到 1993 年完成了管理信息系统的早期开发工作并联网使用，由此局 MIS 系统开始进入初级化的应用阶段，城区、农电也开始组建部门的电脑室，负责部门级的计算机应用。

其后，计算机中心对全局的发展现状及计算机应用水平进行了分析，完成了计算机系统建设规划。从 1997 年 12 月开始对局计算机管理信息进行全面升级，于 2000 年 3 月完成了 MIS 系统需求分析和总体设计说明书，通过了省电力局的评审。另外，通过采用 155M ATM 网络技术完成主干网络的建设，建立起 ZSEMIS 的系统体系结构和网络体系结构。

信息系统建设始于 20 世纪 90 年代初，系统的建设基本上以部门或专业为单位。到 2002 年 9 月，在分公司运行的系统有用电业扩管理系统、电费系统、高压生产管

▲ 20 世纪 90 年代末，时任局长郭如觉（前坐者）到基层检查信息化创一流工作

理系统、调度管理系统、综合查询系统、生产计划系统、财务系统、OA系统、人事系统、检修系统、巡检系统等。

所有应用系统均已普遍投入运作，先后开发的应用系统已覆盖了中山电力生产、经营和行政等领域的主要业务，共有11个子系统（用电管理、供电生产管理、劳动人事管理、审计管理、调度管理、安监管理、计划统计、车队管理、客户服务、行政事务管理、综合查询），实现了企业内部的数据交换和信息资源共享，为有关人员及时、准确、全面地掌握生产、经营、管理等信息提供服务。

2000年4月，ZSEMIS以优秀的成绩通过省电力局的实用化验收。2000年年底，完成了中山电力局网站开发、连接国际互联网的工作，该网站于2001年2月18日对外开通，使中山电力成为当时全省首家可实现网上用电报装的企业。

1999年，广东电力省公司统一安排开发了基于Lotus Notes的办公自动化OA系统，该系统于2000年1月1日起正式上线运行，使局内公文运作基本实现无纸化。OA系统的上线运行标志着省地办公管理信息系统的联网运行，实现了公文的实时上传下达，提高了工作效率。

（3）快速发展阶段。2002年，国家进行电力体制改革，南方电网公司成立，电力信息化被提升到一个新的高度，中山供电分公司随之设立信息部，电力信息化建设开始快速发展。2003年，中山供电分公司提出建成南方电网公司系统内的先进地市级供电公司的战略目标，从战略高度加快信息化建设步伐。在此期间，信息工作呈现出三个亮点，它们也是中山供电分公司信息化的里程碑：成功实施企业信息门户系统EIP；以数字电网为核心，流程为纽带，成功建设EAI系统；成功实施分公司电力营销管理信息系统。

值得一提的是，以EIP项目申报的广电集团中山供电分公司企业信息门户建设项目获2005年度南方电网公司科技进步奖二等奖。

2007年，率先采用移动技术建设了中山供电局供电故障急修移动作业系统，与客服系统对接，实现抢修工单处理进程信息的实时管控，该成果获中电联2009—2010年优秀电力信息化成果二等奖。

（4）大集中统一版本阶段。2010年开始，南方电网公司、广东电网公司调整了信息化建设思路，围绕国资委"开展管理提升活动"的指导意见，将建设信息化企业作为实现公司战略的重要工作，加快新一轮全网集中的"6+1"信息系统建设，重点推进顶层设计和数据管理工作。中山供电局结合统一大版本和本地具体业务需求，在2011年全面推广应用八大主营业务管理信息系统，实现"工作流程化、流程表单化、表单

▲ 大集中统一版本一体化管理系统集成界面

信息化",为电力业务提供强大的信息技术支撑。2014年,南方电网公司推出了新版本的六大主营业务系统,实现了南方电网公司、广东电网公司两级集中部署、统一版本。中山供电局作为南方电网公司、广东电网公司"6+1"系统项目试点建设单位之一,积极推进信息、业务"双轮驱动"工作机制,顺利完成了一体化营销管理系统、资产全生命周期管理系统安全生产子系统、人力资源管理系统三个核心主营业务系统试点建设和 GIS 平台、财务管理系统全省试点推广的任务。各系统运行稳定,系统的数据质量和实用化水平排名全省前列。

(5)智能新技术广泛应用阶段。中山供电局加强信息新技术的应用,早在 2007 年就率先采用移动技术建设了供电故障急修移动作业系统,2012 年起,中山供电局开始了"云大物移智"先进信息技术的应用研究,在生产、营销、培训、行政办公等领域开展移动应用，涉及生产现场作业、营配现场作业、智慧培评等各项业务。移动应用将管理延伸到了工作现场，实现了信息的实时流转，提高了工作效率。2018年，按照广东电网公司智能电网示范区行动计划的统一部署，中山供电局依据"信息汇集与推送、过程管控、预警研判、分析决策、指挥协调"的定位，以及建设"四个一"场景（设备状况一目了然、生产操作一键可达、风险管控一线贯穿、决策指挥一体作战）的目标，组建了具备专业指挥能力的生产监控指挥中心，初步实现了电网运行、设备状态、作业现场的数据展示，以及对设备异常、事故、作业生产现场任务及其环境的实时监控，提升了现场指挥操控效率。

（二）人才队伍，专业支撑

信息化的发展离不开信息技术人员的默默耕耘。中山供电局一直重视信息人才的培养，不断注入新鲜血液，打造了一支阵容强大的信息化队伍。截至2021年，全局有信息技术人员45人，IT客服人员5人，技术专家4人，技能专家5人，高级工程师10人，工程师15人。

组建了两个信息班组，信息安全运维班主要负责信息化设施、信息安全、信息网络管理，数据应用班主要负责信息系统的运行管理。

以提升员工业务技能水平和推进全面持证上岗为培训工作的重点，有针对性地加大员工培训力度，加强信息专业队伍建设。全员通过ITIL Foundation认证，提高了IT服务管理水平。同时鼓励技术人员参加全国软考，截至2021年，已经有18人通过考试。

（三）防护体系，固若金汤

2004年至2006年计算机病毒疯狂蔓延，2006年至2007年实施AD域管理、PKI、桌面管理系统，打造安全产品体系，将防护重心由"防火墙防护"转移到"终端防护"，实现各个防护产品的联动，改变了以往各个信息安全防护产品"单打独斗"的局面。2010年，实施网络准入控制与终端安全防护，标志着信息安全防护体系由被动防护向主动防护转变。2013年，进一步实施移动介质管控。随着技术措施和防护措施不断完善，PKI客户端覆盖率、计算机防病毒系统覆盖率、计算机准入系统覆盖率均达100%，高于广东电网考核指标满分值。

近年来，随着安全生产风险管理体系建设不断深入，信息领域也开展了信息安全风险管理体系建设工作。每年不断利用多种手段开展全员信息安全宣传教育，营造了"信息安全、人人有责"的氛围，全员的信息安全意识不断提升。从2017年开始，全员签订网络安全责任书。

在2008年至2018年期间，圆满完成了重要时期各项保供电工作任务，如2008

年奥运会保供电、2010年广州亚运会保供电等，实现了特殊时期"信息安全零事件、信息系统零事故、敏感信息零泄露"的"三个零"目标。

2008年	奥运会保供电
2009年	60周年国庆、澳门回归十周年保供电
2010年	广州亚运会保供电
2011年	大运会、纪念辛亥革命100周年保供电
2012年	十八大保供电
2014年	澳门回归15周年庆典活动保供电
2015年	抗战胜利70周年纪念活动保供电
2016年	G20峰会保供电
2017年	财富全球论坛保供电、十九大保供电
2018年	博鳌亚洲论坛保供电

"三个零"：信息安全零事件、信息系统零事故、敏感信息零泄露

▲ 重要时期保供电信息安全工作

2019年，将网络信息安全提升到一个前所未有的高度，开展了护网行动。"护网行动"网络攻防演习是年度重点工作，为此组织制定了《中山供电局2019年网络攻防演习实施方案》，成立了信息、系统、设备、市场等6个专业组迎战队伍，按"一图两表一手册"的要求，从"收敛攻击面""落实纵深防御""做好重点防护""做好主动防御"四个方面，制定工作任务和具体措施，确保责任到人，并抓好贯彻落实。

在护网期间，中山供电局健全了"1+2+6+N"的网络安全指挥作战体系，形成了"总体指挥＋协同作战"的工作机制，制定了纵深防御策略，健全了动态防御机制，锻炼了技术人才，积累了应对重大威胁的宝贵经验，为护网2019行动交出了令人满意的答卷。

二、数字化转型

为贯彻网络强国战略部署，南方电网公司提出了"数字南网"建设要求，印发了《公司数字化转型和数字南网建设行动方案（2019年版）》和《公司数字化转型和数字南网建设计划（2019年版）》。孟振平董事长在南方电网公司2019年年中工作会中指出：要抓住新一轮科技革命和产业变革的历史性机遇，促进能源与现代信息技术深度融合；积极探索实践平台经济、数字经济及融合经济，大力推进"数字南网"建设，实施"4321"十大行动项。

（一）数字化转型业务蓝图

2019年，启动南网云平台、物联网平台、数字电网平台、电网管理平台建设，完善大数据平台、客户服务平台、调度运行平台、企业级运营管控平台，推进与国家工业互联网对接及与"数字政府"和粤港澳大湾区利益相关方对接，推动传统信息系统向统一数字化基础平台和互联网应用转型。

2020年，建成公司南网云平台、物联网平台，升级完善大数据平台，实现云数一体；统一构建公司数字电网模型，实现以数字电网平台为支撑的电网业务应用；建成四大业务平台，促进公司生产经营效率和质量提升，实现能源产业链上下游互联互通，支撑公司开展智能电网运营、能源价值链整合和能源生态服务，完成数字南网承接建设任务。

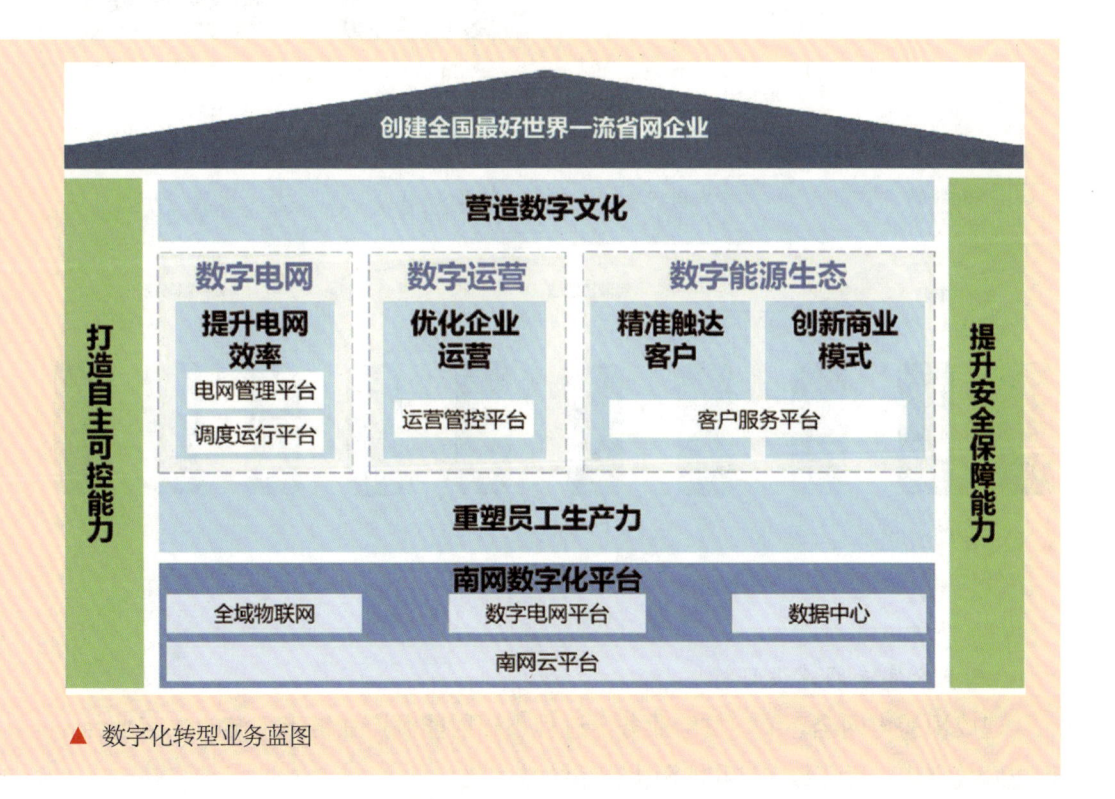

▲ 数字化转型业务蓝图

2021年，形成全域高质量的数据资产，全面建成基于南网云的新一代数字化基础平台，深化互联网应用，具备良好的对内对外服务能力，数字化支撑和引领业务的能力大幅提升；深化各业务平台推广应用，公司电网智能化、数字化水平显著提升，有效提升公司全员劳动生产率，为全面建成全国最好世界一流省网企业提供数字化支撑。

计划至2025年，全面实现数字化转型。

（二）数字化转型思路

以习近平新时代中国特色社会主义思想为指导，围绕公司创建全国最好世界一流省网企业的总体目标，以数字化转型和数字南网建设战略为统领，以深度应用基于云平台的互联网、人工智能、大数据、物联网等新技术为核心，全面承接落实数字南网建设十大行动项，推动解决公司长期存在的痛点难点问题，构建自主可控的数字化应用体系，推动电网、客户、运营、新业态、员工、文化六大领域转型，形成数字感知、全景洞察、智慧决策和智能执行四大业务能力，推动公司转型为管理更智能、技术更敏捷、组织更协同、机制更创新的数字化企业，助力公司加快创建全国最好世界一流省网企业。

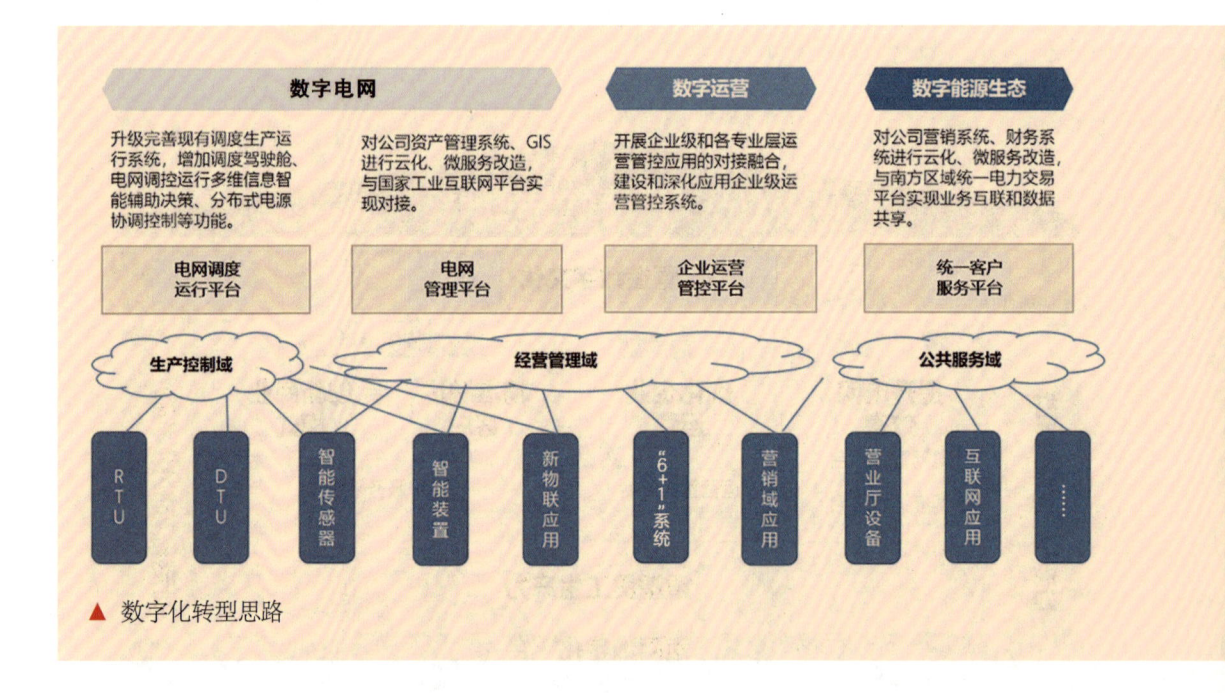

▲ 数字化转型思路

（三）数字南网建设目标

建成覆盖电网全环节、贯穿业务全过程、辐射能源产业链上下游的数字平台，实现电网数字化、运营数字化和能源生态系统数字化。

数字电网：新一代数字技术应用于大电网安全稳定运行、大规模新能源接入、综合智慧能源、四网融合、大规模储能等关键领域；数字运营：提高企业经营管理效率，驱动管理流程再造、组织结构优化，并促进科学决策，整合与共享产业链资源；数字能源生态：构建面向政府、设备制造商、能源生产商、配售电商、增值服务商、终端用户等产业链参与方的各类互联互通平台。

（四）数字化转型优秀案例

1. 案例一：基于多源异构数据融合的数字电网平台研究和实践

数字电网平台立足于建设统一的数字化电网模型，搭建总体信息框架，整合企业信息资源。该平台实现了企业内原有的多个异构系统的数据整合，消灭了"信息孤岛"，实现了数据共享。

该平台以电网核心数据为主，围绕电网安全稳定运行和电网经济运行两方面的主题进行设计，实现了以电网架构（即发供电、输变电、配电、用电）展现电网核心数据。这种以电网架构划分的功能设计打破了企业内部门之间的信息壁垒，使整个电网的架构得到了完整的再现。该成果获得2019年度电力科技创新奖一等奖。

2. 案例二：供电企业共享服务体系建设与实施

建设供电企业共享服务体系，有效整合全省IT资源，发挥集约化效应，均衡配置IT专业技术人员；提升IT服务的专业化水平，形成流水线式的产业化能力，提高服务质量；通过能力开放和共享为创新和竞争性业务发展提供支撑；有效解决地市局在"关停并转"过程中的人员分流和技能转型问题。

构建集约化的共享服务体系，基于公司多年的服务与运营经验，同时结合国内外企业的领先实践，形成共享服务中心建设模型，模型包括七个部分，全面覆盖了共享服务中心建设过程中需要关注的各个方面；建设卓越运营的共享服务中心，共享服务中心作为集中处理标准化、事务型工作，并提供专业化服务的单位，需要维持较高的运营效率并进行不断的优化，以保持优势，实现建设的目标与愿景。该成果获得广东省企业管理现代化创新成果二等奖。

3. 案例三：低压配电网漏电风险在线监测系统

构建低压配电网漏电在线监测采集报警排查系统，数据采集终端基于边缘计算技术研制，既可为供电系统配网运行管理人员提供决策支持，也可为社会配网运维人员提供易用高效的故障排查工具和方法，从而大幅提升全社会管控漏电风险的能力和效率，降低电能损耗，降低社会人员触电和电气火灾事故风险。

本成果属于全国电力行业首创，获得2项专利，实现了对配电台区漏电故障风险的评估和定位，方便督促产权单位配电技术人员及时排除漏电故障隐患，促进全社会提升配、用电安全管理水平。该成果入选《广东电网有限责任公司数字化转型优秀案例集（2019—2020年）》。

4. 案例四：电力走廊空间信息数字化应用

电力走廊空间信息数字化应用运用"云大物移智"等先进技术，采用微服务架构

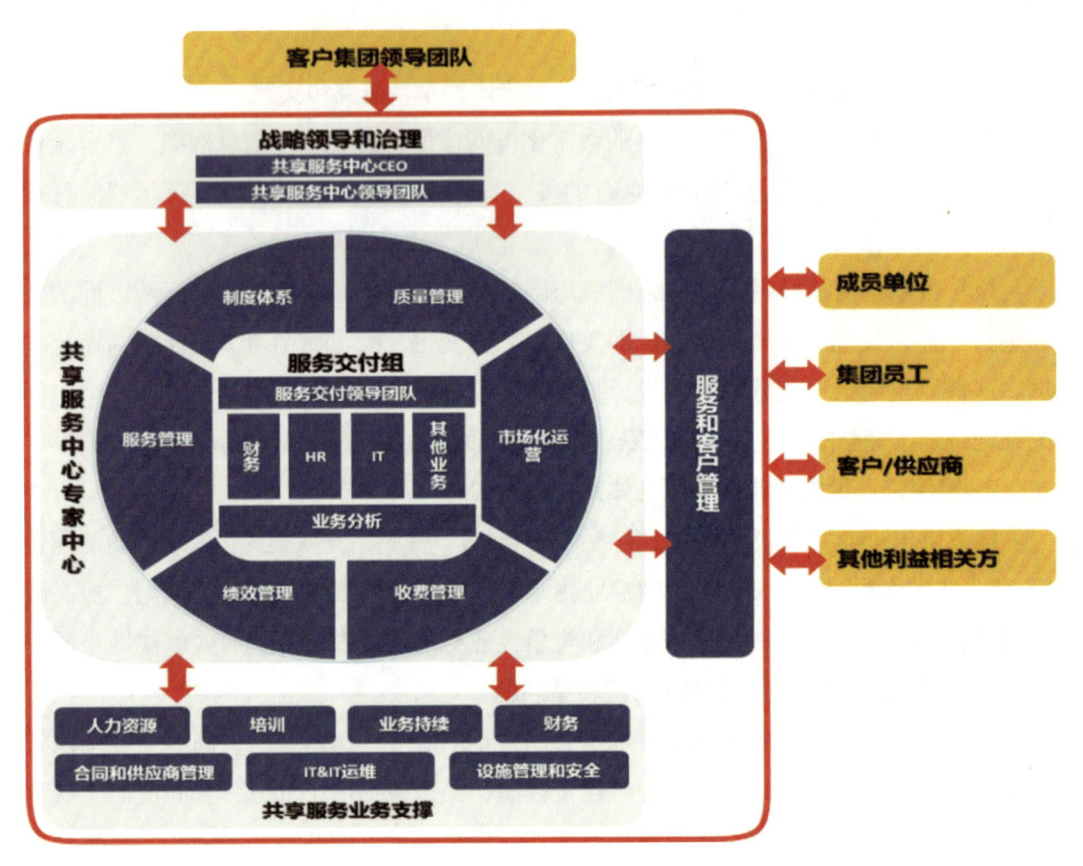

▲ 共享服务体系框架

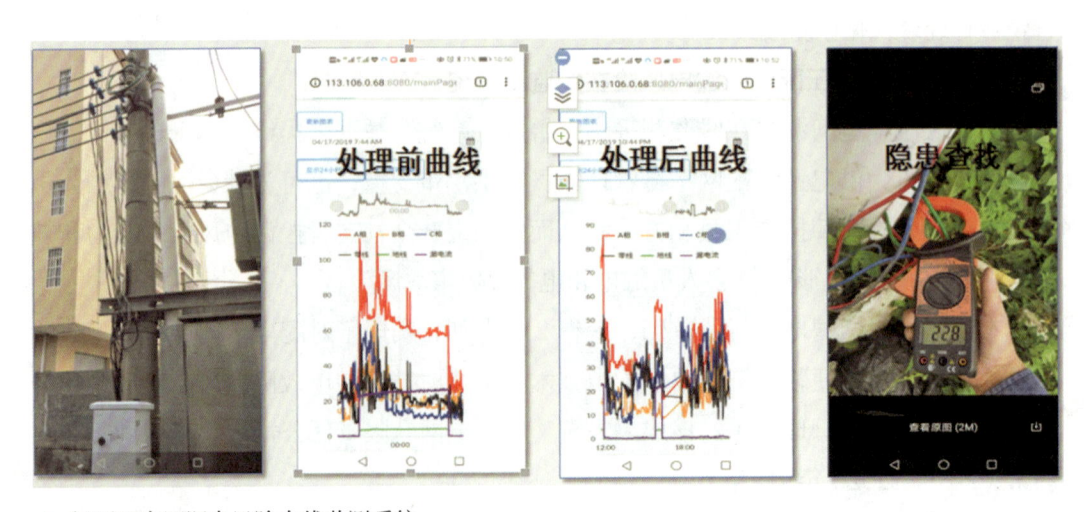

▲ 低压配电网漏电风险在线监测系统

与 PaaS 云无缝结合，整合多维度数据；利用杆塔设计风速、微气象、微地形、台账、隐患、缺陷等大数据，构建塔－线受损评估模型，为电网输电线路防风抗灾提供辅助决策支持；借助物联网、RFID 及移动应用技术在现场对电缆快速、精准定位，实现内外业协同作业及信息互通，实现电力走廊精益化、智能化、移动化管控，提升管理水平，为建设"数字南网、智慧南网"迈出坚实的一步。该项目发表论文 8 篇，其中 2 篇进入 EI 数据库，申请发明专利 4 项、国际实用新型专利 2 项，获得软件著作权 2 项。该项目率先实现了架空线路和地下电缆及其周围环境、气象、特殊区域等信息在电网 GIS 平台上的"一张图"展现。

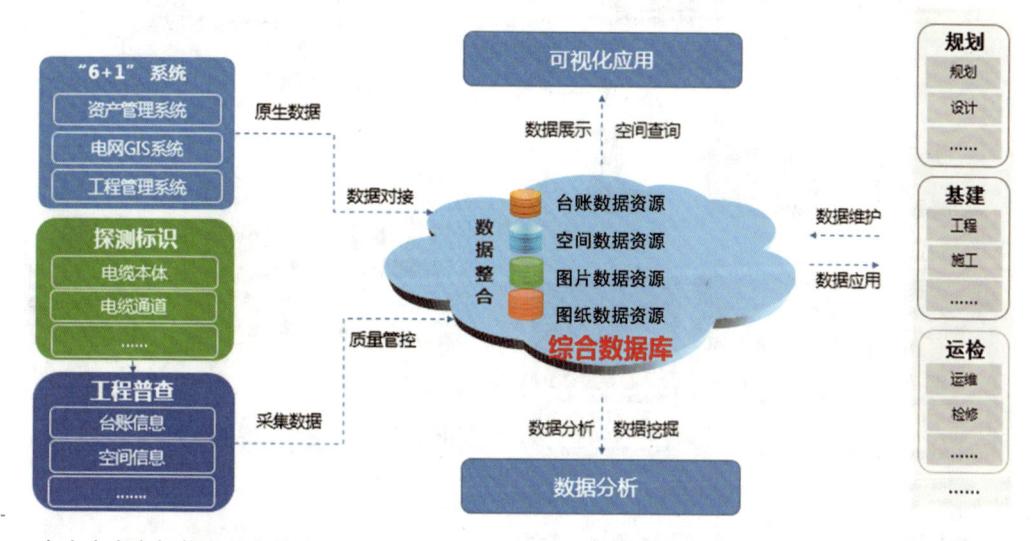

▲ 电力走廊空间信息数字化流程图

5. 案例五：220 千伏光明变电站设备巡视智能化转型

220 千伏光明变电站通过项目改造配套了移动式机器人、固定式摄像头和在线监测装置，利用主导开发的高集成 EIM 信息平台对各终端设备进行操控以完成全站设备设施的巡视，并智能分析可能存在的异常情况，生成电子报告供值班人员审核确认，完成了变电站设备设施巡视无人化的转变，使变电运行的管理得到本质提升。

220 千伏光明变电站项目共申请机器人、视频识别等方面的发明专利 8 项、实用新型专利 6 项，获得软件著作权 4 项，在国内中文核心期刊发表论文 2 篇，一般期刊发表论文 2 篇，发表会议论文 1 篇。其中，"一种一机多站巡检系统"发明专利获得南网发明三等奖。通过变革当前成熟的视频监控智能识别技术，开发出电力行业特有的智能识别算法及策略，实现刀闸位置状态、传统运维巡视、设备设施在线监测、作业安全行为识别、动态门禁等数据收集，通过公司大数据运行支撑平台呈现现场实时数据，有力支撑公司创建全国最好世界一流省网企业，推动公司数字化转型，助力基层减负。该成果入选《广东电网有限责任公司数字化转型优秀案例集（2019—2020年）》。

▲ 变电站设备智能化巡视

6. 案例六：生产监控指挥中心建设与实用化

生产监控指挥中心以生产监控指挥系统建设为主要依托，辅以若干配合项目。配合项目包括输变电视频监控与分析系统、低压智能监控系统、单兵装备与发电车智能管控装置等。该系统目前已具备计划管理、两票管理等功能，其设计思路如下：一是抽取其他业务系统的数据进行监控（如"6+1"资产管理系统、局调度信息三区发布系统等），将管理要求变成告警逻辑，集中告警并按业务分类设置处置流程，实现常态化的规范化管理查评；二是以数字化应用替代原有的线下信息传递，使得管理过程清晰可见;三是利用变电站、输电线路、配电网的智能终端实现巡视、操作业务的机器完全或部分替代。

该平台将新一代智能技术集成应用于"生产监控指挥",优化调整业务流程,创新生产管理模式,提升设备运维管控力和管理分析穿透力,力图实现"设备"和"作业"信息透明,提高生产指挥体系运转效率。该成果入选《广东电网有限责任公司数字化转型优秀案例集(2019—2020年)》。

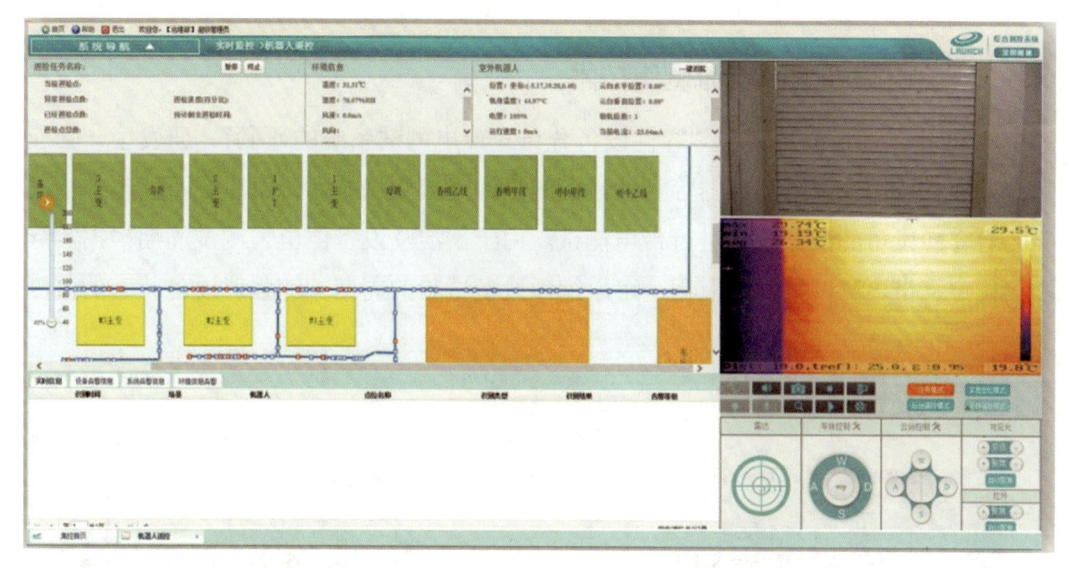

▲ 通过智能终端实现巡视、操作业务的机器完全或部分替代

(五)成效卓著,硕果累累

近年来,信息化创新工作成果显著,取得了多项重要荣誉,包括:中国电力企业联合会电力科技创新奖一等奖、二等奖各1项;电力行业信息化成果一等奖、二等奖、三等奖各1项;全国电力企业国家级管理创新论文大赛一等奖1项;广东省企业管理现代化创新成果一等奖2项,二等奖4项,三等奖1项;南方电网公司集体三等功1次;获得计算机软件著作权25项;申请专利35项,授权实用新型专利10项、发明专利3项;发表科技论文65篇;南方电网公司科技进步二等奖1项;广东电网公司科技进步一等奖1项,三等奖3项,职工创新三等奖1项;广东电网公司2016年度基础管理改进奖三等奖1项。

第三节　智能化发展

进入新时期，中山电力顺势而为，紧跟信息化时代的潮流，推进电力技术的信息化、智能化发展，鼓励各种科技项目研发，用新技术解决老问题，用新思路突破旧局限。各类智能机器人先后问世，在不同岗位助力生产发展，领衔中山电力技术创新。

一、容性设备泄漏电流测量技术

2012年，通过科技项目"容性设备分布式带电测试系统的研制"，研发了一套应用于电流互感器、电压互感器等容性设备的泄漏电流测量技术，可以在不停电的情况下，对容性设备的泄漏电流进行带电测试。由于不涉及设备停电，测试周期根据实际需要确定。带电测试技术的应用，可以缩短设备试验的周期，加强对设备状态的监测力度。

▲ 将容性设备末屏接地线引下

▲ 应用高精度钳形电流传感器测量末屏接地线的泄漏电流

二、电缆线路可视化管理技术

2013年,科技项目"电缆线路可视化管理系统研究应用"利用信息化技术,对安装在现场的电子标示器记录的地下电缆线路走向、深度、宽度、敷设方式、现场图片等关键数据进行管理和存储,并基于GIS系统进行全方位展示,实现电缆线路可视化管理。

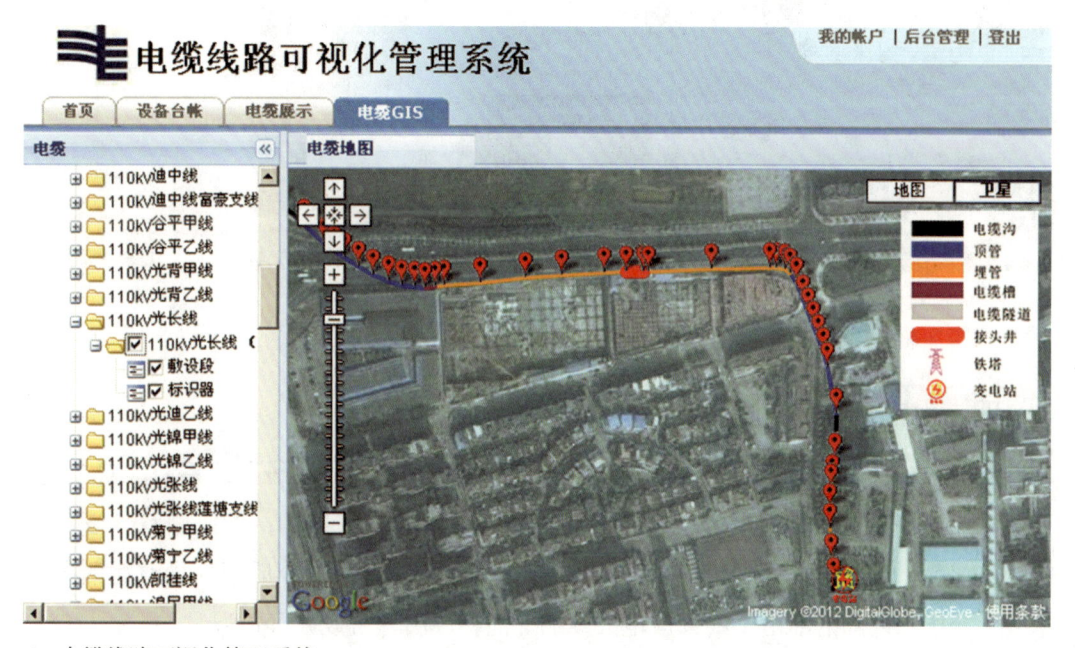

▲ 电缆线路可视化管理系统

三、"大眼萌"无轨巡检机器人

2013年年初,500千伏桂山变电站投入使用"大眼萌"无轨巡检机器人,成为广东电网第一个使用机器人巡检设备的变电站,也是南方电网第一个使用无轨机器人的变电站。桂山站机器人巡检系统主要包括机器人、基站服务器、无线通信网、充电房。巡检机器人主要由天线、导航激光雷达、云台、高清摄像头、红外摄像头、超声避障系统、四驱运动底盘组成,可实现无轨导航、自主巡视、视频监控、红外测温、标机识别、声音采集、后台管理等功能。日常可长时间精准开展设备巡视,减少人力需求。恶劣天气下可进行户外设备特殊巡视,降低人身风险。必要时也可蹲点监测,持续不间断监视隐患,避免人为失误。

▲ 技术人员对机器人进行对点定位

四、设备在线监测集成平台

2014年，中山供电局逐步建立设备在线监测集成平台。在线监测系统能对主变、开关等关键设备的本体及其附件内部、外部的异常指标进行监测，如监测GIS设备内部由于轻微的局部放电而产生高频电波、套管等容性设备由于介质损耗导致泄漏电流增大、变压器内部的油由于内部放电故障加热而释放出异常成分等情况。

在线监测系统对设备出现异常状态时的特征参量进行监测，并设置一定的告警值，可以对设备长期的状态变化进行分析，解决了定期试验长达数年的测试周期之间设备异常无法监测的问题，将电力设备事故预防于轻微异常之时，大幅提高设备运行可靠性。

▲ 在线监测集成平台界面

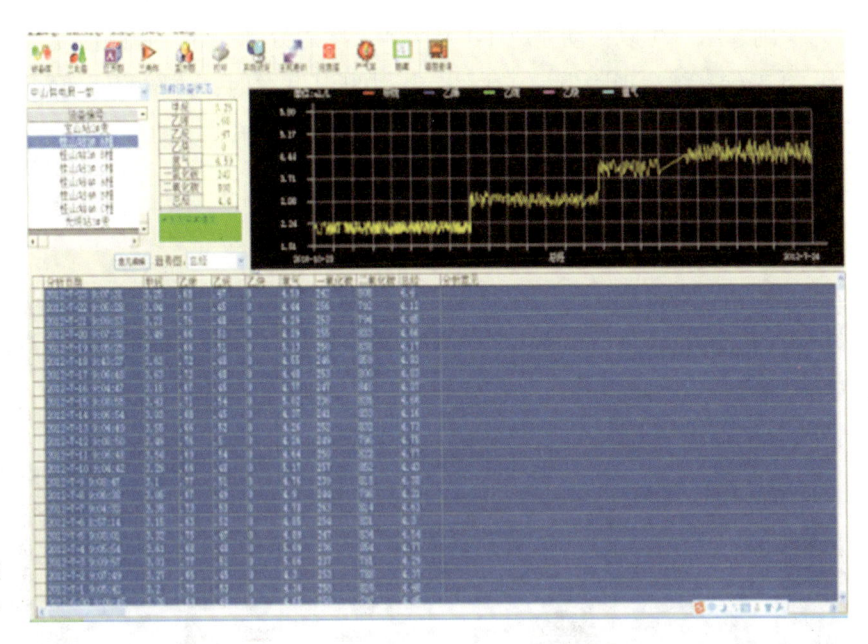

▶ 主变油色谱在线监测系统界面

五、变电站智能操作机器人"阿童木"

"阿童木"是中山供电局研发的变电站智能操作机器人,因其身材圆润,双眼炯炯有神,还有一只灵巧的手臂,与动画形象"铁臂阿童木"极为相似,故取名为"阿童木"。

▶ 第一次运行成功后,"阿童木"之家成员兴奋得互相击掌

"阿童木"可以自动完成 10 千伏开关紧急分闸操作，包括应急情况下的紧急处理。当 10 千伏开关出现隐患，在主控室无法断开开关时，传统的处理方法是断开上一级开关，这必然会扩大停电范围，影响供电可靠性，而人工现场操作又存在开关爆炸的风险，"阿童木"的出现解决了这一"两难"问题。

▲ 神同步的"阿童木"和班员们

六、继保屏巡视机器人"小黄人"

"小黄人"是继保屏巡视机器人，能够准确地监视各个继保屏内压板的投退情况是否正常。如果出现压板位置异常，"小黄人"将会向后台监控系统发出异常信号。"小黄人"主要用于户内电力设备智能巡视，主要有高精度精细化识别及测温等功能。"小黄人"基于二维码复合激光导航定位，定位精度小于 2 毫米，能够精确识别保护装置的重合闸充电等微小指示灯、切换把手位置、模拟式和数字式表计、压板和空开的运行状态。"小黄人"的伸展手臂可以实现高处观测对象的水平识别，识别准确度达 98%。"小黄人"基于 5G 通信技术，可实时高清传输图像、视频至服务器，自动判别电力设备运行状态并实时推送告警。"小黄人"大大提高了高处电力设备的巡视准确度，提高了巡视效率，减轻了运行人员的工作量。

▲ 继保屏巡视机器人"小黄人"正在逐个巡视继保屏内压板的投退情况

七、输电线路无线自组网视频系统

2017年，通过科技项目"输电线路视频智能分析平台研究与应用"，研制出具有自主知识产权的输电线路视频智能分析平台及手机视频客户端，依托输电线路无线自组网视频系统（"天眼"系统），采集输电线路周边视频、图像数据，实现对大型机械入侵、滑坡、山火的自动识别报警，准确率达到80%，辅助班组提前把控隐患，极大地减少视频监控的人力需求，有效防范输电线路外力破坏事件发生，提高输电线路运行可靠性。

八、南方电网首个继保室挂轨巡视机器人"蜘蛛侠"

2018年，在500千伏文山变电站继保室内，南方电网首个继保室挂轨巡视机器人"蜘蛛侠"正式上岗。该机器人倒挂行走，身材修长灵活，可倒挂下降近2米，与"蜘蛛侠"极为相似，故取名为"蜘蛛侠"。"蜘蛛侠"可以稳稳地吸附在轨道上，可实现继保室的红外测温、局放检测、柜面及保护装置信号状态指示等的全自动识别，以及继保室保护屏柜压板状态、空开位置、电流端子状态、装置信号灯指示及数显仪表的全自动识别读数。"蜘蛛侠"采用轨道接触充电系统供电，轨道式充电点采用220伏交流电作为电源输入，其动力系统与高铁类似，通过轨道上的两根滑触线为机器人供电，只要继保室不断电，轨道就能为"蜘蛛侠"持续提供动力输出，实现24小时不间断巡视，从而大幅度提高继保室巡检效率。

▲ "天眼"系统

◀ 南方电网首个继保室机器人"蜘蛛侠"正式上岗工作

九、变电站智能视频信息融合监控系统

2018年,通过科技项目"变电站智能视频信息融合监控系统应用示范工程",研制出变电站视频智能识别系统,融合变电站视频环境监控系统、安防及资产信息系统中的工作票模块数据,实现了进入变电站作业人员的身份、数量、穿戴、作业区域、工作遗留物等识别。该系统能及时发现变电站作业存在的安全隐患,避免违章行为进一步发展成事故,有效减少因人为事故造成的人员与电网损失,实现电力安全监管从人防到技防的历史性转变。

十、智能识别电缆通道外力入侵类型的实时预警系统

2019年,通过科技项目"智能识别电缆通道外力入侵类型的实时预警系统研究",

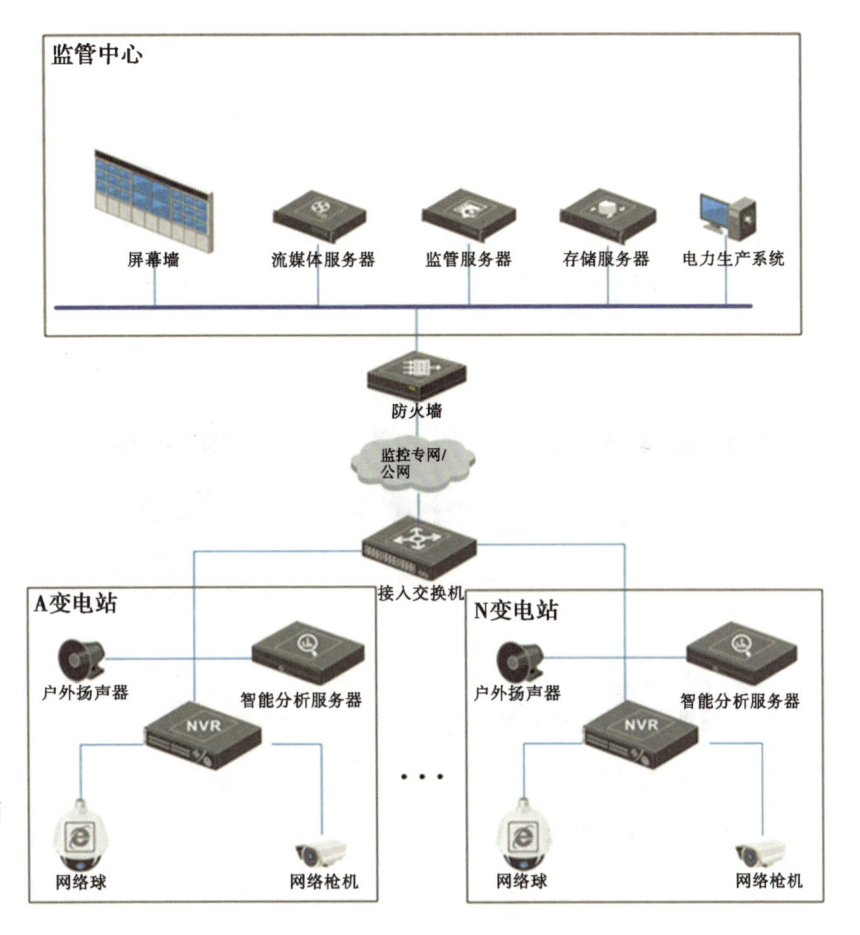

▶ 系统架构图

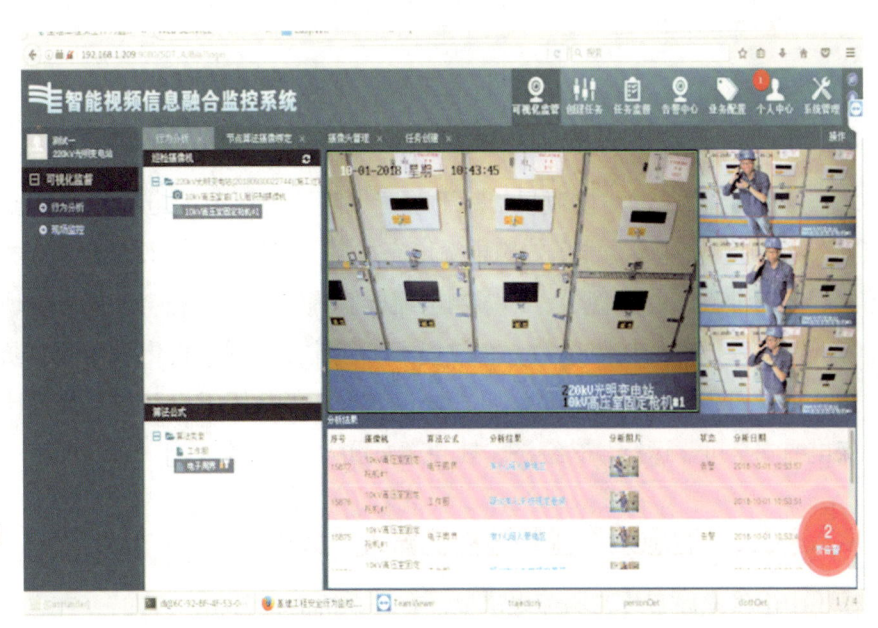

▶ 违章行为识别

研制出智能识别电缆通道外力入侵类型的实时预警系统。该系统具有外力入侵类型智能识别、防外力入侵准确定位、电缆故障实时准确定位三大功能及运行维护方便，精确度、稳定性和重复性好等特点。该系统实现了电缆外力入侵全时段监控预警，可以准确定位空间距离，识别施工类型，评估威胁程度并短信报警，从而提早采取管控措施，避免外破发生，确保电缆安全运行。同时该系统还实现了电缆故障准确定位报警，大幅提升了抢修效率。

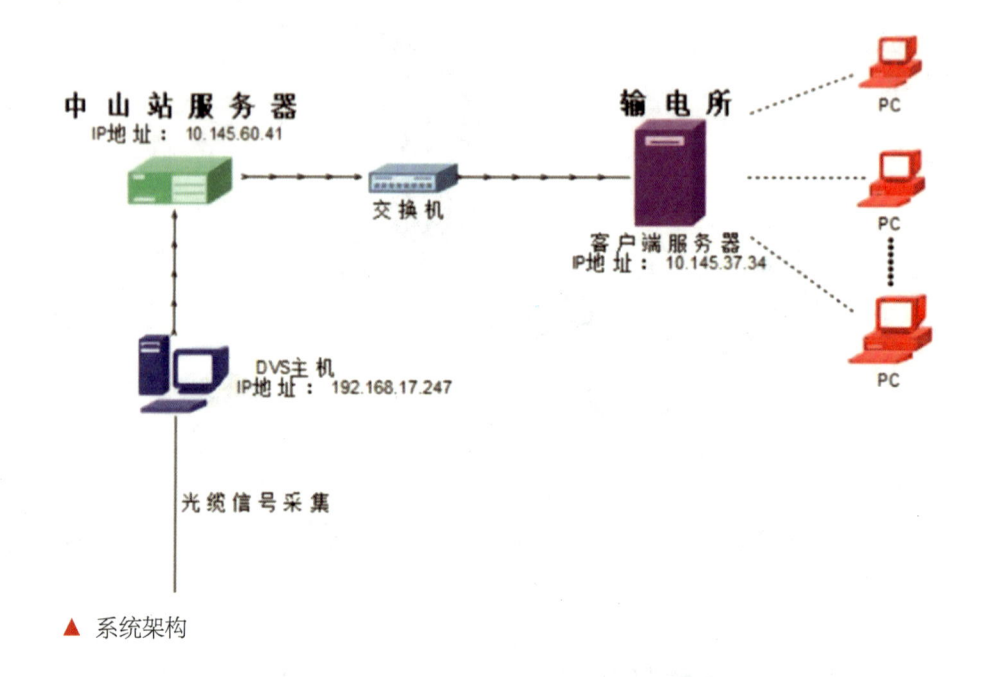

▲ 系统架构

十一、多功能低热阻电缆填充材料

2020 年，通过科技项目"基于改善热阻防火环境的电缆线路载流量增容技术研究"，研制出一种多功能低热阻电缆填充材料。该材料是一种稳定的无机材料，具备环保、无腐蚀性、性能稳定、不影响电缆检修等特点，可完全替代电缆现行的填充材料（细沙），降低电缆热阻系数，有效提高其载流量，并实现电缆防火、防白蚁、分层保护及温升可视化告警等功能，形成一整套电缆低热阻综合防护环境解决技术方案，确保电缆安全可靠运行，其经济、社会意义重大。

十二、"治愈系"智能巡检机器人"大白"

中山供电局石岐二期配电房里，有一个机器人名叫"大白"，在它的守护下，配电站设备装置每天都可以保持健康状态，从此供电人不用再亲自跑各大配电房，在办公室就可以完成远程巡检。

中山石岐大信二期电房是全国第一座基于IEC61850规约、全断路器型、全光纤通信的智能化开关站，可以实现毫秒级复电。在这间电房的天花板上铺了整齐的导轨，这就是机器人"大白"每天巡检的固定线路。它的运动底盘沿着导轨，可以以最快30米/分钟的速度平稳滑行，它还有个可以伸到1.6米长的脖子。而"大白"的脑袋，也就是它的主机，搭载了多种高规格传感器，常规的有红外热成像温度检测系统、工业相机视觉系统、可见光视频监控系统，特别之处在于它还有高灵敏超声波检测系统、暂态地电波TEV检测系统以及噪声、温湿度、气体等传感器，神通广大的它就像一个体检医生，可以随时对设备进行一次全方位的"体检"。

"大白"的视觉系统能模仿人目检测巡视，甚至能力更强，对仪表识别的准确率大于95%，能对设备进行快速即时的智能分析和预警；可以通过两个手臂捕捉地电波和超声波，实时进行信号采集、记录并传输，独自完成局放试验，真正做到了远程操控，而整个采样时间不超过20毫秒；还可以直接拍摄电气量、开关状态，对电房进行控湿控温。"大白"还有热成像温度检测，1080P全高清视频监控，烟雾、温湿度、臭氧检测的本领，让人足不出户就能实时掌握配电站的状况。

▲ 配电房巡视机器人"大白"

配合"大白"的是一套智能配电房综合在线监测系统，运维人员通过电脑里的监测系统就能看到配电房在线监测情况的展示，包括综合环境、综合电气、设备状态等。系统还能综合配电线路在线监测、配网自动化监测、计量自动化监测数据来设置预警模型，包括环境告警配置、电气告警配置、设备告警配置、安防告警配置等，然后实时自动根据状态预警设置进行状态的预警告警。

"大白"是广东电网第一个运用在配电网的智能巡检机器人，它的应用有效地提高了巡检效率，可以大力解决配网范围广、设备多、人手不足等带来的难题。

十三、生产监控指挥中心

生产域智能运维分输、变、配、综合四个领域开展建设，其中生产监控指挥中心是综合领域的建设重点。2018年，中山供电局建设了生产监控指挥中心和业务支撑平台。

中山供电局生产监控指挥中心是中山供电局生产监控指挥的实施主体和执行机构，由设备部进行业务管理，下设设备与环境监控组、生产数据组、管理指挥组、运检作业管理组4个业务组。中山供电局从设备规范化管理评价体系中梳理业务节点，结合

▲ 中山供电局领导对智能运维的实用化进行现场工作调研

自身业务需求，提出管理的关键评价方法，由指挥平台实时监控，找出薄弱环节，实现管理的穿透。

生产监控指挥中心是支撑智能运维的"中枢"，是未来全局智慧生产的集中管控中心，服务于生产的数字化转型。指挥中心建设了信息支撑体系，搭建了集监测、评价、操作、指挥四大功能于一体的业务体系，在智能技术的辅助下，监控设备、作业、业务流程等多源信息，以及指挥人员、生产资料、智能终端等对象，助力实现"设备状况一目了然、风险管控一线贯穿、生产操作一键可达、决策指挥一体作战"。

第八章 客户服务

　　人类曾无比惧怕黑夜来临，而如今，在无数电力人的努力下，工厂里的机器夜以继日地运转，城市在夜幕降临时灯光闪闪，迎接夜归之人的是一室明亮与温暖。中山供电局以保障地方经济社会发展用电为己任，以满足客户个性化用电需求为目标，以纵横交织的电力导线为载体，始终与全市百万用电客户一路同行，为客户提供"安全可靠、便捷高效、绿色智能"的供电服务，为幸福和美中山建设增添绿色动力。

　　多年来，中山供电局始终坚持"为客户创造价值"的服务理念，提升主动服务意识和完善服务举措，使市民对供电局的感受从"电老虎"向"电保姆"再向"电管家"转变。

第一节　客户服务品牌体系建设

服务造就口碑，口碑造就品牌。一直以来，中山供电局竭诚为全市广大客户提供方便、快捷、安全、贴心的优质服务。从"十大服务举措"，到"易"服务，到"全心易"服务，再到创建现代供电服务体系标杆，中山供电局不断推动服务举措升级更新，赢得了客户的广泛赞誉。

一、全省首创推出"十大服务举措"

2009年，中山供电局在全省首创提出易通电服务、移动急修服务、停电征询服务、动产抵押服务、24小时自助服务、跨区业务办理服务、免填单服务、客户引导员及差异化客户经理服务等"十大服务举措"。

此后，中山供电局紧跟信息技术的发展潮流，与时俱进，大胆创新，在传统营业厅业务的基础上，进一步整合信息网络资源，成功开发网上营业厅、掌上营业厅和短信营业厅，拓展延伸业务受理方式，并全面优化升级95598供电服务热线自助查询功能。同时，整合各项服务产品，不断推动服务品牌更新升级，让客户可以随时随地、自在畅享供电服务新成果。

▲ 2009年9月，在全省率先推出易通电服务

二、全省率先打造"易"服务品牌

2012年，中山供电局结合深受客户好评的"十大服务举措"，通过深度整合电话、网上（掌上）营业厅、高清数字电视和短信等服务渠道，围绕"服务更便捷，生活更来电"的主题，实施服务"易"升级行动，推出易自助、易办理、易缴费、易知晓、E

账单五大"易"服务产品，涵盖业扩、缴费、停电通知、查询等业务，化零为整，化繁至简，让客户体验到更加人性化、更加贴心的用电服务。

易自助：整合了网上（掌上）营业厅、95598自助服务、短信营业厅及中山供电局首创的高清数字电视"供电信息"栏目等自助服务渠道。

易办理：大客户经理为集团客户提供一对一贴心服务，提供业务办理绿色通道，精简用电业务资料，提供个性化电费信息和发票服务等。同时，优化业扩流程，全面推行免填单服务，方便客户办理用电业务。

易缴费：包括95598电话缴费、自助终端缴费、充值卡缴费、网上缴费、银行划扣电费、银行代收电费、柜台缴费等多种渠道和方式，方便客户缴费。

易知晓：进一步优化停电信息告知服务，及时让客户知道停电情况；对全市用电客户实行差异化的客户经理服务。

E账单（即电费电子账单）：以电子邮件、手机短信及其他非纸质形式，替代纸质电费通知单向客户发送电量电费信息，省事又省心。E账单是用户获取电费信息最绿色、最便捷的选择。

▲ 中山供电局"易"服务展示图

▲ 2012年6月15日，中山供电局"易"服务启动

三、打造客户全方位服务体系

2013年伊始，中山供电局认真谋划，正式拉开打造客户全方位服务体系的序幕。通过将客户需求与供电企业服务保障有机结合，形成客户全方位服务生态系统，培育具有中山供电特色的"服务之树"，形象化展示出中山供电局全方位服务品牌：基石代表中山供电局内部的六大支撑保障体系；土壤代表三大专业领域的协同服务团队；树根代表客户全方位服务的三大机制；树干代表客户全方位服务的三大目标；树叶代表客户全方位服务的51项举措；果实代表客户的11项服务体验。

中山供电局通过主动换位思考，增强全员服务意识，逐步实现由以我为主的"我们能够提供什么样的服务"向以客户需求为导向的"客户真正需要什么样的服务"的成功转变。围绕"了解客户需求、满足客户需求、引导客户需求"，巩固提升客户服务能力。

通过积极落实客户诉求协同服务机制，针对各类客户诉求，明确责任归口管理部门和业务处理部门，在各专业部门设置客户服务经理，专人跟进并闭环处理客户诉求。突破业务领域界限的制约，统筹协调全局资源优势，加强市场营销、生产运行、规划建设三大专业领域之间的协作，并从安全保障、后勤保障、人力资本、财务管理、采

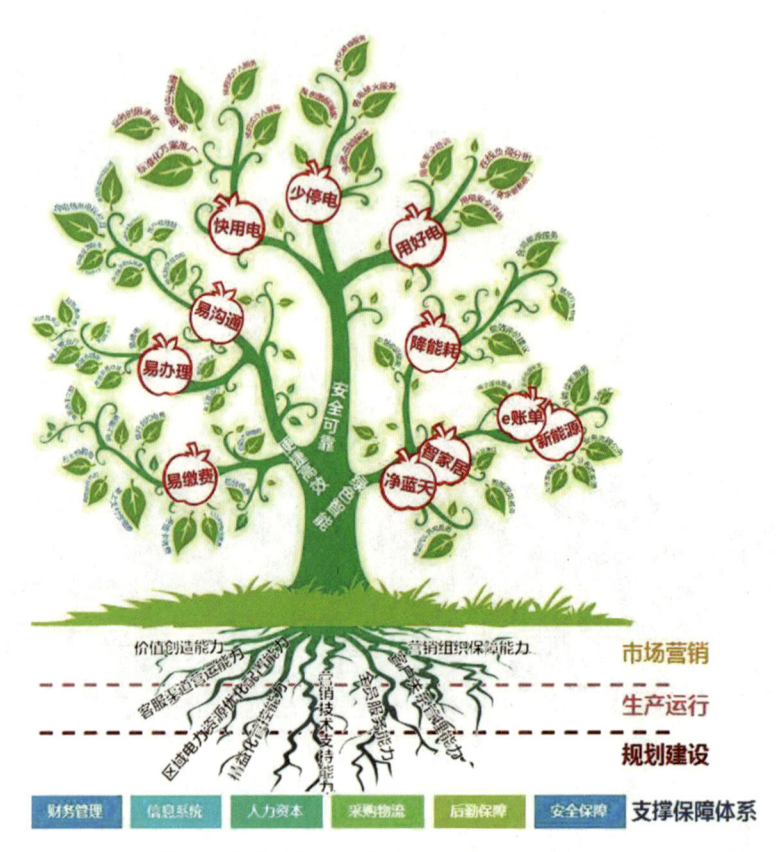

▲ 具有中山供电特色的"服务之树"

购物流、信息系统六个方面完善支撑保障体系，进一步优化配置服务资源，实现营销管理标准化、集约化、精益化。同时，更加重视与政府主管部门的沟通协同，在行业用电分析预测、电网规划建设、重要用户安全管理、有序用电管理、节能减排等方面密切协作。在健全高效服务机制的保障下，不断凝聚内外合力，打造专业高效的服务团队，及时有效解决客户用电问题和服务问题，提高客户满意度。

四、率先打造"全心易"服务品牌

2015年，中山供电局细化客户分群管理，打造了"易服务"产品的全新升级版本——"全心易"服务产品，即"查询·随心""办理·舒心""缴费·放心""服务·贴心""关爱·暖心"五"心"级服务。同时，通过不断拓展新兴服务渠道，构建了全方位服务平台，如在优化传统实体营业厅的基础上，陆续推出了95598电话营业厅、网上营业厅、掌上营业厅、微信营业厅等远程服务渠道，让客户随时随地享受轻松便捷的服务。

党建引领　兴企有为　**第二部分**

▶ 中山供电局"全心易"服务主题海报

"查询·随心":客户可以通过微信营业厅、网上营业厅、掌上营业厅、电话营业厅、短信查询及高清互动电视栏目等自助查询渠道,随心享受便捷、快速的用电服务。

"办理·舒心":中山供电局针对不同客户群体的诉求,为客户悉心打造了差异化的服务方案,即零散居民"电话办"、小区居民"批量办"、企业客户"专人办"、重要项目"上门办"、全市客户"跨区办",从而实现各类客户高效便捷"舒心用电"。

"缴费·放心":中山供电局为客户提供委托银行代扣、"广东电网"微信服务号供电网上营业厅、掌上营业厅、第三方支付平台(支付宝、财付通)、95598电话在线、农商银行柜台、银行自助服务终端、邮政营业厅、便民服务站、供电24小时自助服务终端、供电营业厅柜台、电费充值卡等多种缴费渠道,客户可以自由选择任一缴费方式,随时随地轻松办理缴费业务,不必再忍受排队缴费的痛苦。

"服务·贴心":中山供电局通过管理和技术手段的不断完善和创新,持续稳步提升供电质量,连续获评全国供电可靠性金牌企业称号,使全市客户能够享受国际先进水平的电力供应服务。同时,优化停电信息告知服务,方便用户提前做好准备,将停

▲ 为大客户提供"一对一"客户经理服务

电对客户的影响降至最低。对全市用电客户实行差异化的客户经理服务。针对不同的客户群体，积极开展节电增值服务，包括工商企业客户绿动力能效行动、居民客户居家行为节电活动、学生群体校园绿色电力第二课堂、新能源客户新能源项目供电服务工作等。

▲ 为学生开设电力科普第二课堂

"关爱·暖心":中山供电局积极履行企业社会责任,实行五保户、低保户优惠用电政策。组织供电服务人员及热心市民成立了能量爱心服务队,一起参与爱心公益活动,关爱弱势群体,树立企业良好的社会形象。

▶ 中山供电局能量爱心服务队成立

(一)创建现代供电服务体系标杆

服务贵在全心全意,只有全心全意才可以发现客户需求,切实解决客户所需、所想、所盼。2020年,中山供电局充分发挥品牌示范作用,围绕"精新服务,让您畅享每一度"的主题,践行"人民电业为人民"的企业宗旨,以每一度用电为载体,打造"五精五新"供电服务品牌,创建现代供电服务体系标杆,为客户提供全方位的供电服务。

(二)全面优化营商环境,强化客户体验

全力打造更优质的电力营商环境,让客户获得电力快人一步。2020年,中山供电局创新公共服务资源共享合作模式,推行商住小区居民客户"一证受理",利用移动作业终端远程接受客户报装资料,利用信息系统存储客户报装资料,实现"电子化"用电报装。推进政府与供电企业之间信息数据的互联互通,加快行政审批速度;推行"电子化"用电报装,实现全业务办理"一次都不跑";优化客户办理环节,简化办电材料,实现中压报装只需3个环节、低压报装只需2个环节,确保检验合格"即日通";加大远程办电服务渠道推广力度,进一步拓展粤省事、粤商通等互联网服务渠

道，通过微视频、动画短片、"获得电力"主题曲 MV、新闻稿件、微信推文、客户回访等方式宣传办电渠道、操作指引、办电政策，宣传中山供电局优化营商环境的成效和亮点，加深客户对"获得电力"服务的直观感受。

（三）强化业务数字化运转和智能技术支撑

借助"云大物移智"及"区块链"技术在电力行业的融合应用，提升业务管控智能化支撑水平，为客户提供更加智能、便捷、高效的服务体验，挖掘更大的经济价值和社会效益，全力满足新时代客户日趋多元化的供电服务需要。

2019 年，实现计量自动化"四分"同期线损精准统计，推进基于自动化的同期"四分"线损管控，并被南网公司向全网推广。开展客户受电工程现场查验作业安全可视化管理，细化到位标准，试点精益化作业，实现隐患 100% 整改。实现全省首个地市局一级计量包计量物资智能管理，集约化加强计量资产全生命周期管理。广东电网公司将中山供电局智能仓库模式纳入全省一级计量包配置与智能化改造标准体系并进行全省推广。

（四）"以人民为中心"的管理模式创新

中山供电局把人民日益增长的用电需要作为工作目标，全力提升供电服务能力和水平，为客户提供有温度的服务，持续增强人民群众的获得感、幸福感。

充分发挥党建引领作用，以扎实推进党建工作、增强团队协作、完善信息化支撑，促业务质量提升、促员工服务质量提升、促团队精气神提升。密切联系群众，通过客户走访、公众开放日等形式全渠道聆听客户心声，结合 95598 客户诉求，综合掌握客户需求并作为改进服务工作的出发点和原动力。坚持服务全覆盖，主动关怀五保户、低保户等社会弱势群体，为客户提供更有温度的供电服务。

打造全能型基层供电服务团队，直接、快速、有效地响应客户个性化用电需求，落实各级人员管理职责和到位标准，做到及时解决、及时协调、及时提级，专人负责、全程跟进、闭环处理。加强客户联系沟通和问题收集，开展诉求分析，发现问题根源，查找管理短板，完善协同支撑，实现标本兼治。有效落实客户投诉风险的前置管控和风险预警，主动加强供电服务正向宣传引导，重视客户问题首次解决效率和质量，第一时间沟通安抚，第一时间解决问题，第一时间介入调查，让客户畅享细致入微的"每一度"服务。

坚持全心全意服务是中山供电局服务文化的内涵，追求客户满意是中山供电局推行服务文化的目的。中山供电局致力于提升客户办电效率和接电获得感，真心实意惠民生。

▶ 中山供电局致力于提升客户办电效率和接电获得感，真心实意惠民生

第二节　客户用电报装业务发展

做光电使者，温暖百姓心灵，中山供电局用电力导线缩短用户与光电的距离，用贴心服务为百姓铺设通往便捷生活的坦途。客户用电办理经历了从"上门办"到"在家办"，从规范用电办理到快捷用电办理的发展过程。

一、建立用电报装规范（1990—2010年）

为了解决早期用电报装缺乏规范性的问题，1990年10月，颁发了《用电业务扩充管理工作的规定》。1991年4月，颁发了《用电营业规范表格》，确立了用电业扩报装营业窗口统一对外，中山供电局（营业厅）、分局、用电科三级管理的用电管理体系，规范了管理制度、业务流程和工作时限，统一了营业表格，实现了用电报装业务一口对外、内转外不转的优质服务。

1997年，为保障电力供应，改善服务质量，进一步落实"两公开一监督"工作，中山电力开展了"创一流企业"活动，提供优质供电服务，向社会公开了用电报装的规范和工作流程，并提出了九项服务承诺，接受社会的监督。用电报装逐步形成从用户申请、确定供电方案、设计、施工、工程查验到装表接电的一条龙服务程序，实现了供电服务一个窗口对外。

二、加强用电报装主动服务和创新服务（2010年以来）

（一）推行"易通电"服务，实现客户用电"易"

2009年年底，在城区范围内试行启动"易通电"服务，缩短业务办理时间，积极推动增供扩销，取得了良好的社会效益，提升了电力企业的社会形象。

2010年，中山供电局全面开展"易通电"服务。针对低压零散居民客户的新装用电业务，提供方便、快捷的业务办理方式。低压零散居民客户可以通过网上营业厅、掌上营业厅、95598或到实体营业厅申请办理低压新装用电业务，客户经理在接到95598服务电话或营业厅分派的任务后1小时内与客户联系，明确告知其所需材料，并预约上门服务时间。供电服务和施工人员将上门开展业务受理、现场勘测、装表接电等业务，减少客户往返营业厅次数，缩短报装用电时间，实现客户全程免填单，2个工作日内完成装表接电工作，实现客户用电"易"。

（二）推行业扩投资界面延伸政策，实现客户用电成本"省"

2015年开始，细化落实业扩投资界面延伸政策。为更好地服务中山市经济社会发展，解决供电服务"最后一公里"的问题，中山供电局印发了《中山供电局推进业扩工程投资界面延伸细化实施方案》，对高、中、低压客户全面实施业扩投资界面延伸政策，即延伸到客户规划用电区域红线范围内，让客户充分享受政策红利，实现客户用电成本更"省"。

（三）推行业扩业务远程受理，实现客户办理途径"广"

2016—2017年，推行业扩业务自助办理及远程受理，业扩用电报装实现从"客户上门办理"到"客户在家坐等办理"的转变。推广业扩报装电子渠道业务自助办理及远程受理，优化新装、增容远程渠道"一口受理"系统功能，实现暂停、过户、改类等业扩变更类业务远程渠道受理全覆盖，持续提升网厅、微信、95598等远程渠道的客户体验。试点业务线上受理、线上办结，大力推广客户自助办理。同时，简化业扩报装材料，推进业扩报装"三免"服务落地，减少审批环节。推行一证办理，实行客户提供身份证明、物业证明即办理报装，业扩送电之前补齐报装要件的方式，节约客户时间，实现客户办理途径"广"。

（四）营造良好的营商环境，实现客户办电体验"优"

2018年，全面贯彻落实优化营商环境的工作部署，不断创新用电业扩报装，营造良好的营商环境，服务中山市经济社会高质量发展。推行了精简客户办电材料、全面实行"免填单"服务、优化业扩报装流程、远程办理、上门收资、开展业扩报装网格服务六大措施，提高业扩报装接电效率。推行业扩报装业务网格化、全过程管理，业扩用电报装工单实行"主人制"，实现了业扩报装全流程在线监控，强化了客户经理职责，打造了社区、供电企业、客户三位一体的供电服务沟通新平台。建立以24个供电分局为单位的"大网格"和供电分局内部的"小网格"，为客户提供"点对点"个性化服务，在前期用电咨询中与客户充分沟通，提前告知客户报装手续以及所需材料，做好客户服务精细管理和业务全方位闭环管理，实现客户办电体验"优"。

（五）用电业扩报装全面提速，实现客户办电体验"快"

2019年，进一步优化营商环境，打造"五精五新"用电办理服务品牌，实现用电业扩报装全面提速。中山供电局从细节入手，创新服务举措，采用长效机制与实时管控相结合的"标本兼治"工作方式，持续提升业扩报装效率，全面提高供电服务质量，缩短报装通电时间，实现业扩报装全面提速。推行精简报装流程、精减报装资料、精减接电时限、停电管理精细化、供电方案精益化的"五精"和业扩投资新界面、一次不跑新体验、工商电价新标准、不停电作业新常态、客户经理新服务的"五新"服务模式，使客户平均接电时间和成本持续下降，供电服务质量及客户体验大幅改善。各营业厅业务办理场所设置引导岗、前台岗、后台岗和现场岗，"四岗"无缝衔接，实现客户业务办理"零等候"。推行"远程服务+移动终端"作业模式，减少与客户交互的环节，节省客户报装时间，让企业和群众办电"一次都不跑"，使客户用电办理从"上门办"转为"在家办"，为客户提供"人性化"服务，实现客户办电速度"快"。

（六）创新融入信息智能技术，使客户服务更加顺畅快捷

2020年，贯彻落实国家《优化营商环境条例》，践行"人民电业为人民"的企业宗旨，以了解、掌握、满足客户需求作为供电服务的出发点，创新融入信息智能技术，让客户享受更加顺畅快捷的服务。

升级线上办电渠道功能，推广"在线签署+上门服务"模式，实现业务受理资料、供电方案、供用电合同在线推送，上线电子签章及上门服务预约功能。与市政务数据平台实现电子证照数据互联互通，线上办电获取电子证照信息，实现用电报装"零证照"，优化"一次都不跑"业务流程，提升客户办电体验。

对全市150多万客户实施100%远程自动抄表，实现电子渠道与计量自动化数据互通，推出"日账单""趣味智能账单"，在微信、网上营业厅进行客户电量展示，实现日电量"展示+测算+缴费"功能，提供具有趣味性的电费账单，使客户用电"心中有数"。

（七）深化落实"三零""三省"服务，持续优化用电营商环境

2021年，持续优化用电营商环境，做深做实做细"三零"和"三省"服务，为客户带来更好的办电体验。大力推广七大电子服务渠道，远程受理客户业务，除了实体和网上营业厅、南网在线App、微信、支付宝等广为市民熟知的服务渠道，还进驻"粤省事""粤商通""政务服务网"等平台，进一步拓展线上渠道，使客户足不出户便能享受报装申请、进度查询、电费查缴、发票获取、故障报修等互联网供电服务。同时在全渠道、全业务推广电子签章、服务线上评价、结构化地址等应用，优化"一次都不跑"业务流程，实现业务受理资料、供电方案、供用电合同线上传送，继续推行业扩报装电子回执。优化线上查询功能，实现"业务线上申请、信息线上流转、进度线上查询、服务线上评价"，使业扩全流程环节更透明。

进一步减少客户接电成本，为低压客户（小微企业）提供"三零"服务，如对于用电报装容量在200千伏安及以下的小微企业，将10千伏中压接入改为380伏低压接入，免除小微企业10千伏变压器投资，实现小微企业接电"零投资"。

全面推广临电租赁共享服务，将需求诊断、合同签订、代理报装、方案设计、施工建设、竣工验收、设备维护、设备回收融为一体，并研究丰富的临电租赁共享服务产品清单，通过供电设施以租代购等方式满足客户临时用电需求，大大降低客户用电成本，实现客户办电成本"省"。

第三节　计量装置及抄表变迁

一、方式变更

中山供电局始终不忘"人民电业为人民"的初心，为给人们提供更优质便捷的服务而革新技术，革新器具，让科技赋能人力。电能表是一种度量衡器具，至今已有一百多年的历史。中山供电局电能表经历了从机械化到智能化的发展过程，而随着计量器具的不断更新换代，抄表方式也经历了从人工抄表到自动抄表的变化。

（一）感应式电能表

1913年，迪光电厂投入运行并向外供电，住宅和商铺均已装接电能表。我国交流感应式电能表的生产是从仿制外国电能表开始的，经过二十多年的努力，我国电能表的制造已具备相当的水平和规模。中华人民共和国成立后，中山供电局开始大量采用

国产的交流感应式电能表，这种感应式电能表具有结构简单、操作安全、价廉、耐用、便于维修等一系列优点，因此得到了广泛应用。

当时的抄表工作主要通过抄表员手工抄录数据的方式进行。每月的头几天，抄表员就要带上工具袋、手电筒、小竹梯以及厚重的手抄本，挨家挨户上门去抄录电能表的行码数据，然后再一个一个手工计算电费，开单。这种纯手工的抄表工作程序虽然简单，但抄表的工作过程却并不轻松。由于电能表数量多、分布范围广，抄表员每月都要长途跋涉、走街串巷地把全市所有用户走个遍，耗费大量时间和人力。从安全角度来看，当时用户的电表均装在门口顶角较高处，要登上梯子抄表。抄表过程中还会面临恶劣天气、蛇虫鼠蚁的困扰。农村用户家里往往会养狗，大多数抄表员手里都会带上一根"打狗棍"，提防被狗咬。尽管抄表员每月都这么辛辛苦苦地抄表核费，但手工抄表方式还是无法避免漏抄、错抄的情况。

▶ 抄表员手工抄表

（二）新型脉冲式电能表

20世纪80年代开始，中山供电局开始使用新型电能表——脉冲式电能表。脉冲式电能表是一种能输出电能脉冲的仪表，通常以感应式电能表的电磁系统为工作元件，在旋转铝盘的元件上均匀分度并做上标记（打孔或印上红色分度线条等），用穿透式或反射式光电头发射光束。通过采集铝盘旋转的标记，由光电传感器完成电能—脉冲的转换，然后经过对脉冲信号的处理，实现对电能进行测量。因此，脉冲式电能表又称为机电式电能表，可分为单相脉冲式和双向脉冲式两种形式。

这时候对用户的抄表方式依然是手工抄表，小竹梯、工具袋、手电筒、厚重的抄表本，始终是抄表员的老搭档。

（三）电子式电能表

20世纪90年代初期，中山供电局开始逐渐推广使用电子式电能表。电子式电能表的优点是体积小、重量轻、灵敏度高、精度高，便于校验、安装，并且过载能力强，有脉冲信号输出。电能表数量的激增，促使计量配套设备不断改造升级，因此中山供电局开始使用集中式电表箱。集中式电表箱的广泛使用，大大缩短了抄表员的抄表时间。此时的抄表工作也开始应用电脑，抄表员将抄来的电能表行码数据录入电脑，然后计算出单，摆脱了纯手工计算电费的繁杂。从此，每个台区、每个用户都有了编号，也开始有了电子档案，大大解放了电力系统的生产力。

（四）"半自动"抄表机：告别手工抄表

1999年，中山市农村开展"两改一同价"，全面的农网改造开始。供电部门实行抄表到户，电能表用量突增，中山供电局也陆续把老旧的机械表换成了电子表。抄表员开始使用"半自动"抄表机，手工把现场电表数据录入抄表机中，不再用抄表本记录电表读数，至此，几代人沿用的厚厚的手工抄表本终于退出了电力历史舞台。抄表数据处理也再次升级，拿着"半自动"抄表机用数据线接入电脑，就可以自动上传、计费、复核、出单。

（五）多功能电能表

2000年，随着电子技术的不断发展，中山越来越多的电表开始换成了多功能电能表。多功能电能表是一种新型全电子式电能表，具有电能计量、信息存储及处理、实时监测等功能，支持双向计量、阶梯电价计量、分时电价计量、峰谷电价计量等。抄表员不再需要手工录入，拿着像遥控器一样的神奇仪器，在现场对着电表，"嘀"的一声就可以利用红外技术直接完成读数采集动作，极大地缩短了抄表时间，降低了漏抄、错抄概率。

（六）智能电表

随着时代的发展，智能电网建设和智能用电最基础的单元——智能电表出现。智能电表已经不是传统意义上的电能表，除了具备传统电能表的用电量计量功能以外，为了适应智能电网和新能源的使用，它还具有用电信息存储功能、双向多种费率计量功能、用户端控制功能、多种数据传输模式的双向数据通信功能、防窃电功能等智能化功能。

党建引领　兴企有为　**第二部分**

▶ 抄表员使用多功能电能表抄表

（七）新一代智能终端

随着科技的进步和大数据时代的到来，智能电表的数据应用日益广泛。2020年，在南方电网公司、广东电网公司的组织下，中山供电局开始了新一代智能终端的应用研究。新一代智能终端在电能表法制计量部分与管理功能实现分离，通过加载不同的扩展模块，运用边缘计算、云计算等科学技术，实现台区识别、精细化线损分析、防

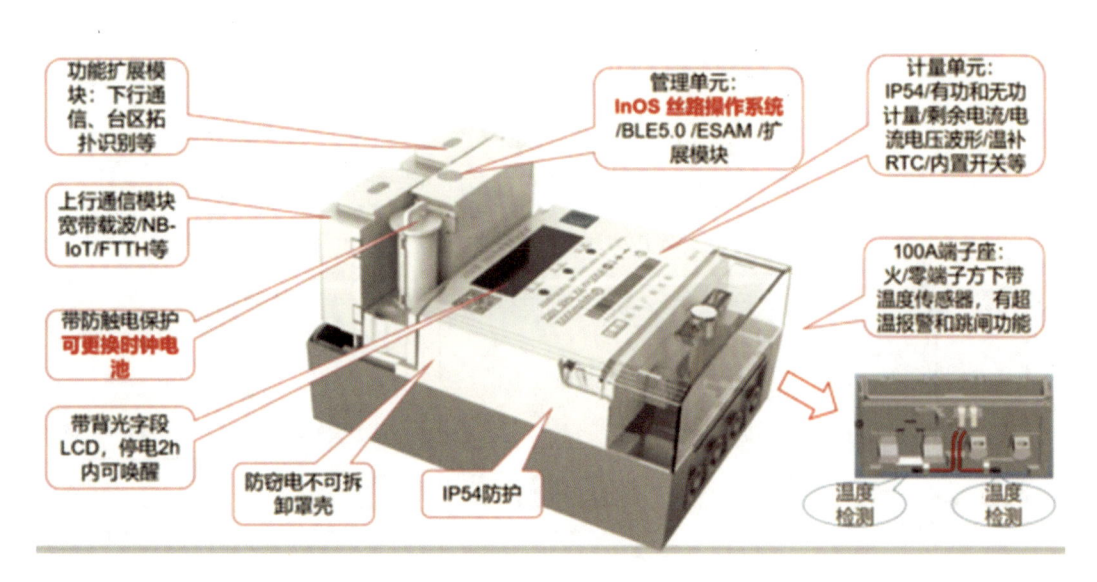

▲ 新一代智能终端

181

窃电分析、电能表自身状态监测等多个功能，大大提升了系统的数据处理能力和分析能力，为提升运维水平，驱动综合能源服务等市场化业务模式创新，实现物联网与云平台的双向交互，衍生出更多的数据服务，在智能电网研究过程中迈出了坚实的一步。

（八）低压集抄系统：实现远程自动抄表

2016年，中山供电局作为广东电网公司第一批开展智能电表及低压集抄建设的单位，率先为全市客户更换智能电表，安装低压电力用户集中抄表系统设备，并在2017年年底，实现了智能电表和低压集抄建设100%覆盖。低压集抄系统是指由主站通过远程通信信道将多个电能表电能量的记录值（窗口值）的信息进行集中抄读的系统。低压集抄系统的建成应用，标志着抄表进入了信息化时代，用户的电表数据直接通过网络被采集到集中器，再通过集中器传输到主站平台。抄表员甚至不用走出办公室，就能把辖区内的所有电表数据采集到位。远程自动抄表的信息化时代已经全面开启，小竹梯、工具袋、手电筒、抄表本、打狗棍、抄表机这些曾经耳熟能详的抄表

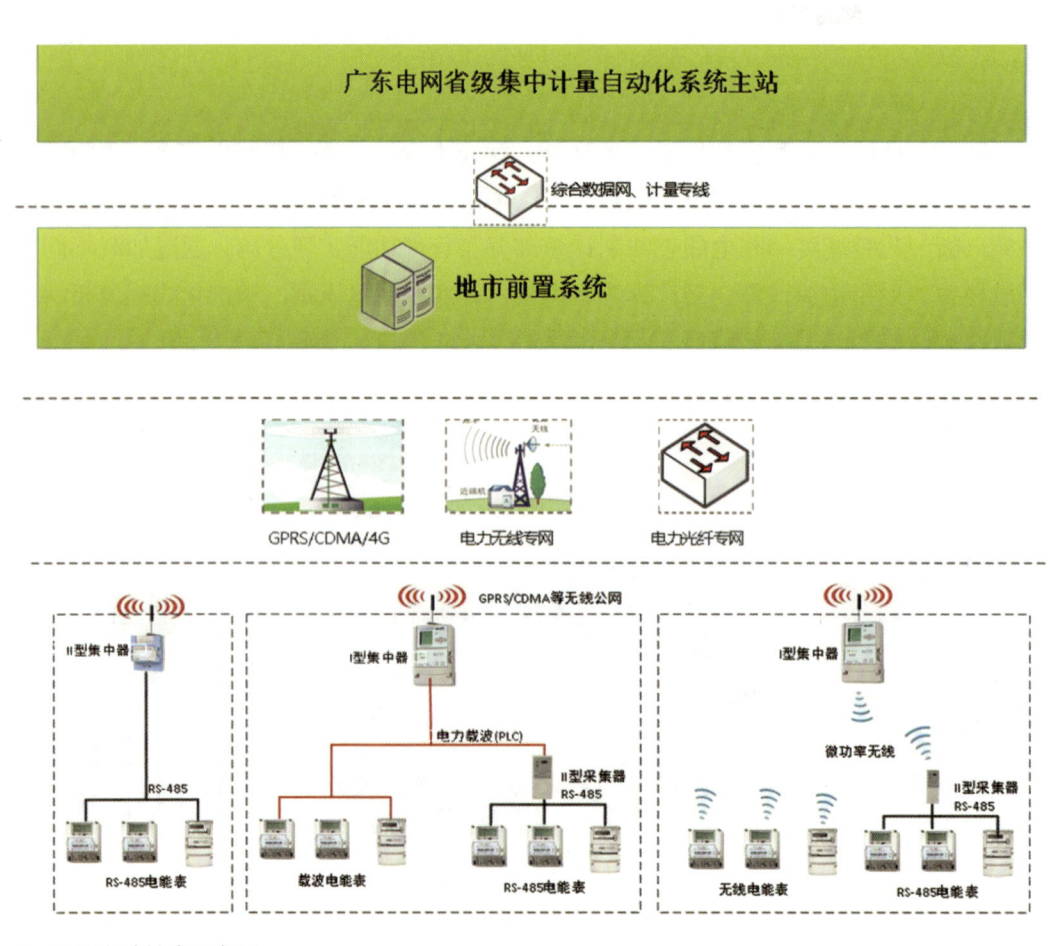

▲ 远程自动抄表示意图

工具，从此将摆放在电力博物馆中，彻底成为历史。

时光荏苒，时代不断进步，技术不断革新，电表不断变迁，抄表工作也经历了翻天覆地的变革，但始终不变的，是电力人守护万家灯火的承诺和初心。实现远程自动抄表后，虽然抄表员不再需要手工抄表了，但他们从未停下辛勤的脚步。按照"建成一片、投运一片、转岗一片"的原则，2018年开始，中山供电局的抄表员陆续完成转岗，其工作由抄表转向计量运维、客户服务等，并推行"客户经理+设备主人"的网格化管理模式，实现了营配末端的有机结合，为客户享受更方便快捷、更一流的用电服务奠定了坚实基础。

二、智能仓储体系

过去，计量物资仓储管理采取线下人工台账管理方式，物资领用时凭纸质清单领取，物资存放地点需要依靠仓管员的经验查找，效率低且容易出错，需要耗费大量人力做盘点。2019年，中山供电局率先探索智能仓储设备、智能仓储系统建设，打造现代化的计量物资智能仓储体系。

当省集中检定的计量物资（包括电能表、终端、低压互感器）到达中山供电局的智能一级仓后，用智能AGV小车自动把需入库的计量物资带到射频门，通过射频技术批量扫描入库物资，自动完成入库物资确认，系统对入库物资进行库位分配，由AGV

▲ 智能周转柜

小车带到指定库位停放，完成入库。同样，计量物资出库时，仅需通过系统下发工单，便可通过智能 AGV 小车、射频门完成出库分发任务，过程无须人工干预，实现了智能化。

当计量物资到达二级仓后，仓管员通过扫描入库的形式，把电能表、终端、低压互感器放置到智能周转柜。在领用时，装表人员仅需凭装拆工单，便可自行到周转柜领取计量物资，全程无须仓管员协助。

这种全新的智能化计量物资仓储体系，实现了每一个在库资产都有系统自动监控，每一个物资的领用都有系统管理登记，大大提高了仓库盘点的效率，也将计量物资全生命周期管控提升到一个新台阶。

第四节　节电及需求侧管理

电力是节能环保重点领域，为客户提供节电技术和指导，开展节电宣传，对推动经济社会绿色、高效、可持续发展有重要的意义。用绿色电力厚植绿水青山，用绿色动力推动中山绿色发展，中山供电局当仁不让，领风先行。

中山供电局积极响应政府节能减排的号召，开展节电和需求侧管理工作。2011 年，中山供电局节约用电服务中心成立，节电和需求侧管理工作全面展开。截至 2020 年，中山供电局每年都顺利完成国家发展改革委需求侧管理"两个千分之三"的考核目标，2020 年完成节电量达到 1.22 亿千瓦时，完成电能替代电量 14.83 亿千瓦时，有效服务中山经济发展，实现节能减排。

一、量体裁衣，为不同客户群提供特定服务

中山供电局针对不同的客户类型，量身定制个性化服务策略。工商企业和事业单位等一类客户属于"用电大户"，对他们进行节电服务能取得很明显的节电效果；居民客户虽单体用电量不多，但客户的体量很大，要取得较大的节电效果，需要潜移默化地引导他们从用电习惯上做出改变。

（一）创建节电荣誉企业联盟平台

中山供电局积极探索节能减排突破口，2014 年实施"绿动力能效行动"，形成了企业与平台之间良好互动的局面。2015 年，以"省下来的能源才是最绿色的能源"为节能理念，基于"绿动力能效行动"，创建了"节电荣誉企业联盟平台"，发起"省

▲ 开展中山市工商企业"绿动力能效行动"

电"绿色行动。中山市范围内的工商企业均可报名参加，加入节电联盟的企业将有机会获得节能诊断、节能技术指导和节能项目咨询等一系列免费节能服务，还有机会参加国内外专家讲座、节能示范基地参观学习、节能项目商业模式对接会、节能宣传等活动。

通过实施工商企业"绿动力能效行动"、建立能效示范基地、开展绿色能效宣传活动，中山供电局整合了节能政策、技术、产品、成功案例、商业模式等信息资源，了解了企业的真实节能需要，并全方位满足企业的节能需求。与此同时，中山供电局加大全民节能减排宣传力度，增强企业节能减排的动力与信心，推动客户节能工作可持续发展。

为表彰联盟企业中节电效果显著的企业，中山供电局每年评选中山市年度节电环保典范企业，授予中山市节电环保典范企业牌匾，助力提高企业知名度及品牌美誉度。

（二）开展节电科普教育

中山供电局对社会公众特别是中小学生开展节电科普教育，每年通过组织参观展示厅和示范基地，以及进校园授课等形式，对全市超过 2000 名中小学生进行节电科普教育，营造了良好的节电氛围。2016年，中山供电局节能展示厅被授予"电力科普教育基地"称号。

◀ 组织中小学生参观节约用电展示厅

二、厚积薄发，在实践中孕育成熟机制

自节约用电服务中心成立以来，中山供电局不断完善运作机制，创新建立节电服务平台，成为节电服务工作的领跑者。

（一）电能替代

电能替代是实现终端能源消费高效化、低碳化的必然要求，也是解决能源环境问题的有效途径，对提高能源利用效率和电气化水平十分关键，拥有广阔的发展前景。

中山供电局坚持"改革创新、规划引领、市场运作、有序推进"四项基本工作原则，从2016年起把电动汽车、电磁厨房、港口岸电、热泵技术等作为电能替代的重点领域。全面实施电能替代行动，推广电能这种优质、清洁的二次能源，提高其在终端能源消费结构中的比重，并制定科学的电能替代策略，深入推广电能替代项目，助力中山实现产业能源转化升级。

2016年，中山供电局在全省率先开展电能替代宣传推广工作，投产了南方电网区域内第一个低压岸电项目，该项目获得广东电网公司2016年度管理创新一等奖。同时，中山地区充电桩平均利用率在广东电网长期排名第一。

（二）开拓综合能源服务市场

2018年，中山供电局与市九大产业平台、南头镇签订综合能源业务战略合作框架

▶ 举办电磁厨房美食品鉴会

▶ 与中山市南头镇签署发展综合能源战略合作协议

协议，推动竞争性企业与政府、产业平台和大客户对接，成功推动广东电网综合能源公司投资的首个冰蓄冷项目——小榄榄汇丰城蓄冷项目落地，推动广东电网综合能源公司投资的神湾港综合能源示范项目落地，并将神湾港项目纳入广东电网竞争性企业综合能源示范项目库。

中山供电局积极开展以"综合能源服务，驱动绿色发展"为主题的交流活动，搭建与客户交流的平台，加强综合能源服务和技术推广，举办高端客户综合能源技术交流会以及分镇区综合能源服务和技术交流活动。通过现场展板宣传、播放宣传片、专家技术讲座、客户互动交流等形式，推广综合能源（节能、电能替代等）服务和技术，获得了客户的积极反响。

三、源源不断，服务分布式光伏项目

分布式光伏发电是新兴能源模式，2014年开始正式有客户报装。同年，中山市第一个居民分布式光伏发电项目和第一个非居民项目均并网。

2014年8月，全球最大单厂区分布式光伏项目落户中山格兰仕，为中山市新能源建设注入新的活力，这也是中山供电局节约用电服务中心推进的第一单由南网能源公司开展的合同能源管理分布式光伏发电项目。该项目作为局投运的第一个10千伏光伏发电项目，于2015年8月20日正式并网发电，9月18日第二期并网发电。2017年7月29日上午9时，该项目发电量突破1亿千瓦时。

2017年11月20日，中山供电局投资的局本部大楼分布式光伏发电项目并网发电。到2020年，中山市分布式光伏发电项目已并网发电共计2914户，总报装容量达20.5769万千瓦。目前，中山市对居民光伏发电项目实施代开发票，客户"一次都不用跑"就能完成上网及发电电量自动结算，并网发电后便可以安坐家中享受光伏发电带来的好处。

▲ 格兰仕第一期并网通电

四、添砖加瓦，建设电动汽车充电设施

早在 2011 年，中山供电局就配合中山市政府，与市公交集团合作建成沙溪乐群公交充电站，该站成为南方电网第一批公交充电站。2016 年，中山供电局加快推进充电设施建设，在局本部、博览中心、石岐、东区、火炬供电分局建设充电桩。到 2019 年，已经建成全市各领域充电设施全覆盖的充电网络。同时，以市场为导向，打造精品充电站，提升充电设施利用率。在充电设施的建设中，中山供电局主推以直流充电桩为主、交流充电桩为辅的建设模式，全市充电设施利用率位居全省前列。

2016 年，中山供电局建成博览中心充电站，该站地处博览中心商圈。2017 年，中山供电局在博览中心充电站举办了主题为"电能驱动、绿色未来"的"充电站 + 共享电动汽车"宣传推广活动，进一步扩大了充电站的服务主体。通过打造"充电站 +"平台，博览中心充电站成为一个服务于共享汽车、公交车、穿梭巴士、出租车、私家车充电运营的示范充电站，并集电动汽车技术展示、宣传推广于一体，号召社会公众使用绿色出行工具。2019 年，博览中心汽车充电站被中国电动汽车充电基础设施促进联盟评为首批示范充电站。

▲ 开展"充电站 + 共享电动汽车"宣传推广活动

第九章 企业经营

企业的成功经营，离不开长期的经营管理实践探索，离不开周而复始的方法梳理，离不开久久为功的一以贯之。中山供电局在财务、审计、依法治企工作中不断探索总结，逐步建立了科学的现代化企业管理体系，不断提高企业的价值创造能力。

第一节　经营有方，转型有道

从 1963 年中山县供电公司成立开始，作为企业的"大管家"，财务部门在历届党委的领导下，始终坚持党的全面领导，始终坚持"党建＋业务"两手抓、两促进，以高质量党建引领和保障企业经营高质量发展。几十年来，财务部历经多次机构改革，主要职能由会计核算逐步向财务经营管理转变，经营意识和全局影响力日益提升，统筹能力逐步增强。

一、初生和探索（中华人民共和国成立到 20 世纪 90 年代）

中华人民共和国成立后，广大干部职工在中国共产党的带领下，齐心协力，拧成一股绳，为中山电力的发展贡献力量。随着电力事业不断发展壮大，对财务管理的需求愈发迫切，中山电力最早的财务制度开始孕育并在后续的探索中逐步完善。

（一）早期的成本管理和资产管理

1963 年中山县供电公司成立后，制定了早期的成本管理制度，主要包括以下两方面的内容。①成本管理责任。规定了领导、财务负责人、工程师、各部门的相应责任。②成本项目的构成和内容。共有燃料、材料、生产用水、生产工人工资、车间经费、企业管理费、购入电力费等项目。1963 年，中山县供电公司实现利润 118 万元。

1966 年 1 月，水利电力部颁发《电力工业企业固定资产目录》，规定固定资产必须同时具备单价在人民币 800 元以上、使用年限在 1 年以上、能独立发挥作用三个条件。同时，根据电力企业的特点，考虑到电度表占用资金数额较大，仍将其列为固定资产实施单独管理。

（二）在探索中不断完善财务制度

1981 年，以前，中山供电局由广东省电力局统一核算，根据当年利润计划完成情况，按规定比例计提企业奖励金。

1982 年，实行第一步利改税，企业的职工福利基金、职工奖励基金、生产发展基金同实现利润总额挂钩，按比例提取。

1984—1987 年，实行第二步利改税，由广东省电力局核定中山电力局利润指标，按照统一税率缴纳所得税和调节税后，在留利中提取"两金"，超利润部分减征调节税 70%。

1987年，水利电力部颁发新的《电力工业企业固定资产目录》，在原来的确认基础上，增加了固定资产登记对象，划分了低值易耗品的范围。

1988—1990年，实行内部分包、效益分配。1988年，执行水利电力部的《电力工业企业成本管理办法》，重新制定成本管理制度，规定了计划、生产技术、调度、劳动工资、材料供应、用电管理、行政管理等职能部门在成本管理中的责任，调整了成本项目构成及内容，并对开支范围做了详细规定。

1993—1994年，中山供电局按照广东省电力局的要求，实行工资总额同经济效益挂钩的办法，当年实现利润采用环比考核、工资总额按环比增长的办法，利润（亏损）基数每年核定一次，年终与省局清算。

1994年，广东省电力集团公司对1987年水利电力部颁发的《电力工业企业固定资产目录》进行修订，规定固定资产的确认标准为：①使用期限超过1年的房屋、建筑物、机器、机械、运输工具以及其他与生产经营有关的设备、器具、工具等；②不属于生产经营主要设备的物品，单位价值在2000元以上，并且使用期限超过2年。不具备以上条件的，作为低值易耗品（或作为固定资产的附属设备）。

1995年，供电企业改为工资总额分别与售电量、经济效益挂钩，同时对安全、线损率、固定费用进行考核。1995年，广东省电力集团公司编写了《广东省电力集团公司工业企业会计核算制度》，对成本管理做了新的规定。从1995年起至2000年，中山电力局按该制度严格执行。

二、体系构建和完善（2000—2017年）

2002年南方电网公司正式成立，中山供电局在南方电网公司、广东电网公司的指导下，大胆实践，勇于创新，建立财务内部控制和风险管控体系、财务集约化管理方式、"责任中心"管理体系，构建并完善了财务管理体系，试点开展财务转型。

（一）内部控制和风险管控

2009年，中山供电局基于《广东电网公司内部控制规范化管理手册》，根据业务管理要求，规范了以下内容：中山供电局内控体系的整体架构和运作机制；内控改进闭环管理的运作机制和各相关部门、单位的职责；业务风险管控自评的方法和程序；内控监督评价部门在内控监督工作中的职责和采取的方法；整体评价的方法和程序；内控监督管理部门进行内控监督检查的方法和程序。

2009年，中山供电局组织开展业务风险自评工作，查找在风险管控过程中存在的不足与缺陷，进一步提高中山供电局的风险管控能力。一是组织开展自我评估并提交评估报告，分析评价自评结果，形成中山供电局报告。二是对各个部门自评发现的缺陷实施整改，并对整改情况进行后续追踪。

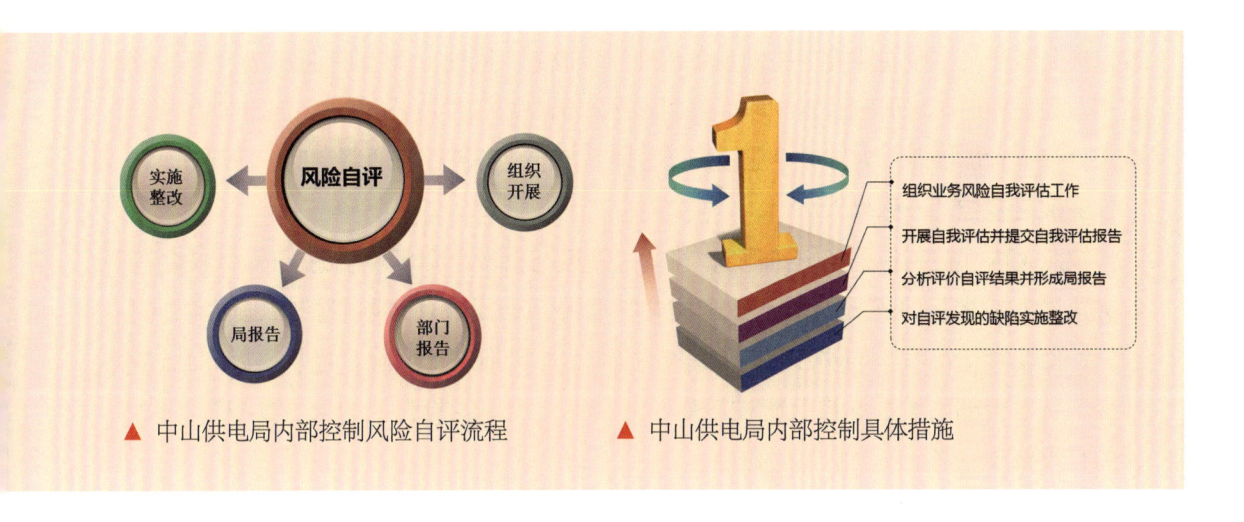

▲ 中山供电局内部控制风险自评流程　　▲ 中山供电局内部控制具体措施

（二）财务集约化管理

2011 年，中山供电局根据广东电网公司总体部署，多方入手，全面落实财务集约化管理"五个一"要求，即资金管理"一个池"、会计核算"一本账"、预算管理"一盘棋"、资本管理"一条线"、风险管控"一张网"。

1. 资金管理"一个池"

实现了电费收取全市统一，取消了各供电公司及农电总公司的 87 个电费账户，直接将客户的电费收缴到中山供电局本部的六大电费账户中，确保电费资金实时归集，最大限度地缩短了电费资金上缴时间。

2. 会计核算"一本账"

实施电费集中核算，电费统一由中山供电局收取，相关的电费退费也由中山供电局统一办理，取消农电电费辅助账，实现电费核算"一本账"；另外，顺利完成了农电机构的接管工作，将农电公司的账务全部并到中山供电局账上，真正实现了会计核算"一本账"。

3. 预算管理"一盘棋"

预算管理采用"业务归口、预算统管"的方式，即由专业部门和归口部门对业务进行分条分块管理，预算则由财务部进行统筹管理，确保预算管理"一盘棋"。为强化过程控制，深入推行预算精细化管理，进一步完善月度预算机制，将年度预算细化到月度，并按季度进行滚动修编，最后使月度预算回归到年度预算目标上，发挥预算对业务的指导作用。

4. 资本管理"一条线"

完成了资产全生命周期管理主网设备清理工作，并配合开展质量检查，进行落实整改，确保资产全生命周期管理主网设备清理工作成效。同时，开办企业级资产管理系统资产业务处理操作培训班，组织职能部门、生产单位及各供电公司的固定资产管理人员共190多人参加培训，为推进企业级资产管理系统的业务流程管理奠定良好基础。

5. 风险管控"一张网"

按照《内部控制指引实施细则》，将风险管理与日常经营管理融为一体，并将各项业务风险对应的风险管控措施和业务岗位相联系，确保各项风险管控措施落实到岗、到人，使执行情况直接与员工的绩效考核挂钩。扎实推进"风险管控从事后向全过程转变，从监督部门监控向自我管控转变"的进程，实现风险管控的全员参与、内控审计的有效整改与资金安全的实时监控。

（三）"责任中心"管理体系试点

2012年，尝试开展"责任中心"管理体系试点工作，在承接"模拟经济增加值"和"模拟内部利润总额"指标的基础上，构建三级EVA中心管理模型；同时，为了对成本进行有效管控，将中山供电局各职能部门划分为"成本中心"，并对成本预算目标和"模拟经济增加值""模拟内部利润总额"指标进行分解，落实到每个部门和分局。

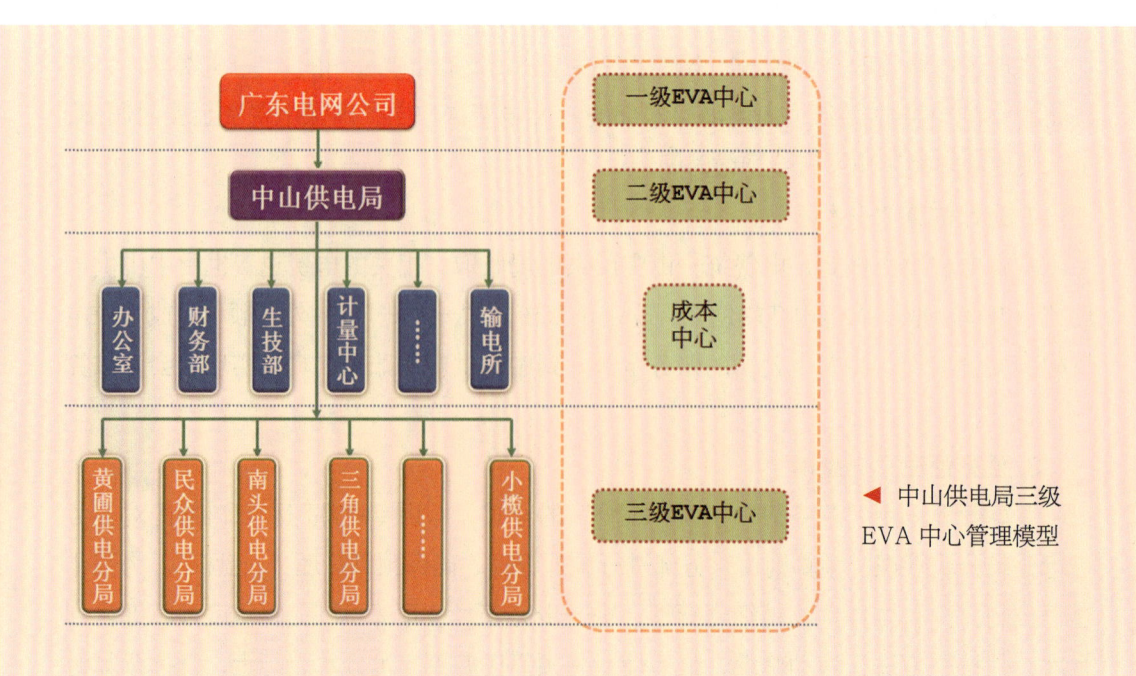

▲ 中山供电局三级EVA中心管理模型

1. 全面预算管理和资金全过程管理

2012年，预算管理采用"业务归口、预算统管"的方式，即由专业部门和归口部门对业务进行分条分块管理，预算则由财务部进行统筹管理，确保预算管理"一盘棋"。制定了中山供电局开源节流增收节支的具体措施，进一步强化预算精细化管理，密切关注预算执行情况，加强预算执行的均衡性管理，在实现成本压减目标的前提下，合理安排成本列支计划，同时将"预算节约率"纳入各部门绩效合约，对各部门的可控费用预算指标进一步细化、分解，提高预算指标的可控性。

2013年，按照广东电网公司关于创先工作的总体部署，先行先试。坚持战略引领和价值导向，强化经营管控，推动效益导向型资源优化配置，加强投入产出分析，优化投资安排，深化标准成本管理，建立以EVA为核心的经营绩效评价机制，提升预算管理的精益化水平和价值创造能力。建立集约高效的资源配置体系。按照"先总后分、总分结合"的模式，构建效益导向型预算分配机制，形成"投资带动电量、电量促进效益、效益支撑发展"的良性循环。建立"责任中心"管理体系。在全局推行成本中心和EVA中心管理体系，营造企业价值管理的文化氛围，实现全员、全程参与价值创造过程，持续提升企业价值创造能力。加强经营目标精益化管理。建立月度经营分析协调机制，制定经营目标管控模板，完善经营指标预警；深化增供扩销、降本增效措施，落实保增长目标。

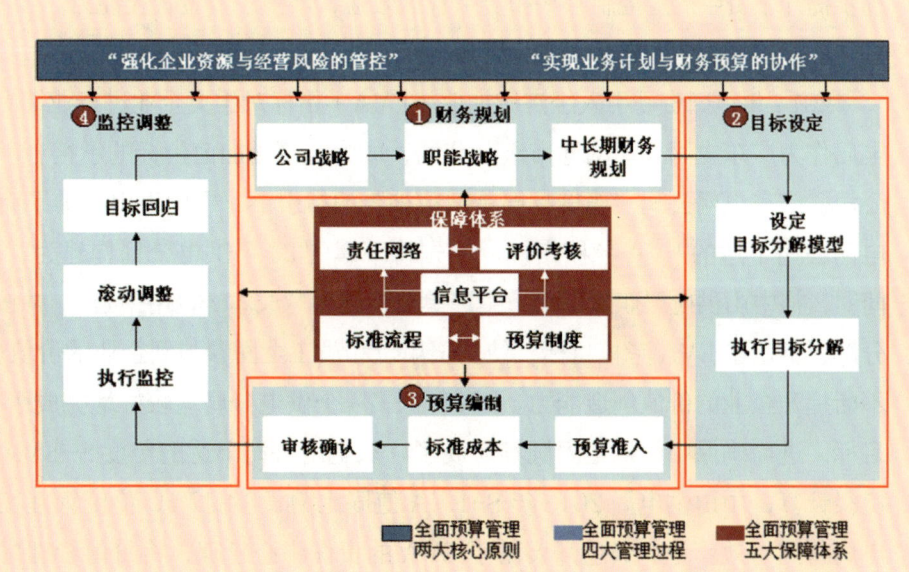

▶ 全面预算管理体系蓝图

◀ 中山供电局资金全过程管理创先蓝图

中山供电局按照广东电网公司的要求,通过不断撤销和接管农电机构银行账户、规范资金支付流程、严格执行资金收支审批制度、严格执行资金安全操作规程等手段,逐步提升了资金风险控制水平和资金管理效益,增强了资金管控能力。

2. 经济增加值(EVA)指标管理

2014 年,国资委引入经济增加值(EVA)指标对中央企业进行业绩考核,中山供电局作为广东电网公司的地市级分公司,成为经济增加值指标的承接者。在南方电网公司、广东电网公司"尊重基层首创精神"的指引下,中山供电局为了有效承接广东电网公司下达的 EVA 考核指标,率先将下属的 24 个供电分局构建为"EVA 中心",同时,将中山供电局职能部门、生产单位构建为"成本/费用中心",并按照责任预算分解、下达了 EVA 考核目标,使基层单位和员工全面参与到企业的价值创造过程中,不断提升企业的价值创造能力。2013 年,24 个供电分局均较好地完成了下达的 EVA 目标,进而确保中山供电局圆满完成了广东电网公司下达的年度 S-EVA 目标。按同口径计算,中山供电局 2013 年 S-EVA 值同比增长 14.47%,价值管理指标在中山供电局得到有效落地。通过开展基于 EVA 的责任中心管理,将价值管理融入企业文化中,逐步培育起有利于企业可持续发展的企业文化。

▶ 财务人员学习经济增加值（EVA）理念

（四）创先争优，成果显著

随着中山供电局财务经营管理体系的构建和完善，中山供电局财务部门在经营领域创先争优，阔步发展，获得多项荣誉和创新成果。

2014年，时任局长欧安杰、时任总会计师邓智明参加广东电网公司2014年度管理论坛，邓智明代表中山供电局分享和发布《以经济增加值为核心的价值创造能力提升工程》管理创新成果，该成果获得广东省企业管理现代化创新成果一等奖。

2014年，参加广东电网公司开展的财务人员"岗位大练兵，技能大比武"活动。该活动本着"立足岗位，提升能力，按需练兵，注重实效"的原则，以南方电网公司、广东电网公司财务一体化制度、作业标准以及生产设备、基建、营销方面的业务知识为重点比试内容。经过岗位练兵和技能比武活动，中山供电局财务人员综合素质和岗位胜任能力得到提高，真正达到了以赛促学、以赛促练、以赛促用，全面提高财务人才队伍整体素质的目的，并荣获了广东电网有限责任公司2014年财务岗位大练兵、技能大比武活动二等奖。

2015年，注重练兵实效，摘取财务人员比武桂冠。中山供电局财务人员尤其是年轻骨干财务人员再接再厉，充分利用集中封闭培训、软课题研究、网校在线课程等开展学习，不断想办法解决新问题，尽快适应新经济形势下电网企业财务新常态。2015年10月，在财务专业比武考试中成绩名列前茅，并获团体一等奖。

2015年，中山供电局作为广东电网公司第一批上线单位，其财务管理系统于6月1日正式双轨运行。双轨运行期间，全面验证系统模块功能，及时反馈发现的问题，提出优化建议，协调推进系统横向集成，努力促进系统全面单轨运行。财务系统V1.0推进工作多次在广东电网公司推广实施考核评价中获得A级。

▲ 广东电网公司 2014 年财务人员技能比武考试

2015 年，中山供电局连续第 12 年获得中山市"A 级纳税人"称号。12 年间，中山供电局在税务登记、纳税申报、税款缴纳、账簿及凭证管理等方面的综合评定均列入纳税信用 A 级，享受放宽发票领购限量等税务鼓励政策，对进一步提高税务管理效率及规范性有积极意义。

2016 年，促进预算均衡执行。制定预算均衡性管理优化方案，建立"四三二"工作机制，对 10 万元以上成本项目实施"里程碑管理模式"，节点管控修理费、研究开发费等项目，采用红绿灯方式定期通报，用考核"指挥棒"引导经营过程增效，使结果可控、过程在控。建立信用评价体系。利用客户资金信用评价体系研究成果，开展电费资金回收风险管理工作，提升了电费资金回收风险管理水平，该项成果已获广东省企业管理现代化创新成果一等奖并被推荐申请国家级现代化创新成果。

2017 年，试点开展"智能报账"系统自主建设精益管理工作。结合报账工作中存在的业务处理速度慢、等待时间长、用户和员工满意度不高等短板，运用精益管理的 DMAIC 方法，充分利用价值流分析、帕累托图、鱼骨图、CE 矩阵、数据统计分析等精益工具，分析、验证报账效率不高的根本原因并制定改善措施，使得报账时间平均减少 2.18 天，同比减少 28%。

2017 年，实施营销财务对账模式。建立了一套行之有效的营销财务例会对账机制，形成了一套可行度高的对账表单以及一套为保障电费回收而优化的银行账户体系，使资金精益管理实力得到提升，资金的监控得到有效加强。该项工作得到南方电网公司资金业务组领导的高度肯定，并在全网推广开展。

三、转型和改革（2018—2021 年）

2018 年，广东电网公司印发《广东电网有限责任公司财务经营转型方案》，提出"四意、四转、四提升"的财务经营转型重点举措，中山供电局财务部顺应转型大势，大力推动财务经营转型，持续推动经营业绩稳中向好、稳中有进、稳中提质。2020 年，中山供电局进行组织机构改革，财务部在改革中承接了综合计划与统计、指标与绩效管理的相关工作，进一步拓宽业务领域。在改革和转型的浪潮中，中山供电局财务部坚持党建引领，扬帆起航，乘风破浪，为中山供电的高质量发展保驾护航。

（一）不断创新的 2018

2018 年，财务人员紧紧围绕"四意、四转、四提升"，通过"抬头看路"，持续提升战略思考前瞻性，不断增强经营目标的战略导向。《财务智能报账建设与应用》获得广东省企业管理现代化创新成果二等奖；财务领域精益项目 2 个，全局占比为 25%，终审获得优秀奖；2018 年财务管理软课题研究提报论文 6 篇，其中 5 篇获奖，2 篇单位课题论文与 1 篇个人课题论文获全省一等奖。

2018 年，试点开展内部控制量化评价体系的构建工作。通过借鉴内控专业机构和"上市公司内控指数"的相关研究成果，中山供电局先行先试，从要素层面和业务层面进行量化评价，进一步提升了内部量化评价体系的实操性、可行性，把内部控制评价结果以量化得分的形式呈现，为内部控制量化评价体系在全省推广提供了借鉴。

（二）加速转型的 2019

2019 年，面对电价连续下调、刚性成本上升等不利因素的影响，财务部不断强化经营协调机制，密切跟踪电量、成本等经营要素的变化，滚动测算对全年利润的影响，及时调整经营策略，圆满完成各项主要经营考核指标。

强化预算管控。构建"四位一体"的标准成本管控体系，探索基于大数据的智能化预算管理创新实践，获全国电力行业质量创新一等奖，财务线首次成功申请两项专利成果。实施预算均衡性管理，监控业务实施进度，将预算管控要求推进到业务前端。

构建项目投资经济性评价工具。深化落实南方电网公司、广东电网公司优化投资的要求,适应精准投资管控策略,在中山供电局 EVA 指标体系的基础上,开发投资项目常态化经济性评价工具,辅助经办人员对拟立项内容事先进行经济指标的测算,有利于决策者全面权衡项目投资的优先计划,科学合理配置资源。

实现光伏发电结算一体化服务。与税务机关签订代开代征协议,全省第一家实现居民光伏发电费发票代开全覆盖,有效减轻税务机关代开票的压力,免去光伏客户开票的奔波之苦。同时优化调整结算流程,使全市 1700 多个用户享受到坐在家中即可收到结算款项的便捷服务,擦亮了中山供电局"南方电网服务标杆"的亮丽名片。

开展 E 二维码收款业务。为了提高零星资金的收取效率,减少管理成本,通过沟通协商,争取到中国工商银行免手续费为中山供电局开通 E 二维码收款业务,本部、各供电分局、医疗室及 4 个主要生产单位均开通部门专属 E 收款二维码,员工可通过微信、支付宝或工银等方式缴交房租、餐费等,大大方便了员工办理现金缴款业务。

发挥党支部战斗堡垒作用。通过主题党日活动、"三会一课"、"不忘初心、牢记使命"专题教育等形式,党支部在民企清欠、光伏结算、财务年终决算等专项工作及关键时刻,积极发挥支部的战斗堡垒作用及党员的先锋模范作用。加强部门党风廉政建设,开展"列清单、送服务,业财联动促转型"专题活动,防控财务经营领域的廉洁风险。联合其他支部开展"守初心担使命,爱心托起希望"助学活动,持续资助林洞

▲ 为四川凉山扶贫学校的孩子送温暖

村贫困学生，为四川凉山扶贫学校的孩子捐赠 100 双回力鞋，将暖暖爱心送到贫困地区，助力国家完成脱贫攻坚任务。

（三）深化改革的 2020

2020 年，中山供电局积极应对新冠肺炎疫情和国家政策性降价对企业经营的冲击，迎难而上、趁势而为，发挥"三千精神"，坚定信心不动摇、咬定目标不放松、加压努力不懈怠，想方设法完成广东电网公司下达的各项目标任务，在年度组织绩效考核中取得经营业绩和党建工作双 A 评价。

1. 构建资源配置全过程闭环管控体系

2020 年，中山供电局进行了组织机构改革，财务部在机构改革中承接了综合计划与统计、指标与绩效管理的相关工作。财务部以此为契机，顺势而为，全面对接广东电网公司管理模式，着力打造资源配置"预算管理＋过程控制＋绩效考核"闭环管控体系。打造预算管理新模式。建立"预算业务数据仓库"，充分运用数据挖掘和分析技术，建立预算数据与历史业务数据的关联关系，并制定统一的资源配置标准，提升资源配置的科学性和精准性；对拟立项目进行经济性测算，辅助投资决策，实时收集业务活动数据，滚动修编资源配置标准，对资源配置进行全过程管控，推动预算管控真正延伸到业务前端，确保经营目标管控更加完善。打造投资项目全过程管控模式。明确财务人员在项目投资中的职责和定位，引导其积极参与项目建设。项目立项阶段，深度参与投资计划编制与审核，对拟纳入投资计划的各类明细项目开展项目优选，确保资源优先投向能够促进电量增长、提升供电可靠性等的高收益项目；项目实施阶段，全程跟踪项目建设过程，开展竣工决算"工期制"管理，积极推进固定资产投资项目每月按单项工程进度核算项目成本，促进单项投资与单项成本相匹配，实时反映工程进度，及时转增有效资产；项目竣工后，及时开展主配网基建项目经济性评价，加强投资项目投入产出分析，确保投资落地见效，助力精准投资。打造指标全过程管控体系。统筹制定并跟踪分析各部门单位指标任务，充分发挥绩效考核的指挥棒作用，有效引导资源合理配置；组织开展供电分局量化绩薪考核，按月发布考核结果，帮助分局查找自身短板，从而精准施策，提升工作质量。

2. 内外服务彰显财务领域责任担当

合并同类业务报账流程。对南网商城内同一收款单位的资金结算、员工医疗费等个人发生的费用结算，分类合并生成报销单进行审批，减少基层报销重复性工作及各级人员的审批工作量。优化成本性材料付款流程。对资金计划内的成本性材料取消挂账审批流程，减少审批环节及时间。实现光伏用户代开发票全覆盖。全省率先实现港澳台用户光伏发电费代开发票，切实解决境外光伏用户"开票难""结算难"的问题，通过优化调整光伏电费与补贴的结算流程，使客户享受到坐在家中即可收款的便捷服务，提升客户服务体验。执行中央降电价部署。严格落实新冠肺炎疫情防控期间降低企业用电成本电价政策和支持性两部制电价政策，为一般工商业和大工业节约用电成本。

3. 大力推进财务领域数字化转型

积极顺应数字化时代潮流，紧跟广东电网公司步伐，在管理方法、工作方法上着眼长远，勇于创新，大力推进财务领域数字化转型，打造智慧型财务。推动财务系统"三算合一"体系试点建设，实现财务核算、资金结算以及全面预算三者有机联动与信息贯通，提升内部协同效益。承接广东电网公司财务经营大数据分析平台试点任务，部署智能 RPA 工具 9 个，提高财务基础工作智能替代率。建立"预算业务数据仓库"，以"业财融合"为目标，充分利用大数据分析技术，为预算标准的实时更新提供数据支撑。完善预算管理平台分析及预警功能，自动形成预算分析报告，对异常信息及时发出预警，将预算分析由事后变为事前，为企业经营决策提供科学参考，滚动修编预算标准，实现预算全过程闭环管控，《智能化预算管理创新实践》课题成果获全国电力质量创新成果一等奖。加强日常工作的智能化，通过设置专门的小机器人与合理使用 OCR 信息抓取技术，获取路桥费报销支付的详细清单与发票勾选认证的票面信息，解决通行费发票开票难、报销难、认证难的问题。

4. 持续夯实财务经营基础

建立关联交易合同台账，强化信息披露和监督，有效防范关联交易风险。积极开展民企清欠等专项工作，圆满完成广东电网公司下达的年底逾期欠款清零目标。

5. 不断强化人才队伍建设

通过三年胜任能力建设，中山供电局有 6 人被聘任为财务专业管理专家，其中 2 人被聘为公司级专家（全省 8 人），人员的专业结构进一步优化，综合素质进一步提升。不断拓宽财务人员知识面，有效落实第三个三年财务经营人员胜任能力建设相关要求，全力打造一支"懂经营、善策划、会管理、重执行"的一流财务人才队伍，提升财务人员融入业务、创造价值的能力，为企业高质量发展提供坚强的人才保障。

6. 全力推进增量配电网资产评估与结算电价工作

在推进公司实体运营工作中担当重责，圆满完成了资产评估结果确认，跟踪评估结果审批手续，落实过渡期结算价格，建立菊城电力公司新的账套，开立银行收、支账户，处理税务、入账等工作。2020年12月30日，菊城电力公司举行挂牌仪式，解决了小榄镇供电所这一存量趸售区的历史遗留问题，财务部见证了广东省首家增量配南方电网公司实体运营的全过程。

▶ 中山市菊城电力有限公司挂牌成立

（四）起航2021

2021年3月初，财务部成功举办中山供电局经营演讲选拔赛，为中山供电局财务经营领域的年轻人搭建了一个展示精神风貌、提升综合素质的平台。

比赛也为中山供电局财务人踏上"十四五"的征程吹响了号角。中山供电局财务人将始终坚守"忠诚、奋发、卓越"的价值取向，大力发扬孺子牛、拓荒牛、老黄牛精神，充分发挥财务的职能作用，不断深化财务转型，奋力形成经营新局面，为中山

▶ 成功举办中山供电局财务经营演讲选拔赛

供电高质量发展，为公司决战决胜"全国最好"贡献更大的力量，以优异的成绩庆祝建党 100 周年。

第二节　审计管理，保驾护航

我国于 1983 年建立内部审计制度，企业内部审计已经走过了 30 多年的发展历程。30 多年来，内部审计工作从无到有，内部审计队伍日益壮大，内部审计规范体系逐步建立和完善，内部审计作用和成果日益彰显，影响力不断增强。随着机构体制改革的不断深入，审计任务不断加重，审计范围日益扩大，对内部审计的规范化和制度化建设提出了更高的要求，从而促进企业完善内部控制、强化风险管理、提高经济效益和改善企业治理。

一、内部审计组织的变化

表 9-1　内部审计组织的变化

时间	内部审计机构名称	内部审计组织及人事变化
1987 年上半年	审计分部	中山为县级市，企业名称为中山市供电局，设置审计分部，人员配置为部长 1 人、专兼职审计各 1 人
1988 年 8 月	审计科	中山升格为地级市，中山供电局为省属企业，设置审计科，人员配置为科长 1 人、专职审计 2 人
1998 年	审计科	中山供电局审计科专职审计人员调增至 4 人。 （1）所属农电分局设立了审计股专职机构，设专兼职审计人员各 1 人；2000 年 6 月设专职审计人员 2 人。 （2）所属城区分局和火炬供电分局均设兼职审计人员 1 人。由于组织机构调整，局一级单层次审计逐步发展为二级的双层次审计，部分兼职人员转为专职审计人员
2002 年	监察审计部	中山供电局纪检监察和审计合署办公，设主任 1 人、专职审计人员 3 人
2008 年	监察审计部	中山供电局组织机构改革，取消农电、城区、火炬供电分局，实施扁平化管理，监察审计部设专职审计人员 4 人
2019 年 8 月	监察审计部	中山供电局监察审计部设主任 1 人（全面负责）、副主任 1 人（分管审计业务）、专职审计人员 5 人

续表

时间	内部审计机构名称	内部审计组织及人事变化
2019年9月	审计部	中山供电局组织机构改革，成立审计部，设部门负责人1人、专职审计人员6人
2020年6月	合规与监审部	中山供电局组织机构改革，成立合规与监审部，设部门主任1人（全面负责）、副主任1人（分管审计业务）、专职审计人员3人

二、内部审计指引的变更

2006年之前，中山供电局组织实施审计工作的文件依据主要是国家颁布的制度，如《中华人民共和国审计法》《审计署关于内部审计工作的规定》等，电力系统没有一套完整的内部审计工作指引。

2007年起，广东电网公司为规范内部审计工作，陆续印发了《电力营销内部控制审计指南（试行）》《大修技改内部控制审计指南（试行）》《广东电网公司内部审计工作办法》《广东电网公司审计项目管理办法》《广东电网公司审计工作计划管理办法》《广东电网公司审计工作底稿管理办法》《广东电网公司审计项目档案管理办法》等，使内审工作有章可循。

2012年起，南方电网公司实施制度一体化管理，分阶段印发了多项内部审计工作管理办法或工作指引，如《中国南方电网有限责任公司经济责任审计管理办法》《中国南方电网有限责任公司审计发现问题处理及整改管理办法》《中国南方电网有限责任公司内部审计工作管理规定》《中国南方电网有限责任公司内部审计工作规范手册》等，并对相关的制度根据环境条件的变化进行及时的更新，中山供电局按照南方电网公司的内审工作流程规范开展专项审计和内审管理工作。

2021年，为承接、细化广东电网公司审计工作管理办法，中山供电局结合实际情况，制定了《中山供电局审计发现问题处理及整改工作业务指导书（试行）》和《中山供电局审计迎审工作业务指导书（试行）》，明确了被审计单位、整改责任单位的工作职责和工作要求。

三、内部审计工作模式的组合拳

中山供电局内部审计机构成立以来，审计业务量逐年增大，但由于审计人员少、专业结构不合理，未能满足新形势下的新要求，为此一直探索各种内审工作模式，如内部审计与中介机构审计相结合、内审部门与业务部门联合审计、现场审计与非现场审计相结合等，以充实并增强审计力量。

（1）内部审计与中介机构审计相结合。在短时间内要求完成多项审计任务时，需要委派有资质、有经验的社会中介机构实施审计，内审部门开展全程监控，及时掌握审计进度和审计发现的问题等。

（2）内审部门与业务部门联合审计。为实现全方位审计，按照广东电网公司的统一要求，抽调相关业务部门的骨干人员开展专项审计，如工程类、营销类、物资类等，使审计切入更准确，发现问题更专业。

（3）现场审计与非现场审计相结合。中山供电局配合广东电网公司统一部署，逐步推广应用数字化审计，通过调取各业务领域的信息管理数据，应用审计数据分析模型，对大数据进行分析比对，标示疑点数据；根据信息系统筛选的疑点，结合被审计单位提供的书面资料、实际工程量等做进一步核实，大大提高了审计效率。

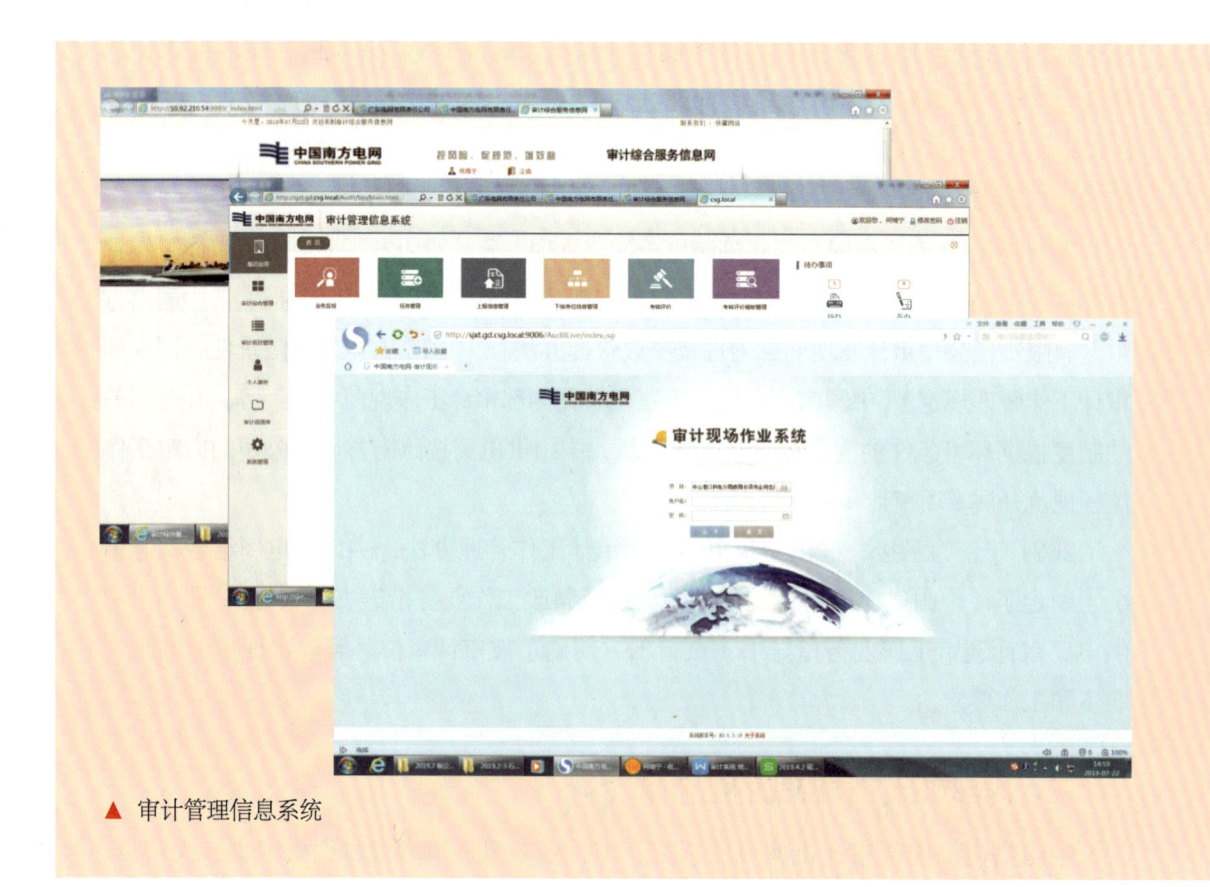

▲ 审计管理信息系统

四、内部审计领域的拓宽

审计业务领域从传统财务收支审计向内部控制、风险导向型审计发展，审计工作深入到企业经济活动的各个领域，实现对企业经济活动的全过程、全方位监督。

（1）2003年之前，主要由内部审计人员自行开展财务收支审计、经济责任审计。

①实施财务收支审计，对已发生的财务收支活动进行审查，了解被审计单位经营情况的真实性、合规性、效益性，强化被审计单位内部控制，防范财务经营风险，提升企业经营效益。

②对领导干部任职期间经济责任的履行情况进行审计，突出审计重点，监督检查企业负责人承担的中央政策及南方电网公司和广东电网公司制度的落实责任、经营管理责任、风险管控责任、廉洁建设责任等，真实客观反映领导干部履职情况，促进领导干部规范用权、尽职尽责。

（2）2004年起，除了内部审计人员自行开展审计外，还委托社会中介公司开展审计。审计工作逐步向具体的业务领域延伸，组织实施了检修技改工程项目审计、电力营销业务审计、固定资产投资审计等。

①实施检修技改工程项目审计，对被审计单位技改修理工程项目的真实性、合规性、效益性进行审计，掌握技改修理工程项目的管理情况，强化监督管理，促进被审计单位补齐管理短板，提高管理效能和投资效益。

②实施电力营销业务审计，对被审计单位电力营销管理过程中各项业务的执行情况进行审计监督，审查营销经济活动的真实性、合规性和有效性，分析对企业经济效益的影响，进一步从关键环节的经济性和时效性方面挖潜增效，从管理机制角度对优化电力营销提出建设性意见，促进企业电力营销业务管理的完善，提高营销管理效能，实现价值增值。

③实施固定资产投资审计，对被审计单位的电网工程进行审计，查找薄弱环节和潜在风险，保障建设的合法、合规及资金的安全，实现投资效益，从管理机制角度对优化电力基本建设提出建设性意见和建议，发挥"质量检验员"的作用，为企业全面提升管理水平服务。

（3）2009年起，中山供电局通过开展内控风险评估活动，识别与评估各业务领域存在的管理风险，各业务部门结合自身业务领域的特点和业务流程管控等方面存在的薄弱环节和潜在风险，编制出内控管理风险库。依据以往审计发现的问题和风险库列示的风险点，组织开展了更深入、更具体的审计项目，如物资管理审计、科技管理审计、信息化项目管理审计、资金安全审计等。

①实施物资管理审计，对被审计单位物资需求、仓储配送、逆向物资等关键业务流程及其内控管理环节开展专项审计，揭示存在风险及薄弱环节，进一步提升物资管理规范化水平。

②实施科技管理审计，对被审计单位科技项目的实施、外委管理、资金使用、成果运用、立项管理和关联交易的真实性、合规性、合法性和效益性开展审计，促进被审计单位加强和完善科技项目内控管理。

③实施信息化项目管理审计，对被审计单位信息化项目在招投标管理、财务与资金管理、项目实施过程、验收过程、投运移交管理、IT资产管理等方面的真实性、合规性、效益性开展审计，促进被审计单位补齐管理短板，提高管理效能和投资效益。

④实施资金安全审计，对被审计单位资金岗位分工管理、现金管理、银行账户及印鉴管理、票据管理、资金收付款管理等情况进行审计，堵塞管理漏洞，防范资金风险，进一步完善资金管理体系。

（4）2017年起，广东电网公司统一部署各地级市供电局内部审计工作，中山供电局执行广东电网公司下达的审计项目，配合广东电网公司审计组，组织开展以风险为导向的审计全覆盖转型，推进审计专业管理向精益化转变。例如，实施"业扩提速"审计调查、智能电表和低压集抄"双覆盖"审计、瘦身健体提质增效（有效资产）审计调查、"暖心工程"审计调查、扶贫项目资金管理审计调查等。

①实施"业扩提速"审计调查，了解与评估业扩报装及配套项目的实际情况与提速状况，分析影响业扩报装时速的因素，揭示影响业扩报装效率的问题，提出切合实际的管理建议，促进被审计单位改进业务流程管控措施，压缩业扩报装时间，提升供电服务水平，降低客户投诉率。

②实施智能电表和低压集抄"双覆盖"审计，对智能电表轮换与低压集抄项目开展规范化管理审计，识别与评估管理风险，查找存在的薄弱环节和问题，促进被审计单位完善管控措施，确保低压集抄和智能电表项目建设的设计、施工、验收规范和运维指引要求有效落地，为提升营销精益化管理水平提供强有力的支持。

③实施瘦身健体提质增效（有效资产）审计调查，对可计提收益的有效资产和不可计提收益的非有效资产的管理情况进行摸底调查，重点审查被审计单位计算有效资产的真实性、准确性和转增的及时性，对企业运营中盈利能力差、为企业创造价值较低甚至完全不能创造价值的资产进行调查，分析原因并提出管理建议，促进被审计单

位有效资产最大化，增加准许收益，保证国有资产保值增值。

④实施"暖心工程"审计调查，全面掌握"暖心工程"的推进和落实情况，摸清"暖心工程"的真实性、合规性及效益性，掌握"暖心工程"资金使用情况，促进"暖心工程"全面提升供餐保障能力，创建文明办公环境，提高生活服务质量，提高健康服务水平和构建幸福和谐家园，为被审计单位真正实现员工服务"五个更加"的工作目标，提升员工的获得感和幸福感，构筑"幸福南网"提供审计保障。

⑤实施扶贫项目资金管理审计调查，对被审计单位扶贫政策落实情况、扶贫项目管理情况、扶贫资金使用情况进行全覆盖调查，加强审计监督，推动扶贫政策落实，规范扶贫资金管理，维护扶贫资金安全，提高扶贫资金成效，确保国家扶贫目标如期实现。

（5）2020年，广东电网公司推广数字化审计分析与应用系统，运用业务系统大数据，设计数据分析模型，筛选问题数据，下达各地级市供电局进行取证核实，对地级市供电局实施的专项审计进行统一指挥、统一调控。例如，实施配网自动化建设专项审计、物资使用审计等。

①对配网自动化建设及应用情况进行审计，关注配网自动化规划建设、运行管理、投资效益等情况。运用数字化审计分析与应用系统审查配网自动化基础数据表、投资计划、配网自动化项目全过程资料等，重点关注规划建设、运行管理、投资效益等相关业务流程及重点工作环节，及时反映配网自动化建设及应用存在的问题，提出管理建议，推进被审计单位配网自动化建设。

②对物资入库、仓储与配送、领用及使用、逆向物资等管理环节进行审核、评价，了解被审计单位物资使用现状。运用数字化审计分析与应用系统审查物资验收入库、仓储保管、领用使用、逆向物资等环节的相关资料和系统数据，揭示物资使用风险及不足，提出审计建议，提高物资使用效率和效益，提升物资管理水平，防范损失浪费风险。

（6）2021年，围绕广东电网公司审计工作"增速、提质、扩围"的总要求，按照"统一部署、分批推广"的工作原则，逐步推广应用审计单兵作业装备，全面实现审计作业工具标准化、作业过程可视化、作业模式智能化，为建立"集中分析，分散核实"的"远程+现场"智慧审计模式奠定坚实基础。

五、内部审计监督的重要事件

1999年至2003年，中山市审计局、中山供电局联合对各镇区变电站的建设费进

◀ 审计单兵作业平台

◀ 审计单兵作业装备

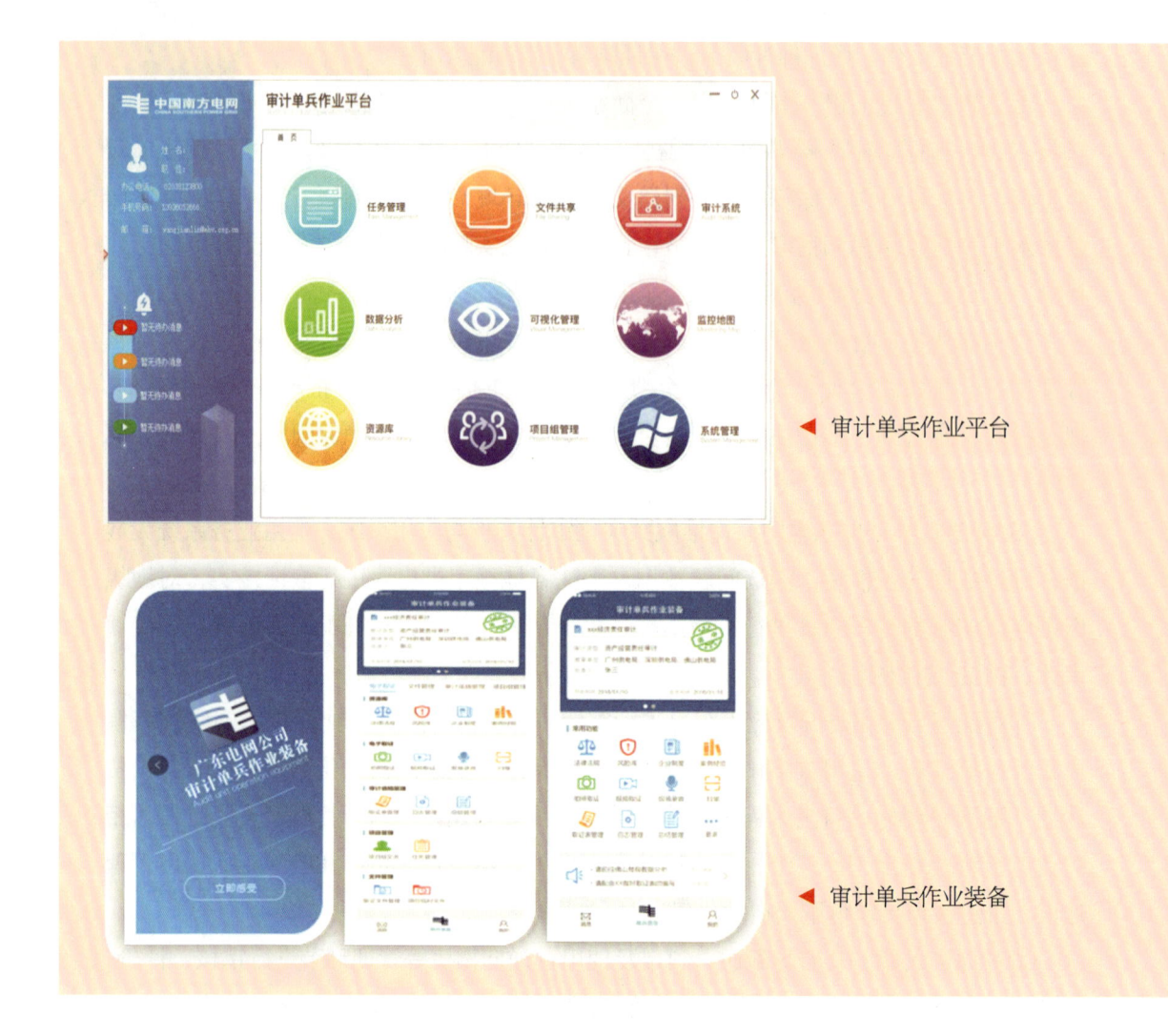

行了审计，清理各镇区变电站建设中形成的债权债务，与各镇区政府协商，签订债权债务协议。

2001年至2002年，中山供电局对农网建设与改造工程项目实施审计，加强对农网"两改一同价"改造资金使用的监督。

2005年至2007年，按照中山供电局机构改革的要求，对21个镇区电气安装工程企业的资产负债和经济效益等情况进行清算审计。

2016年至2018年，根据广东电网公司的统一部署，落实职工持股企业改革政策，组织对12家多经企业开展审计。2018年广东电网公司对中山供电局组织实施了职工持股企业非公股权清退吸纳审计。

六、审计课题研究硕果累累

（一）理论研究成绩显著

表 9-2　获奖审计论文

年份	论文题目	奖项
2009	《从"诊断监督观"到"免疫系统观"》	广东省内部审计优秀论文三等奖
2010	《基于企业目标、风险管理的内部控制》	广东省内部审计优秀论文三等奖
2020	《新时代电网企业领导干部经济责任审计的责任界定探讨》	中国内部审计论文三等奖

（二）审计项目质量被认可

表 9-3　获奖审计项目

年份	审计项目	奖项
2010	110 千伏关塘输变电工程建设审计	广东电网公司优秀工程审计项目三等奖
2011	阜沙供电公司原任经理离任经济责任审计	广东电网公司优秀经济责任审计项目三等奖
2012	中山供电局 110 千伏彩虹二输变电工程项目管理审计	广东电网公司优秀工程审计项目优秀奖
2012	电力营销效益审计	广东电网公司优秀专项审计项目二等奖和南方电网公司优秀专项审计项目二等奖
2015	拆旧物资管理审计	广东电网公司优秀审计项目三等奖
2015	关于电力设备监造取费的内部控制审计研究	广东电网公司优秀审计案例三等奖
2016	供电企业拆旧物资内部控制管理项目	中山供电局管理创新成果三等奖
2017	专项建设基金项目全过程审计	南方电网公司优秀审计项目二等奖

（三）审计精益管理见成效

（1）《缩短逆向物资回收入库周期的管理与实践》荣获 2018 年广东省企业管理现代化创新成果二等奖。

（2）将总结提炼的经验方法制作成了《轻松读懂审计整改》动画微课件，参加 2018 年第四届中国企业微课大赛并进入全国总决赛，荣获广东赛区最佳制作奖，《南方电网报》对该项目的成效进行了报道。

▲ 中山供电局员工荣获南方电网公司优秀审计项目奖

（3）以审计发现问题为出发点，成立跨部门团队开展基于电网大数据平台的持续审计应用探索与研究。借助广东电网数据云平台，构建审计模型对海量大数据进行分析，输出异常数据供审计人员核实检查。在数据云上线了"中山供电局线路类报废物资测重审查"模块，是审计域唯一上线的模块，并作为2021年广东电网公司个性化数据应用推广实施。团队还制定了《中山供电局常用导线测重参考明细表》并推广应用；制作了《线路类拆旧物资测重标准运用与持续审计》动画课件，对基层进行培训，实现了"非现场"跟踪措施落实的创新。

（四）审计团队建设成绩获肯定

（1）2007年度获评中山市审计工作先进单位。

（2）2007年、2017年、2020年分别获评广东电网公司内部审计工作先进集体。

（3）2017获评南方电网公司内部审计工作先进集体。

（4）借助专业融合，发掘和培养审计人才。

一方面，借助机构改革后的专业融合，吸收了原指标管理人员参与审计项目管理，培养审计人才。另一方面，自行开展专项审计，从各专业领域抽调生技、计划、调度、基建等专业人员组成审计组，借助专业的力量，深入查找被审专业领域存在的问题，专项审计成果获得广东电网公司通报表扬。通过专业融合、抽调审计、开展跨部门课题研究等方式，发现和培养审计人才，为提高审计质量和实现可持续发展提供人力资源保障，也为构筑大监督平台提供基础。

2018年1月12日颁布的《审计署关于内部审计工作的规定》，拓宽了内部审计为企业增值的渠道，充分肯定了内审的作用，增加了内审的责任和使命。展望未来，随着经济全球化和信息技术的飞速发展，内部审计面临着巨大的机遇和挑战。经济全球化和信息技术既为内部审计提供了舞台和先进技术，又导致未来充满更多的不确定风险，企业利益相关者对内部审计的期望也将不断提高。因此，面向未来，在国家审计署和内审协会的指导下，应不断完善内部审计自身组织建设，进一步推动企业内部审计全覆盖，增强企业自身防控能力和市场竞争力，充分发挥企业内部审计的监督、服务、管理、交流职能。同时，内部审计人员应加强职业培训和学习，重视组织战略和社会责任，关注企业内部控制风险和信息安全，在手段上更多地利用信息技术，不断发挥内部审计在组织中的作用和价值，为公司加快创建世界一流综合能源服务公司、实现高质量发展创造良好条件。

第三节　依法治企，稳步推进

中山供电局在2008年提出了法律工作在新形势下的"四个定位"和"三个转变"。2009年以来，中山供电局不断推进法律工作，完善依法治企体系，全方位开展普法、案件、合同管理，建设法治示范单位，开展法企共建活动，提高了法律集约化管理水平。

一、部署建设法律诊所（2012—2013年）

部署并完成法律诊所建设，创新法治文化建设模式。制定了两份风险防控管理表单和七份典型风险现场工作表单，将法律风险防控库落地执行，服务基层。收集梳理了各类法律法规和标准等，建立了局法律法规库。对局法律风险防范工作进行系统性的分析调研和整理完善，通过调研分析，切入业务流程，落实责任到岗，实现风险防控由事后、事中向事前转变。

法律诊所建设营运工作得到南方电网公司、广东电网公司领导的肯定，并在广东省"六五"普法中期检查中，被广东省政协副主席梁伟发高度评价为"六五"普法楷模，建议将中山供电局法律诊所的普法模式进行推广。

| 百年梦想　电亮中山

◀ 2013年7月，广东电网公司法律事务部时任主任孙世光和中山供电局时任局长李鸣洋一起为法律诊所揭牌

◀ 广东省政协副主席梁伟发建议推广法律诊所的普法模式

◀ 法律诊所面对面提供法律咨询服务

二、开展法治文化体系建设（2014—2015 年）

通过法治文化的整合，完善法治文化理念体系，通过法治文化的提升，形成员工学法用法过程中知识、认识、意识和共识逐进的局面，最终使局法治文化实现常态化的良性发展。修订《中山供电局法治文化建设理念提炼报告》《中山供电局法治文化建设工作方案》《中山供电局法治文化活动库》等成果材料。在基层供电分局开展法治文化建设试点工作。每个供电分局设定一天为"法治文化活动日"。印发了法律风险管控现场工作表单，组织开展业务领域法律风险防范培训。配合安风体系冲"五钻"要求，对供电分局的法律风险防控工作及法律法规管理工作进行指导。出台《中山供电局法律法规管理业务指导书》，明确实施法律法规 PDCA 闭环管理。充分利用绩效指标平台，强化法律风险管理指标。印发《关于进一步明确中山供电局重大决策法律审核工作的通知》，并附随通知印发了《中山供电局重大决策法律审核工作具体要求》，进一步细化和明确了重大决策法律审核的范围、内容、方式及程序等。

三、开展地方电力立法（2016—2017 年）

中山市人大法工委把《中山市电力设施保护条例》（以下简称《条例》）纳入中山市立法工作计划内，这是中山市获得地方立法权以来首次开展地方电力立法，对中山市及中山供电局的意义重大。

▲ 中山市人大审议通过《中山市电力设施保护条例》

中山供电局开展领导干部法治建设"五个一"系列活动，制订依法治企"十三五"改革发展行动计划，起草《中山市电力设施保护条例》。中山供电局法律工作人员会同外聘律师所，依据国内电力立法经验条款，起草条例初稿，并走访主要业务部门积极征求意见，同时走访珠海供电局等单位，积极与市人大法工委、经信局等部门协调沟通，召开多次座谈会，在此基础上，对条例初稿进行十次修改，最终形成条例送审稿。《条例》于2016年6月通过中山市人大一审。此外，落地实施20个重大法律风险防控工作方案，依托广东电网公司《法律风险信息库》和《二十个重大领域法律风险防控方案》，对中山供电局各单位法律风险管控措施进行对照梳理。组织排查风险和研究落实具体防控措施以规避风险，拟定整改方案和防控预案，做到边清理、边整改、边规范。

▲ 向道路施工工人宣传《中山市电力设施保护条例》

2017年，中山供电局借助中山市具备立法权的契机，积极加强与市人大、市法制局等部门的沟通，配合做好《中山市电力设施保护条例》的立法调研、计划立项、意见征求、送审等各项工作，按时间节点推动条例立法工作进程。10月19日，《中山市电力设施保护条例》正式发布，并于2018年1月1日起施行。这是中山市第4部地方性法规，也是自2015年我国《立法法》修订以来，广东省范围内新增获得地方立法权地级市中首个出台的地方电力法规。中山供电局积极推动《条例》发布，旨在加强中山市电力设施保护，保障电力生产和供应体系的安全有序运行。

四、开展法企共建活动（2018年以来）

中山供电局按照《广东电网有限公司法治企业建设总体工作方案》的要求开展法治企业示范单位建设，全面推进依法治企，营造良好的法治氛围。深入开展法企共建工作，在签订共建协议的基础上，会同中级人民法院开展《涉电案件审理白皮书》的编写，组织员工参加反腐庭审旁听，联合开展廉洁教育交流和参观供电文化展厅等活动。与中山市中级人民法院及基层法院定期开展法企交流，就双方共同关注的电费欠费追缴、侵权证据认定、诉前调解等业务进行探讨,加深双方对各自业务的认识,为进一步提升业务效率奠定基础。

中山供电局还开展法治示范单位建设工作。结合法治企业建设标准和评价标准,编制印发了《中山供电局2018年度法治状况评价报告》。同时,制定了《主要负责人履行推进法治建设第一责任人职责清单》,发布了《关于印发中山供电局2019年企业管理、法律管理、产业管理工作要点的通知》《关于印发中山供电局2019年企业管理、法律管理专业考核方案的通知》,把法治示范单位建设评价维度纳入年度组织绩效考核之中。

中山供电局与中山市中级人民法院联合发布《涉电案件审理白皮书》,围绕依法治企、合规经营、多元化解等工作,指导供电企业优化营商环境、化解重大经营风险。聚焦电力设施致损、破坏电力设备等重点类型案件,开展大数据分析并提出司法建议,为推动法院类似案件处置、规范供电企业依法经营提供坚实的法治保障。

▲ 2020年10月,与中山市中级人民法院联合发布中山市公用事业涉电案件纠纷审理情况报告(《涉电案件审理白皮书》)

五、深入开展法治企业建设（2019年）

开展了中山供电局及基层单位法治企业建设自评工作，编制年度法治状况评价报告，并向党委会汇报。完善议事决策事项清单和决策规则，严格开展重大决策法律审核工作，出具法律意见书。编制中山供电局年度法律工作数据简报，构建和实施法治数字营运模型。组织开展领导干部法治建设"六个一"活动（2018年后在原先"五个一"活动的基础上增加了一项工作），完成率达到100%。2019年，中山供电局被评为广东省法治文化建设示范企业，以及南方电网公司"七五"普法中期法治宣传教育先进集体。

进一步加强法律案件管理，处理法律案件113宗，追回或避免损失721万余元。出台《中山供电局输配电线路防外力破坏法律维权管理业务指导书》，明确防外力破坏法律维权业务的工作目标及具体内容，保护电网安全稳定运行，实现法律维权规范化。促进输电管理所修订管控工作要求，协调市场营销部落实低压作业十项安全管控措施，加强外施工单位现场作业安全监督力度。在中山市人民政府牵头下，市执法局和中山供电局联合开展电力设施外部隐患专项整治，形成工作长效机制，以执法查处的方式，严防输配电外力破坏，依法合规完成351宗电力设施外部隐患的综合治理，进一步提升电网安全稳定运行能力，未发生有责任的涉电公共安全事件。

制定法律纠纷应对专家队伍组建及培养方案，组建了42人的覆盖全局的法律纠纷应对专家队伍，创新实施敏捷应对、快速迭代的风险管控。通过法律专业技能培训和全过程参与法律案件处理等实务锻炼，进一步提升了中山供电局法律案件及纠纷应急处置和风险防控能力，推进了企业法治文化建设。

六、开展合规管理体系建设（2019年以来）

印发《中山供电局2019年合规管理工作计划》并组织宣贯，组织编制《中山供电局重点岗位合规手册》《中山供电局2019年合规管理典型案例手册》，对关键岗位人员及新员工开展合规管理培训。

为完善大集体企业依法治理体系，对实业公司章程修订和授权委托事项、大集体企业缩减法人、信通通信公司股权转让、注销迪光综合能源有限公司和农电总公司存续期满注销事项提供专项法律服务，进一步加强大集体企业制度建设，防范企业法律风险，保障国有资产安全。

按照工作部署，为切实落实小榄增量配网工作，开展前期法律尽职调查，对法律风险进行必要性分析，出具尽职调查报告和法律意见书，为领导决策提供法律支撑。开展项目公司注册、章程制定和合作协议书条款修改工作，编制项目公司各类经营合同。2020年12月，广东电网参股的中山首家增量配南方电网公司（中山菊城电力公司）实现实体运营，解决了小榄镇供电所这一存量趸售区的历史遗留问题，获广东电网公司通报表彰。

大力推动政府出台电力法规，促进中山市发展和改革局、自然资源局等七部门联合出台《中山市电力外线工程建设项目并联审批及免审备案实施细则》，将电力外线工程并联审批时间压缩至5个工作日，中压业扩平均时长和低压非居民平均接电时长均实现大幅下降。在确保中山供电局可实施完成的基础上，就系统平均停电时间（SAIDI）这一供电可靠性指标，与中山市发展和改革局协商签订《供电可靠性管制计划协议》，保证中山市供电可靠性和服务水平，进一步提升"获得电力"指标。

第三部分

砥砺初心 奉献光热

文化是一种精神力量,能够对企业、社会发展产生深刻的影响。中山市作为我国伟大革命先行者孙中山的故乡,具有丰厚的人文历史底蕴。中山供电局植根于这片文化沃土,不断发展壮大,最终形成独具特色的中山供电文化。

第十章 文化铸魂

第一节　文化建设

企业文化及其产生的凝聚力是公司持久发展的关键，早在体制改革之初，中山供电人就已经思考过这个问题。中山供电企业文化建设发展之路大致可以分为文化萌芽、理念提炼、深植提升、文化创先、品牌打造五个阶段，逐步形成以南网文化为核心、传承广东电网历史、富有香山文化特色的中山供电企业文化体系。

一、文化建设道路

（一）第一阶段——文化萌芽（1980—2002年）

20世纪80年代，基于自发、自愿成立的QC（质量控制）小组，中山供电持续推进QC小组活动开展，培育质量价值观，形成QC文化氛围。同时，开展安全性评价、安全生产整改以及安全培训教育等，强化了安全生产观念，初步形成了安全文化氛围。此为不自觉、无意识、局部的企业文化萌芽阶段。

（二）第二阶段——理念提炼（2002—2006年）

2002年开始，中山供电企业文化建设上升到理性的高度。

2003年3月，广电集团中山供电分公司挂牌成立时，第一次提出"政府放心、客户满意、员工快乐"的经营理念。

2004年7月，第一届党委提出"三大理念"，包括"政府放心，客户满意，员工

◀ 中山电力局安全性评价复查会议

▶ 2004年5月，凯能集团举办"关爱生命"知识竞赛暨文艺汇演活动

快乐"的经营理念、"以人为本，以客为先"的服务理念、"构建员工终身学习的学习型企业"的管理理念，标志着中山供电开始自觉地、有意识地推动企业文化建设。

围绕"三大理念"，中山供电局加强企业党的思想、组织和作风建设，在电网建设、安全生产、经营管理和企业文化建设方面取得了可喜成绩，促进了企业的优质服务建设和行业作风建设，这也是对企业文化的一种有效践行。

（三）第三阶段——深植提升（2006—2009年）

2006年，南方电网公司确立了公司的大政方针和企业文化理念体系，进而规范为"南网方略"。在南网方略和广东电网文化战略的引领下，中山供电局采取宣贯学习、举办培训讲座、问答解疑、设置文化展板、宣传案例故事等一系列举措加速文化深植落地，企业文化建设逐步实现由"理念文化"向"实体文化""行为文化"的转变。

中山供电局全面根植南网文化理念，遵循企业文化建设理论和规律，搭建了文化建设框架；有组织、有目标、有方案地实施建设，逐步形成以南网文化为核心、传承香山文化、富有特色的中山

▲ 2006年后，中山供电局逐渐形成了整体性的企业文化体系及框架

供电文化体系——"八阵圆通":在南网文化提出的安全、责任、执行、廉洁、服务五个专项文化的基础上,鲜明地提出具有中山供电特色的质量、和谐、创新文化,形成八个专业文化,称之为"八阵"。圆,即圆润、和谐,体现了中山人的博爱、包容;通,就是做事通畅。圆是为了通,即内和外顺,员工之间、部门之间、内外之间的沟通协调要顺畅;圆通也包含对南网文化的融会贯通与价值认同。"八阵圆通"既是香山文化和南网文化的结合体,又是南网文化落地转化的具体体现。

在深植提升阶段,中山供电局按照"看得见、摸得着、有效果"的要求积极探索实践,采用过程管理,创建文化特色,取得一定成效,如2008年获得"广东省企业文化突出贡献单位"称号。

(四)第四阶段——文化创先(2009—2015年)

2009年起,中山供电局全面铺开创先工作,开始有规划、有目标、成体系地推进企业文化创先。例如,以战略为导向,在把握现状的基础上,制定各阶段目标规划以及实施方案,推进文化建设;扬长补短,灵活运用过程管理、多元化传播等理论,形成文化特色;强化党建文化建设,实现党建文化与企业文化的高度融合,发挥引领作用。2011年,实现了文化建设的"四化",即按照南网文化建设一体化的思想,制定了切实可行的方案,稳步实施,实现了文化理念框架体系化;注重科学管理方法和手段的引入,使企业文化建设规范有序,实现了文化管理科学化;主动开展供电文化媒介多元化传播的研究,搭建了中山供电文化的多元传播平台,实现了文化传播多元化;努力使文化融入管理、带动管理,实现了文化转化实用化。同年8月,中央党校时任校务委员赵长茂率调研组到中山供电局调研党建工作,认为中山供电局虚功实做,党建文化建设做到了"重基础、创氛围、建文化,件件是实事,件件能够产生效用"。

2013年,铺开了深化创先工作。企业文化不仅被列为14个创先领域之一,而且作为"三优一特"(全力打造优质电网、系统深化优越管理、着实培育优异员工、潜心沉淀特色文化)中的"一特"成为局深化创先的工作重心。同年,还建成了中山供电文化展馆,编写了《点亮千万家——中山电力百年史话》文化宣传书籍。

2013年,中山供电局被国资委评为全国首批"中央企业企业文化示范单位",这是南方电网的首例,也是中山市唯一一家获此殊荣的企业。这一荣誉标志着中山供电文化建设已实现"国内领先"的既定目标。

此后,中山供电局制定了2015年全面达到企业文化示范单位最佳标准水平、实现接近国际先进水平的第一阶段目标。"中山供电局的企业文化是中山地方企业文化

▶ 2009年5月20日，邀请国家文化管理学会李俭教授指导企业文化建设

▶ 2013年7月22日，中山供电文化展馆开馆。中山供电文化展馆与输电所、变电一所、变电二所及火炬、东升、大涌、三乡供电分局展示点组成了"七星伴月"式文化展示群

▶ 2013年7月22日，在《点亮千万家——中山电力百年史话》首发仪式上，中山市文联时任主席胡波为来宾签名赠送书籍

▶ 2013年，中山供电局企业文化建设取得了新的突破，被评为"中央企业企业文化示范单位"。图为中山供电局时任党委书记邝锋与国资委宣传局时任副局长韩天合影

建设的典范，可以说是中山地方企业文化的'ISO'"，中山市政协时任主席丘树宏如是说。

（五）第五阶段——品牌打造（2016年以来）

"敢为人先"的思想引领了中山供电文化建设。只有用文化来管理人，用文化来培养人，企业才能提升品牌效应。

2016年，中国南方电网有限责任公司印发了《南方电网企业文化理念》，以此文件为指导，中山供电企业文化建设进入了品牌打造的新阶段。通过借鉴国际企业文化建设最佳实践案例，运用先进经验，中山供电局制定了全面形成与全局发展相适应的中山供电文化品牌，达到国际先进水平的第二阶段目标。

2019年，中国南方电网有限责任公司印发了《南方电网企业文化理念（2019年版）》，这是习近平新时代中国特色社会主义思想的具体贯彻与社会主义核心价值观的具体传扬，也是全体南网人必须内化于心、外化于行的价值公约。按照公司要求，中山供电局将《南方电网企业文化理念（2019年版）》作为价值目标导入战略，作为价值取向融入管理，作为价值追求切入业务，作为价值准则植入行为，通过推动《南方电网企业文化理念（2019年版）》的普遍认知、广泛认同、全员践行，厚植文化软实力，厚培品牌影响力，为推动企业加快建成具有全球竞争力的世界一流地市供电企业创造文化条件，培育文化生态。

为深入宣传贯彻党的十九大精神，积极传播《南方电网企业文化理念》，传扬社会主义核心价值观，展示职工文化建设成果，2019年2月，中山供电局举办了以"新时

▲ 2016年9月，以中华民族优秀传统文化为"根脉"，承接社会主义核心价值观

▲ 2017年，中国电力企业联合会专家来中山供电局开展企业文化建设示范单位现场评审

▲ 2019年国企开放日活动中，通过"机器人联盟"展示"智慧中电"的责任担当

▲ 2019年职工文化建设成果展演

代传扬价值观，新征程勇当追梦人"为主题的职工文化建设成果展演活动，展现在党的号召下，中山供电人风雨兼程、攻坚克难、披荆斩棘、追逐梦想的奋斗姿态。

二、专业文化建设

中山供电局历届领导班子高度重视企业文化建设，设有专门的企业文化建设委员会及办公室，由八个专业职能部门牵头推进八个专业文化建设，包括安全文化、服务文化、廉洁文化、法治文化、责任文化、质量文化、创新文化、和谐文化。各党（总）支部的宣传委员是基层文化建设的骨干，内部形成自上而下、齐抓共管的管理体系。同时，中山供电局承接南方电网公司、广东电网公司工作要求，重点深化安全文化、服务文化、廉洁文化与法治文化四个专业文化建设。

（一）安全文化建设

坚持树立"一切事故都可以预防"的安全文化理念。自2003年起，历时18年，一年一个目标，一年一个台阶，系统谋划安全文化建设目标和路径，助力打造本质安全型地市局电网企业。例如，形成了以"生命唯一，安全第一"等七大安全观念为核心、具有中山供电特色的安全理念体系，推动企业安全管理水平和员工安全行为习惯实现真正"蜕变"。坚持不懈筑牢安全生产防线，保证中山电网实现长治久安。"我要安全"成为中山供电人的自主文化，企业整体安全生产局面平稳向好，供电可靠性连续十一年排名全国前十（截至2021年）。

（二）服务文化建设

中山供电局认真践行"为客户创造价值"的服务文化理念，将服务文化外化为客户可感知的服务举措。升级"全心易"服务品牌，推进"查询·随心""缴费·放

▲ 监测运行设备，保障安全供电 　　▲ 开展"暖心行动"，加强急救培训

▲ 开展丰富多彩的工余安健环活动

▲ 营业厅工作人员为客户认真办理业务

▲ 工作人员在民众水乡坐渔船为村民检修供电线路

心""办理·舒心""服务·贴心""关爱·暖心"的五"心"级优质供电服务；主动服务地方政府招商引资、重点产业集群项目工程，优化企业节能诊断、港口岸电改造和新能源推广等节能服务；开展志愿服务，主动关爱弱势群体；参与"社会责任周"专题宣传活动和公益活动，提升企业品牌形象。将服务文化内化为全局一盘棋的协同服务，持续深化客户全方位服务体系建设，提升各专业部门协同服务水平。

久久为功的优质服务，赢得了中山用电客户的赞誉。至2021年年初，第三方客户满意度连续八年全南网第一，广东政府公共服务满意度评价连续五年全省第一。

（三）廉洁文化建设

中山供电局坚持廉洁治企，倡导"诚信做人、规矩做事"，提炼"廉洁在岗位、清风暖家庭"的廉洁口号，有序地将全局的面与基层的点结合起来。组织开展廉洁教育月和纪律教育月活动，深入开展廉洁风险防控和"企检共建"活动；每年组织开展"遵纪守法、爱岗敬业、清白做人、干净干事"的廉洁承诺签名活动；开展岗位禁区、岗位承诺、岗位排头兵等"廉洁在岗位"系列活动；开展廉洁主题征文、廉洁公益广告创意征集、廉洁文化知识竞赛等活动；开展家庭助廉活动，用具有鲜明时代特征、形式多样的文化力量，潜移默化地引导干部员工从"要我廉洁"变为"我要廉洁"；落实监督执纪"四种形态"，抓早抓小，把纪律和规矩挺在前面，促进广大员工廉洁从业。中山供电局坚持教育在先、预防为主，筑牢廉洁底线，使廉洁文化根植员工思想，营造了良好的政治生态。

（四）法治文化建设

中山供电局坚持依法治企，倡导"知法于心、守法于行"，提炼了"一个理念""两个平台""三个体系""四个层次"的法治文化框架，形成了以法律风险防控

◀ 开展"清正廉洁、行稳致远"健步走活动

◀ 开展廉洁文化进家庭活动

为主线，以构建良好的法治环境为外延的"法治中电、和美共建"法治文化品牌。认真开展领导干部法治建设"六个一"活动，带动全员参与法治工作；发挥法律诊所的平台作用，为依法治企号脉治病；积极开展法律风险防范工作，提出防控措施和法律建议，为职能部门服务、为基层服务；积极推动地方电力立法，促成中山市首部电力法规《中山市电力设施保护条例》的发布；与中山市中级人民法院签订广东电网首个地市级"法治共建"合作协议，创新构建了"法企共建平台"；被评为全省首批法治企业建设示范单位、法治文化建设示范单位。先进的法治文化是实现依法治企的思想保证和精神动力，通过法治文化建设，员工的法治意识和文明规范等渗透到日常工作、学习、生活的方方面面，感恩社会、回报人民、热爱家庭、关心他人在全局员工中蔚然成风。

▶ 与横栏镇人民政府签订《维护正常供用电秩序共建行动协议》

▶ 在法治宣传活动周上,市民踊跃参加有奖知识问答

三、文化硕果

中山供电局通过党建文化建设,让企业文化"看得见、摸得着、有效果"。近年来,获得"全国安全文化建设示范单位""全国企业文化建设典范企业""中国电力创新奖企业文化建设示范单位""广东企业文化名片""企业文化建设典范企业"等荣誉,并成为南网唯一一个被国资委授予"中央企业企业文化建设示范单位"荣誉称号的供电局。

(一)创建社会主义核心价值观教育基地

为培育和践行核心价值观,打造立体式、场景化的文化展示交流平台,中山供电局创建了中山市和南方电网首个社会主义核心价值观教育基地。教育基地以"八星拱

百年梦想　电亮中山

◀ 中山供电文化园主题雕塑

◀ 中山供电文化园博爱轩

◀ 中山供电文化园工匠坊

月"企业文化展示群为主体实施建设,其中,"月亮"是指中山供电局本部的中山供电文化园和文化展馆。文化园将社会主义核心价值观的意涵融入本部园区,分为"国家、社会、个人"三个层面,通过博爱轩、工匠坊、主题雕塑所承载的人文故事,展示核心价值观在企业的生动实践,培育浓厚的践行核心价值观的氛围。文化展馆通过"初心·百年电力、使命·光明足迹、奋进·文化引领"三个篇章,以价值观为主轴,利用声光图文和实物场景来展示中山电力百年发展历程,让员工在了解企业光辉历史的同时,领略企业价值追求的独特魅力。"星星"是指各基层单位围绕核心价值观的主题,结合单位特色策划布展的文化展示点,充分体现了基层首创精神。经评选,最具特色的八个展示点进入"八星拱月"文化展示矩阵。教育基地以其丰富的展示内容和价值观宣贯成效,获评"广东电力四十景"。

2019年9月,省委宣传部在广州举办广东省"粤传承 粤创新"核心价值观宣传教育活动成果展示会,中山供电局经过前期申报创建、现场考察、网络评选、评委会审等环节,从全省108家参评单位中脱颖而出,获评"2018年度广东省培育和践行社会主义核心价值观示范点"。

2020年,中国企业联合会、中国企业家协会在广东省中山市召开全国企业文化现场会,授予南方电网广东中山供电局"全国企业文化最佳实践企业"称号,这是中国企业联合会、中国企业家协会在全国供电行业中首次授予企业该称号。

▲ "全国企业文化最佳实践企业"授牌仪式在中山市举行

（二）企业文化节

从2004年开始，中山供电局每四年举办一届企业文化节，对四年来的文化建设情况进行总结和集中展示。

◀ 2004年，中山供电局首届企业文化节闭幕式

◀ 2008年，中山供电局第二届企业文化节

◀ 2012年，为纪念中山电力百年和南网成立十周年，中山供电局隆重举办了第三届企业文化节。文化节历时8个多月，包括3个系列20多个项目

2017年,中山供电局第四届企业文化节闭幕式

(三)特色党日

为培育和践行社会主义核心价值观,自2014年以来中山供电局坚持一年一个主题,开展了一系列一脉相承的特色党日。2014年,选树党员示范岗模范,开展"我是共产党员"特色党日;2015年,围绕"爱国"主题,梳理企业党史,开展"我的组织 我的家"特色党日;2016年,围绕"敬业"主题,选树电力工匠,开展"党心凝聚·匠心传承"特色党日;2017年,围绕"诚信"主题,寻找诚信故事,开展"诚信·共产党员的本色"特色党日;2018年,围绕"友善"主题,弘扬核心价值观,开展庆祝建党97周年特色党日;2019年,围绕"不忘初心、牢记使命"主题,讲述"初心"故事,开展庆祝建党98周年主题党日;2020年,开展庆祝建党99周年主题党日;2021年,围绕"学党史、践初心、庆百年"主题,赓续红色血脉,开展庆祝建党100周年主题党日。特色党日穿插文艺展演,通过生动活泼的形式展现活动主题。

2016年,开展庆祝建党95周年大会暨"党心凝聚·匠心传承"特色党日,访谈工匠代表

百年梦想 电亮中山

◀ 2017年,开展庆祝建党96周年大会暨"诚信·共产党员的本色"特色党日,重温入党誓词

◀ 2018年,围绕"友善"主题,开展庆祝建党97周年特色党日,弘扬核心价值观

◀ 2019年,围绕"不忘初心、牢记使命"主题,讲述"初心"故事,开展庆祝建党98周年主题党日

▲ 2020年，开展庆祝建党99周年主题党日，全体党员重温入党誓词

▲ 2021年，开展庆祝中国共产党成立100周年大会暨"学党史、践初心、庆百年"主题党日，赓续红色血脉

（四）"安全文化进家庭"文艺汇演

从2013年开始，中山供电局连续多年举办"安全文化进家庭"文艺汇演活动。员工与家属共聚一堂，将安全文化的精髓以文艺汇演的形式展现，共同营造"家企安康"的企业文化氛围。

（五）企业文化丛书

为更好地总结企业文化建设经验，中山供电局每年编制出版一本企业文化类书籍，目前已经刊行有中山供电60年党史图志《光明足迹》、文化类摄影作品集《文化映像》、中山电力百年史话《点亮千万家》、中山供电70年文化书籍《辉煌中电70年》、各领域先锋事迹集《先锋模范》、企业文化作品集《企业文化丛书》（包括《文化耕耘》《员工典范》《传播文化》《激扬文字》《服务文化》《安全文化》）等，打造了文化精品，展示了社会主义核心价值观建设成效。

百年梦想 电亮中山

◀ 2013年8月25日，举办以"安康进小家 幸福靠大家"为主题的首届"安全文化进家庭"文艺汇演活动

◀ 2014年8月26日，举办以"强红线意识、促安全生产、保可靠供电"为主题的第二届"安全文化进家庭"文艺汇演活动

◀ 2015年8月19日，举办以"我安全·家幸福·促发展"为主题的第三届"安全文化进家庭"文艺汇演活动

砥砺初心　奉献光热　**第三部分**

▶ 2016年8月26日，举办以"安全创造幸福生活"为主题的第四届"安全文化进家庭"文艺汇演活动

▶ 2018年8月30日，举办以"企家共建促安康·同心筑梦创一流"为主题的第六届"安全文化进家庭"文艺汇演活动

▶ 中间图为2016年2月29日举行的《光明足迹——中共中山供电图志》赠书仪式，周围图为文化丛书

241

第二节　教育培训

为营造人人渴望成才、人人努力成才、人人皆可成才、人人尽展其才的良好局面，切实将人才优势转化为中山供电局的创新优势、竞争优势、发展优势，更好地服务粤港澳大湾区建设，助力广东电网公司决战决胜"全国最好"，中山供电局以宽阔视野、务实举措，从骨子里选好才、用好才、爱好才、惜好才，充分让人才释放活力，为人才发挥聪明才智创造良好条件。

中山供电局坚持构建梯队分明、定位清晰、科学合理的人才体系，打通人才管理工作全链条，充分运用有利于竞相成长各展其能的激励机制、有利于各类人才脱颖而出的竞争机制。完成职能部门120人组聘上岗，并向基层单位优化调整了36名技术骨干人才，打造精干高效的管理队伍。在原《中山供电局建设内部人才市场工作实施方案（2020年版）》的基础上，结合中山供电局内部人才市场运作情况，进一步优化内部人才市场选聘平台，打造了更加开放、公平公正、干事创业的宽阔舞台，吸引了做事认真、吃苦耐劳、责任心强、有理想、有抱负的优秀人才，激发了人才价值，厚植了人才成长沃土，培育了人人尽展其才的良好氛围。

一、技术技能人才培养

（一）队伍始建（1980—2000年）

1. 专业技术人才培养方面

1980年，6人取得助理工程师资格，是中山供电局首批取得专业技术资格的技术人员。中级职称、高级职称人员分别于1981年和1992年实现"零突破"。至2000年，有高级职称19人，中级职称69人，初级职称156人。

2. 技能人才培养方面

1992年，林毅航等12人通过了中级工职业技能鉴定，是中山供电局首批取得中级工资格的技能人员。1996年，配电线路工吴伟文通过了高级工技能鉴定，是中山供电局首位取得高级工资格的技能人员。1998年，谭韶冰等5位技能人员取得了技师资格，中山供电局技师实现了"零的突破"。至2000年，有初级工2人，中级工156人，高级工14人，技师6人。

（二）发展壮大（2001—2010 年）

该时期，开始引入管理论坛、拓展训练等培训方式，注重培训的针对性，实行分层分类分专业培训。至 2010 年，有初级工 123 人，中级工 1233 人，高级工 412 人，技师 98 人，高级技师 10 人，合计 1876 人，持证的技能人员是 2001 年的 10.48 倍。员工自觉提升意识强烈，黄芸生同志获南网"自学成才优秀员工"称号。

（三）质的飞跃（2011—2021 年）

该时期以"人才发展、创造价值、持续进步、追求卓越"为导向，不断加大员工培训评价力度，在"人才登高"、个性化订单式培训、师带徒等措施的推动下，员工自觉做好职业生涯规划，实现素质跨越式提升。至 2020 年 12 月 31 日，有高级技师 171 人，技师 790 人，高级工 1439 人，高技能人才比例为 90.16%；正高级资格 2 人，副高级资格 297 人，中级资格 928 人。

二、人才培训与评价体系

（一）奠基（1962—2000 年）

1962 年，中山县电业公司成立后，职工教育培训工作得到重视和发展。1970 年，招收第一批青工学徒，建立新招收员工培训制度，在生技部门设置安教组，负责安全、教育、培训工作。1980 年，根据"提高职工队伍文化、技术素质"的规定，进一步规范职工教育培训工作，配备培训专责人，建立起三级培训教育网络，生产班组坚持"三个一"学习制度。进入 20 世纪 90 年代，在"文化素质＋技术水平"的员工培养模式下，逐步完善局、工区（分局）、班组的三级教育培训网络，从而使职工教育工作纳入规范化管理轨道。

1. 首批骨干养成

1962 年 10 月，中山县电业公司在中山县环城区沙涌乡举办了第一期电工培训班，对象为全县的农村电工和电业公司的技工，学员们经过培训后，成为中山县第一支电工队伍的骨干。

2. 初中文化补课

1983 年，全面开展职工初中文化补课工作。经过三年时间，先后举办三期补课培训班，对 76 名中学生进行文化补课，并由广东省电力局颁发初中毕业证书。

3. 学历深造

1993 年，中山市供电局委托中山市郊区中学举办了一期成人高中理科文化补习班，学习形式以业余为主，每周三个晚上以及星期日上课，历时两年零七个月，为职

▶ 中山县供电局第二期初中文化补习班教师、学员合影

工今后进一步深造打下了坚实的基础。

4. 全面扫盲

从20世纪80年代初期开始，不定期选送生产技术、业务骨干到高等院校或中等专业学校参加在职学历培训，培训形式以函授为主，并鼓励职工自费参加学历教育。1984—2000年，先后送培254人次。1999年，根据广东省电力局关于加强在职青工中技文化培训的规划，用三年时间，组织35岁以下未达到中技水平的在职高中、初中毕业的青年员工参加中技文化培训。

5. 质量管理知识培训

1990—1992年，连续三年组织中山供电局领导、中层干部、各专业技术职务人员以及班站长参加"全面质量管理基本知识"培训，先后有483人通过考试，并取得中国质量管理协会颁发的证书，为今后QC活动的开展打下了坚实的基础。

6. "走出去"与"请进来"相结合

1995年，中山供电局派出五名技术干部到德国西门子公司参加为期四个月的培训，为日后西门子调度自动化系统的安全、稳定运行打下坚实的基础。聘请武汉水利电力大学的教授开设企业文化、设备管理、目标管理、网络计划技术讲座，局领导、中层干部以及中、高级技术职务的专业技术人员参加，拓宽了知识面。

7. 技能竞赛

1996年12月，中山供电局在线路工区举行第二届线路青工技术技能竞赛，邀请广东省电力局教育处、中山市职教办、中山市劳动局、中山团市委的领导和嘉宾现场观摩、指导，收到预期效果。

8. 班站长培训

1999年，中山供电局对108位班站长进行岗位管理知识培训，由工会、人事、党办、总工、安监等部门组成跟踪考评组，对班站长进行跟踪考评抽查，并对15个工种的32位班站长的技术、安全、管理知识进行抽考。在全面衡量的基础上，共评出16位优秀班站长，并予以表彰。

（二）发展（2001—2010年）

该时期，中山供电局以培育积极进取的人才为理念，为员工成长搭建良好平台，做到员工的抱负有多高则企业为其竖起的梯子就有多高，员工的理想有多远则企业为其铺设的道路就有多远，切实帮助员工完善职业生涯设计。同时，有针对性地举办各类培训班，培训面达到90%以上，形成合理的人才金字塔结构。另外，着力于构建教育培训体系，严格规范各类培训管理制度，2005年印发《中山供电局教育培训目标考核实施细则》和《中山供电局教育培训积分管理实施细则》，使培训管理向精细化迈进。从1989年起，连续12年获得"中山市教育培训先进单位"称号。

1. 创建学习型组织

2005年，中山供电局继续致力于创建学习型组织的实践工作，以"创建员工终身学习的学习型企业"为管理理念，实施了岗位资格培训、继续工程教育、适应性培训、一专多能培训"四位一体"的全员培训，有的放矢地开展团队学习、全员学习、全程学习。同时，结合生产实际，大力推进岗位练兵和技能竞赛，首次将薪酬与技能鉴定挂钩，促使员工由"要我培训"转变为"我要培训"，深化了培训、考核、使用、效益、待遇"五位一体"的激励机制。

2. 实行培训全过程闭环管理

2005年，中山供电局作为广东电网公司人力资源管理信息系统建设试点单位，在系统建设过程中进行省地两级联动开发。按照广东电网公司人力资源管理业务规范、人力资源信息分类和编码标准，开发完成了组织结构管理、岗位管理、培训管理等11项业务功能，实现了中山供电局人力资源的全员管理和全过程管理，同时实现了与广东电网公司人力资源系统数据同步，为企业管理和决策提供了准确、全面、及时的人力资源信息。2010年，配合系统的全面使用，培训管理工作率先在广东电网公司范围内实现从需求、计划、实施、评估再到需求的全过程闭环管理。

3. 学习交流

2006年，中山供电局选送200多名优秀中青年技术人才参加"中国南方电网公司

▲ 在江苏电力公司电科院调研网络大学

增强自主创新专题会议暨第三届南方电网技术论坛"等各类高级研讨会、学术交流会，拓宽中青年骨干人才的工作视野。

4. 建设内训师队伍

2006年，开始打造内部培训师队伍，制定了《中山供电局内部培训师管理办法》，以"项目制"推进师资管理，通过培训项目、课程开发项目等形式选拔和培养内部培训师资，同时按层次、分专业进行阶梯式的培养，把内训师队伍打造成为人才培养工程的主导力量，提高生产技能自主培训能力。

2007年，进一步探索内训师管理、考核办法和激励机制，进一步挖掘、发挥内训师优势，逐步形成教授级指导高级、高级带中级、初级和高级技师指导技师、技师培训高级工、高级工带中级和初级的培训格局。

5. 三方联动，开展针对性的全员培训

2008年起，通过"三方联动"，实施每年一主题的全员培训计划。制定《全员安全培训实施方案》，共举办了22期培训班，实现了"三自"（即自编、自导、自演）模式。2009年，制定《配网生产技术全员培训实施方案》《营销全员培训实施方案》，对配网、营销人员进行技能培训，培训首先抓班组长业务骨干培训，再由班组长对班员培训，发挥以点带面、高效传递的作用，通过培训及考试进一步提高一线员工的理论基础知识水平和实际操作技能。2010年，继续深化对配网、营销人员的培训。三年来供电公司配网人员和营销人员的培训覆盖率达到100%，为全面提高供电公司一线员工的岗位技术技能奠定了基础。2008—2011年，中山供电局在广东电网公司组织的"安规"普考中连续四年取得合格率100%的好成绩，名列全省第一。在南网安康杯"配电营业工"竞赛中,两名员工获得"南网技术能手"称号。

6. 以考核促培训,以竞赛促技能

2008年,开展服务技能培训竞赛,以赛促培,除了传统竞赛的必答题、抢答题外,增加了情景案例评述和模拟,通过选手对视频案例的点评、选手与神秘客户的演练,推动服务技能的提高。同时,将竞赛结果与绩效挂钩,获得个人第一名的选手被授予中山市"十杰职工技术能手"称号,获得前五名的选手被授予中山供电局"岗位能手"称号。经省电力行业技能鉴定指导中心和省培训中心技能鉴定站审定,20名竞赛中理论和实际操作合格者获得高级工职业资格,6人获得中级工职业资格。

▶ 参加迎亚运供电服务技能大赛

7. 规范培训考核管理

2009年,梳理、制定《中山供电局教育培训目标考核管理办法》《中山供电局员工教育培训积分管理实施细则》等11项制度,并纳入中山供电局制度群管理,形成科学化、规范化、制度化的内部培训管理格局。

(三)提升(2011年以来)

2011年后,立足新起点开展教育培训工作,积极推动教育培训"一体化、规范化"管理,在总结教育培训创先阶段性成果的基础上,横向完善培训管理、学习项目、培训师资、培训基地、培训网络子系统,纵向遵循"七个一体化",全面推进教育培训各环节建设,实现教育培训各个子系统一体化管理,构建教育培训体系新模式。大力推行"人力资源部门+直线经理"的管理模式,应用"云大物移智"技术开展技能人员培训创新,致力于打造服务型的培训管理团队,建立智慧型的工作服务平台，积极构建系统化、规范化和持续发展的培训与评价体系。

1. 成立技能培训学校

2011年11月27日，技能培训学校挂牌成立，时任广东电网公司副总经理张文峰及中山供电局局长王志勇出席并做了重要讲话。中山供电局技能培训学校以"强技能、保安全、促发展"为校训，立足于提升员工岗位胜任能力，重点面向基层班组、一线员工开展各类技术技能培训工作，实现了全体员工基本业务技能的规范、熟练与固化，推动了企业安全生产技能培训的实用化和常态化，为推进员工队伍建设做出了积极的贡献。

2. 普及中级工技能等级

2011年，紧扣"十二五"规划纲要和广东电网公司一体化人力资源管理（教育培训）创先管理创新实践模式，确立了"以具备中级工职业技能资格为生产岗位必备条件"的员工培训要求，在第八供用电技能鉴定站的支持下，对18个工种512人次进行了中级工职业技能鉴定，完成了一线生产人员具备对口岗位中级工等级资格的目标。

3. 锻造铁军

2012年，组织主配网班组人员开展军事化训练，共791人参加。"军训一阵子，收益一辈子"，军事化训练培养了学员不畏艰苦、吃苦耐劳的精神，增强了纪律观念和集体意识。

4. 应用"云大物移智"技术开展技能人员培训创新

2013年，在南网率先试点"移动学习"，针对员工的能力短板，通过个性化、针对性的多平台学习解决方案，提升员工的岗位胜任能力，并通过后期岗位胜任力评估，验证学习效果和项目价值，不断提升一线员工岗位基本技能。该项目通过差异化的跨平台、移动学习，让员工能随时随地学习自己想要学习的专业知识，有针对性地提升员工的岗位胜任能力。2015年，自主研发微信客户端"每日一考"考试系统等软件。2016年，全面启动基于员工职业生涯发展的个性化培训机制，该项目基于员工职业生涯发展，化整为零，实现"因人而异""量身定做"的培训目标。2019年，开展"基于服务型智慧培训的管理创新研究"管理创新项目，开发虚拟现实（智能培训）课件，为员工自主学习提供支持，鼓励员工利用碎片化的时间进行学习，做到学习工作化、工作学习化、学习生活化，形成浓厚的学习氛围。

5. 揭牌中山东区技能实训点

2015年11月，中山供电局技能培训学校与人力资源部原培训与评价组优化整合

▶ 中山东区技能实训点举行揭牌仪式

为培训与评价中心,挂靠人力资源部直接管理。2018年9月,中山东区技能实训点举行揭牌仪式。

6. 强化内训师队伍建设

对内训师的培养、聘任、晋级、授课激励加强管理。2019年举办内训师通用能力培训班二期,培养65名优秀内训师。开展地市级内训师年度考核及新增选聘工作,其中133名考核优秀,并有7名内训师通过广东电网公司级内训师选聘。截至2021年,中山供电局共有各级内训师249人,其中高级内训师14人、中级内训师49人、初级内训师186人。他们在局各级内部培训、"师带徒"工作中发挥了重要作用,部分优秀内训师受各地市局邀请,经省培评审批后进行培训帮扶。

7. 服务小分队常态化工作机制

2019年,建立人力资源部服务小分队常态化工作机制,主动深入基层。编制《干部管理、干部监督制度》《培训与评价一本通》《社保福利一本通》《培训与评价制度汇编》等宣传手册,主动到各基层单位进行各类政策宣讲,及时解答员工在人资方面的疑问,实现政策宣传的全覆盖。推行易服务,建立首位人员负责制和分片一对一服务机制,实现培训经费审批"易流转"、培训效果"易评估"、培训实施"易管控",发挥培训效能。

8. "送培上门、送考上门"

2020年,充分利用中山供电局技能实操场和各单位简易实训场等资源,形成"3核6辅N自主"的培训场网络。将24个供电分局技能类岗位员工划分为火炬、小榄、三乡3个片区管理,"送培上门、送考上门",减少集中培训和考评,减少员工交通时间,提升培训效能。

9. 制订"精鹰成长"培养计划

2020年，制订"精鹰成长"培养计划。建立一套培养档案，使用两类考核方式、三类交互课程和四种培养方式，按照"雏鹰、飞鹰、雄鹰、精鹰"四个阶段，为青年员工配置"双师"，制订学习计划。青年员工经过"精鹰成长"计划培养，在技术技能等级、岗位胜任能力等方面得到全面提升，一定比例的优秀青年员工获得中级职称、技师资格，部分青年员工成为技能专家，走上基层管理班站长岗位。

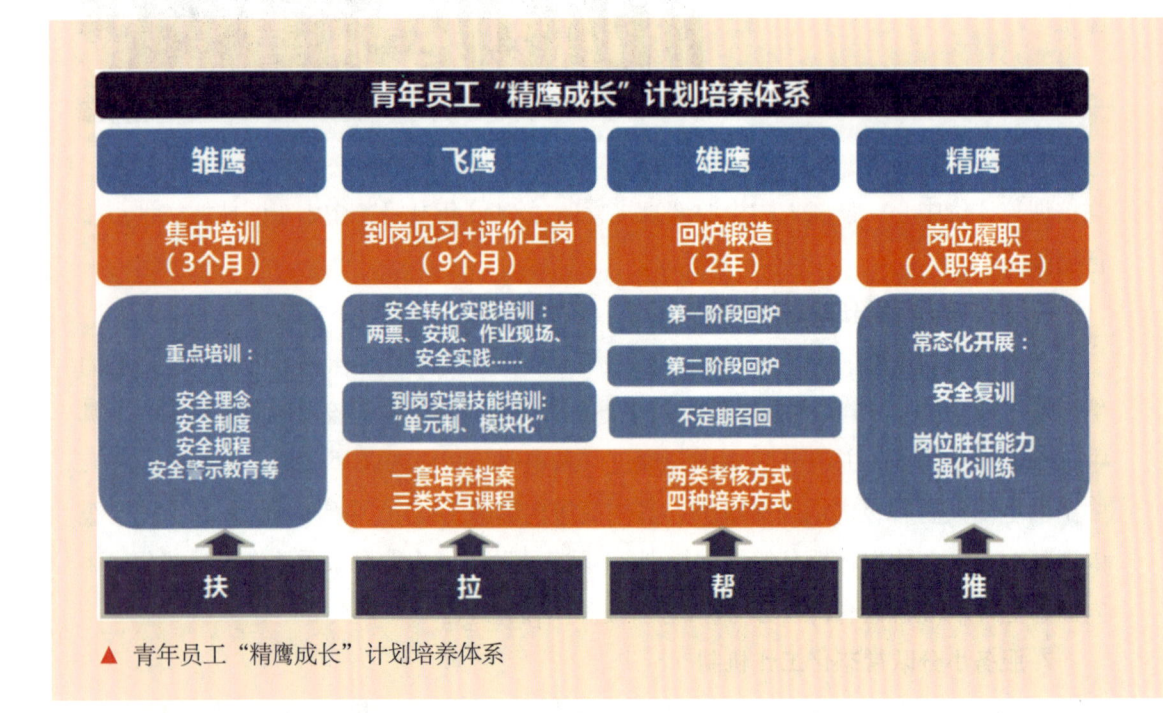

▲ 青年员工"精鹰成长"计划培养体系

10. 构建"三才三领"培养体系

2020年，构建"三才三领"培养体系，形成中山供电局"3+X"能力模型，实现精英领航、高潜领军、专项领先的培养定位，146人申报技能专家选聘，47人聘为技能专家，在聘技能专家实现了专业、镇区供电分局全覆盖。"高潜人才"跨越式提升，中高级技术人才达1686人，高技能人才达2400人。

11. 印发《中山供电局"十四五"人才发展规划》

2021年，印发《中山供电局"十四五"人才发展规划》，将局人才分为精英人才、高潜人才、专项人才，深入分析中山供电局人才队伍现状，明确各部门、各单位人才提升目标，健全人才职业生涯发展通道，打通人才管理工作全链条，打造梯次完备、结构合理的人才库，构建具有中山供电特色的人才管理体系。

▶ "三才三领"培养体系

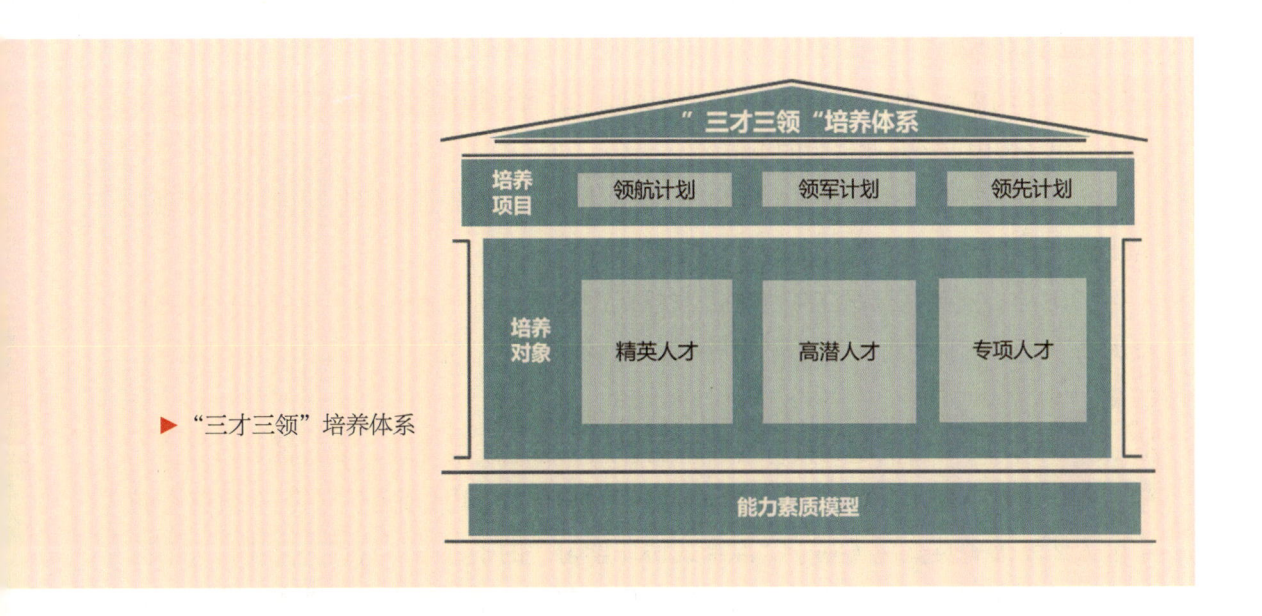

12. 举办首届青年俊才技能大比武

2021年，中山供电局举办首届青年俊才技能大比武，372名青年员工踊跃报名参赛，其中136名选手进入决赛，25名技能精湛的青年俊才脱颖而出，成为比武中的优胜者。通过技能大比武，为电网安全运行选拔了一批业务技能水平强的"铁军"。

▲ 首届青年俊才技能大比武

（四）成绩榜

2013年12月，中山供电局荣获"全国职工教育培训优秀示范点"称号，是广东电网公司系统内首个获此殊荣的单位。

2015年，获得"中国南方电网2015年人力资源工作先进集体""人事人资管理业务比武一等奖""人资系统应用比武一等奖"等荣誉。

2016年，启动基于员工职业生涯发展的个性化培训机制，基于该项目的课题成果《基于员工职业生涯发展的培训机制管理》获得广东省企业管理现代化创新成果二等奖。

2018年，《中山供电局教育培训精益管理》课题成果荣获"第三届CSTD全国学习设计大赛"银奖。"技能人员岗位胜任力提升学习实践项目"荣获"2017年度中国人才发展菁英奖"。《基于"混合式协作学习"的干部培训管理》获得广东省企业管理现代化创新成果三等奖。五个微课作品荣获"第四届中国企业微课大赛"最佳制作奖。

2017年，组织内训师队伍参加广东电网公司内训师竞赛，获得团体二等级及个人一等奖、二等奖。2018年，中山供电局1名优秀内训师被评选为南网金牌内训师。2019年，选送2名优秀内训师参加广东电网公司中电联内训师竞赛选拔，1人进入决赛。

三、场地建设

（一）总体概况

在全面分析预测人力资源总量和员工培训需求的基础上，不断扩展实训场地功能，形成"3核6辅N自主"的培训场网络，服务中山供电局员工培训评价及全省技能人员岗位胜任能力评价。

（二）东区技能实训点

该实训点位于中山市东区逸东路，场内包括综合实训楼、饭堂、户外配电实训场、配网自动化实训室、营销实训室，设计工位67个，可举办160人规模的会议，满足60人住宿、80人用餐。

（三）沙溪实训场

该实训场位于中山市沙溪镇豪兴路，占地面积10467平方米，建筑面积2000平方米，场内包括综合实训楼、户外输电实训场、户外配电实训场、户外营销实训场，配备培训设施19种，提供培训项目52项，设计工位103个。

▲ 东区技能实训点　　　　　　　　　　▲ 沙溪实训场

（四）"一所一场"

24个供电分局全部实现"一所一场"，并基本实现"一所两场"，共有营销、配电简易实训场42处，其中配电实训场18处、营销实训场24处，累计工位82个，可满足基本业务培训需要。

（五）建设历程

2007—2008年，对退役的110千伏沙溪变电站送电线路培训场地进行改造，在原有同塔架设500千伏、220千伏和110千伏一回线路的基础上，安装一段110千伏电缆，其中架空线路长165米，电缆线路长15米。

2009年，建设了配网线路和台架，增加了各类10千伏配电柜，具备了完整的与电网实际相符的线路培训设施。完成了1个500千伏变电站、2个220千伏变电站、2个110千伏变电站仿真系统的开发，使中山供电局变电培训的方式有了新的突破。

2015—2016年，中山供电局从闲置报废物资中拣取培训所需的物资材料，充实培训设备，并组立电杆20基。对沙溪和东区实训场进行改造，建成大型配电线路实训场1个、营业用电实训室8个、输电实训场1个，160人阶梯教室1个，培训宿舍12间。购置营业用电实训设备28台、继电保护模拟断路器2台，东区实训场进入试运作。

2017年，完成"一所一场"工作，建设简易实训场地42处，其中配电实训场18处、营销实训场24处，由24个供电分局各自管理。

四、课程课件资源建设

（一）推进课件资源的共建共享

为激发员工的创作热情，加强培训课件资源建设，助力优化员工技能培训评价等工作的落实落地，2014—2020年，共开发课件311个，课件内容涵盖党的理论及党的建设，干部培训，安全生产，保命技能，新业务、新技术、新设备应用，综合知识等，课件形式包括PPT演示课件、二维动画微课件、图文课件、H5交互课件、实拍视频课件等，培训对象涉及三类人才。2018—2020年，共有39个课件获得广东电网公司"最佳课件奖"、中国企业微课大赛"优秀作品奖"等奖项；2020年，荣获广东电网公司课件开发"最佳组织奖""最佳推广应用组织奖"。

（二）开展形式多样的线上学习活动

通过"乐学南网"安全战疫在线学、"慕课学堂"网络理论培训、"网络培训与评价系统"专家大讲坛、"一考通"安规模拟考试、在"广东电网在线学习平台"（慕课学堂）开设中山供电局学习专区等方式进行"因需施教"。2019年，培训平台直播学习情况全省排名第二，荣获"直播学习之星"称号。

（三）突破思维惯性，探索智慧培训模式

应用"云大物移智"技术推动培训创新，推进智能技术与培训评价工作的深度融合，促进技能人员安全技能和核心技能"四段式"培训和"保命"技能培训。2019—2020年，开发虚拟现实（智能培训）课件，包括配网自动化设备巡视等6套模拟作业场景课件、6套"保命"技能项目交互式培训课件及8套"保命"技能通用培训课件，让员工在虚拟环境中体验安全事故发生过程，在模拟的带电环境中体验工作的安全注意事项，给员工逼真的体验环境，实现技能人员培训技术创新，将员工培训学习变为自选式、网络化、移动式、场景式学习。

设定质量、成本、满意度三大提升目标，开展精益活动探索，构建"一智二融三化"智慧培训管理模式，即依托智能培训评价平台（一智），实现培训管理线上和线下融合、学习与业务融合（二融），为学员提供定制化服务，开展场景化培训，应用数字化信息（三化）。该项目获得中山供电局精益项目成果一等奖。

▲ 自动化设备巡视（VR模拟界面）

第三节　工会组织建设

工会组织机构是员工权益的保障，自1963年中山供电公司成立后，就积极探索、逐步健全工会组织机构。党的十一届三中全会以后，工会以电力生产建设为中心，落实"维护、建设、参与和教育"职能，发挥广大职工在企业"两个文明"建设中的主力军作用，推动工会组织建设，积极探索、创新工会组织服务体系，切实提升员工满意度、幸福感。

一、工会组织发展

1963年，中山供电公司成立后，工会第一届委员会成立，第一届工会主席是梁玉池同志，工会干事为吴少业同志。"文化大革命"开始后，工会停止活动，1968—1973年工会被"工代会"取代。1973年，根据全国总工会关于整建工会的指示，恢复工会组织。

1989年，中山供电局召开第八届工会代表大会，因局升格为处级企业而把工委会的届数重新排序，将第八届工会委员会改称为中山电力局首届工会委员会。1990年，为加强会员管理，完善工会组织，工会开始进行工会分会的组建工作。1991年10月，变电工区分会和线路工区分会成立，12月城区分局分会成立；1994年3月和10月又分别成立服务总公司分会和农电分局分会；1997年7月成立科室分会；1998年7月成立火炬区供电分局分会。分会主席及分会委员均为兼任，分会委员每届任期三年。2002年中国南方电网成立，工会也进行了相应的调整，成立了部室分会、调度中心分会、输电部分会、变电巡维部分会、计量部分会、检修公司分会、农电公司分会、配电营业部分会、凯能集团公司分会等九个分会，工会届别也重新排序。

由于机构改革，2005年年底，中山供电局撤销检修公司分会、变电巡维部分会，成立变电一部分会、变电二部分会。2009年年初，重新调整了分会设置，成立部室分会、生产分会、变电一部分会、变电二部分会、火炬分会、小榄分会、三乡分会、凯能集团分会等八个分会。2013年7月，为配合全省工会经费由税务代收的政策，经请示中山供电局党委、中山市总工会同意，凯能集团分会升格为中山市凯能集团工会委员会，直接接受中山市总工会管理，同时也接受局工会的二级管理。黄乃武同志任中山市凯能集团工会第一届主席。2020年9月，凯能集团工会选举产生了集团100名第一届职工（工会会员）代表，同年12月胜利召开了集团第一届一次职工（工会会员）代表大会，选举产生了集团工会第一届委员会和第一届工会经费审查委员会委员。2020年12月，为配合中山供电局大部制改革，中山供电局工会调整了部分基层组织设置，部室分会更名为本部分会，生产分会更名为联合分会。

随着中山供电局的发展和职工队伍的壮大，工会会员人数不断增多，由1963年的不足100人增加到如今的3100多人。

二、职工之家建设

"文化大革命"结束后，工会组织工作逐步走上正轨，特别是1984年，工会在企业整顿过程中，重新建立和健全了工会工作制度。1985年4月开始，开展了创建"职工之家"活动。1986年9月，中山市总工会和农委工委会派员对局工会的"建家"工作进行检查验收，给出总分97分（满分100分）的验收成绩，授予建设"职工之家"合格证书。此后，中山供电局工会持续深入开展"建家"工作，被评为"广东省先进基层工会""广东省先进职工之家"。

2002年，中山供电局工会获得"广东省模范职工之家"称号。2003年，中山供电局工会被授予"全国模范职工之家"称号。从2005年开始，在八个分会全面开展创建中山市"合格职工之家"活动。2006年，全部分会通过中山市总工会"合格职工之家"验收。同时，变电一部分会、凯能集团分会被授予"全国模范职工小家"称号，变电二所分会、小榄分会被授予"广东省模范职工小家"称号。从2007年开始，符合条件的工会小组开展创建中山市"合格职工之家"活动。

从2016年开始，按照南方电网公司、广东电网公司工会的工作部署，中山供电局工会全面开展创建星级模范职工之家（小家）活动。同年，中山供电局工会被评为"广东省工业系统模范职工之家"，部室分会、火炬分会被评为"南方电网模范职工小家"。

2018年，中山供电局工会获评"南方电网公司2017年度五星级模范职工之家"，变电管理二所分会获评"南方电网公司2017年度五星级模范职工小家"，变电管理一所分会、石岐供电分局工会小组、大涌供电分局工会小组、客户服务中心工会小组、输电管理所工会小组获评"南方电网公司2017年度四星级模范职工小家"。

2019年，变电管理一所分会获评"南方电网公司2018年度五星级模范职工小家"。2020年，输电管理所工会小组、供电服务中心工会小组、变电管理二所本部工会小组、火炬供电分局工会小组、石岐供电分局工会小组等5个工会小组获评"南方电网公司2019年度五星级模范职工小家"。2021年，东区供电分局工会小组、南区供电分局工会小组、港口供电分局工会小组、阜沙供电分局工会小组等4个工会小组获评"南方电网公司2020年度五星级模范职工小家"。

中山供电局各部门、单位的"建家"率达100%，中山供电局工会被评为"南方电网模范职工之家"，变电一所工会、凯能工会获"全国模范职工小家"荣誉称号。

各基层分会（小组）职工小家统一标准，因地制宜设置篮球场、足球场、网球场、乒乓球室、健身室、棋牌室、职工书屋、瑜伽室等文化设施，并在条件成熟的基层分会、小组职工书屋中创建中山市职工书屋。变电一所分会职工书屋、变电二所分会职工书屋等12个基层分会（小组）职工书屋被授予"中山市职工书屋"荣誉称号。2015年，中山供电局被授予"广东省职工书香企业"称号。2017年，创建广东电网首个24小时自助职工书屋，采用7秒自助借还书方式，为员工提供便捷服务，中山供电局职工书屋也被授予"全国职工书屋"荣誉称号。2020年，神湾供电分局工会小组职工书屋被授予"全国职工书屋"荣誉称号。

职工之家丰富了员工的业余生活，给员工提供了良好的学习场所，营造了良好的氛围，成为员工的心灵家园。

▲ 中山供电局工会获评"广东省工业系统模范职工之家"

▲ 中山供电局获评"广东省十大书香企业"

▲ 成立"心悦"心理健康工作室

2019年12月19日，中山供电局成立"心悦"心理健康工作室。"心悦"心理

百年梦想　电亮中山

健康工作室是由持有国家三级以上心理咨询师证，具有国家一、二级人力资源管理师资质，持有国际认证EAP专员证书，以及参加过网申公司心理健康（员工辅导计划）培训班的相关人员组成的，致力于为员工提供优质的心理咨询服务。通过成立"心悦"心理健康工作室，让员工在面对压力与困惑时，有一个可以敞开心扉倾诉、尽情释放压力的好场所，让员工都能开心工作、快乐生活。

中山供电局建立了"爱心妈咪小屋"，打造女工的温馨港湾，广受好评。

中山供电局还积极发挥修身学堂的作用，扎实开展全员修身活动。学堂主要以"身边人讲身边事、身边人讲自己事、身边事教身边人"的形式，推动"知行合一"的道德实践，为实现"中国梦""企业梦"提供坚实的道德基础和强大的精神动力。另外，开展"女职工讲堂""工匠讲堂""先锋讲堂"等多种形式的"道德讲堂"活动，充分发挥先进典型鼓舞人、激励人、塑造人的作用。

2021年5月，为弘扬精益求精的工匠精神，激励广大青年走技能成才、技能报国之路，中山供电局工会组织评选出李新海、张春梅、黄芸生三名中山供电局首届工匠。

▲ 中山供电局首届工匠，从左至右为李新海、张春梅、黄芸生

三、民主管理

企业民主管理是中国共产党全心全意依靠工人阶级方针的突出体现。一直以来，中山供电局重视企业民主管理工作，中山供电局工会作为职工代表大会的日常工作机构，在党委的领导下，坚持不断完善职工代表大会制度这一企业民主管理的基本形式，推动企业民主管理工作。

2009年12月，中山供电局

▲ 广东电网公司专家莅临指导检查

通过广东省厂务公开贯标认证，获得了A级证书；2010年，被评为"广东省厂务公开民主管理先进单位"；2014年，通过中国南方电网公司厂务公开贯标认证。

四、职工代表大会

职工代表大会是企业民主管理的基本形式。1982年以前，中山供电局陆续召开过六届职工代表大会，但受"文化大革命"的冲击，中山供电局的职工代表大会制度遭到破坏。1981年7月，中共中央、国务院公布了《国营工业企业职工代表大会暂行条例》。根据暂行条例的规定，中山供电局认真做好职工代表大会制度的建立工作，并在1982年2月25日至28日召开第七届职工代表大会，恢复了职工代表大会制度。从此，职工代表大会制度得到坚持和不断完善。

经过几十年的坚持与实践，职工代表大会制度不断完善，职工代表的参政议政权不断得到落实，职工代表大会成为中山供电局职工民主参与、民主管理、民主监督的重要渠道。职工代表大会下设的职工福利委员会和民主评议考核领导干部专门委员会也发挥了积极作用。

▲ 中山供电局工会第五届会员代表大会现场

五、开展劳动竞赛

自供电公司成立后，工会组织职工发挥主人翁精神，围绕安全生产这一中心，以"大会战"、技术革新、提合理化建议、评先进树典型等方式，开展社会主义劳动竞赛，对电力生产各项任务的完成起到了推动作用。在"文化大革命"期间，劳动竞赛活动中断。

1978年，工会制定了《中山县供电公司开展社会主义劳动竞赛方案》。1980年，根据省电力局的布置,恢复了小指标竞赛、百日安全无事故等活动。1980 年,制定了《开展电力生产小指标竞赛奖励试行办法》。1982 年,成立百分制小指标竞赛小组。1986 年,开展创"六好"企业活动。

1990 年前后,以"双增双节""安全生产"为主要内容,开展立功竞赛活动。1989 年,开展"大战两个月,创造优异成绩向国庆四十周年献礼"竞赛活动。1990 年上半年,开展"争当主人,多作贡献"竞赛活动,制定了《发明创造和合理化建议评奖制度》;9 月,开展"大战两个月,确保坦洲、南朗、东升三大工程按时投运"劳动竞赛活动。

1991 年,贯彻落实国务院《关于开展"质量、品种、效益年"活动的通知》,进一步深入开展劳动竞赛。在参加省"百厂"竞赛的基础上,在中山供电局内部开展各种形式的劳动竞赛,并以安全生产为中心,以提高双效为目的,制定《中山供电局安全生产劳动竞赛(试行)方案》。通过宣传发动,制定方案,树立典型,检查督促,推动了竞赛的开展。

2002 年,中国南方电网成立后,各项劳动竞赛工作的力度不断加大。中山供电局工会以"以赛促培,以赛促学,共同提高"为目的,按照南方电网公司、广东电网公司的工作部署,以"更熟练,更标准,更优秀"的职业技能竞赛精神,每年结合工作实际,组织员工报名参加南方电网公司、广东电网公司组织的劳动竞赛活动,或者联合中山市劳动竞赛委员会以及在中山供电局内部联合相关专业部门开展相关专业的劳动竞赛活动,真正为员工成长成才搭建舞台。

◀ 接表工劳动竞赛

砥砺初心　奉献光热　**第三部分**

▶ 配电线路工劳动竞赛

　　从 2003 年开始，中山供电局工会组织员工参加全国"安康杯"竞赛。中山供电局工会始终坚持以"安全、健康、快乐"为理念，以"人本至上，安全工作在基层、在班组、在现场、在个人、在细节"为主题，以安全管理战略规划和年度安全生产责任目标为工作中心，结合企业实际，认真组织一线生产班组参加全国"安康杯"竞赛活动，并成功地将"安康杯"竞赛活动纳入班组常态化管理。班组每月自主开展月度"安康之星"评选活动，生产单位和镇区供电分局每月自主开展"安康班组"评选活动，充分发挥了班组员工的聪明才智，有效地激发了员工参加"安康杯"竞赛活动的热情，使"安康杯"竞赛活动的内涵和外延都得到了进一步的拓展。中山供电局连续多年取得全国"安康杯"竞赛优胜企业的成果，并被授予"广东省五一劳动奖状""全

▶ 举办"安康杯"汽车驾驶员技能竞赛

百年梦想　电亮中山

▶ 被授予"全国五一劳动奖状"

国五一劳动奖状",以及"全国'安康杯'竞赛示范企业"称号。通过在一线班组中开展"安康杯"竞赛活动,整体提升了员工的安全素养与专业技能,稳定了安全生产形势,夯实了安全基础,丰富了企业安全文化的内涵。

2013年、2014年连续两年,中山供电局工会联合中山市劳动竞赛委员会举办中山市"安康杯"配电线路工技能竞赛。在此基础上,2015年又举办了中山市超级工人之超级输电工竞赛。输电管理所黄金玉同志获得冠军,并被授予"中山市十杰职工技术能手"称号。2017年,承办了中山市"安康杯"无人机巡查高压线操作技能大赛。2020年,承办了中山市"安康杯"电力调度员技能大赛。

六、举办文体活动

中山供电局始终关注员工工余生活,开展了健步走、趣味运动赛、职工运动会等文体活动,充分弘扬企业文化,丰富职工业余文化生活,有效缓解员工压力,增强职工凝聚力、向心力和积极性。

20世纪60年代,中山供电局在悦来中路旧址建成了灯光篮球场,那时局篮球队小有名气。70年代、80年代,中山供电局工会经常在妇女节、劳动节、国庆节等节日开展小型运动会,比赛项目包括篮球、拔河、乒乓球、射击、中国象棋等。

1994年11月,中山供电局举办了首届职工运动会,开幕式在中山供电局的小型足球场举行,比赛项目有足球、篮球、乒乓球,共有六支队伍(科室联队、变电工区、线路工区、城区分局、农电分局、服务总公司),272名职工参加。从这一届开始,中山供电局提出每三年举办一届职工运动会。1997年9月举办了第二届职工运动会,开幕式在中山市的旧体育场举行，比赛项目有篮球、足球、乒乓球、羽毛球、田径、中国象棋、拔河、定点投篮，共有400多人参加。2000年8月至9月举办了第三届职工运动会，开幕式在兴中体育场举行，有七支队伍（增加火炬区分局）参加比赛，比赛项目在第二届的基础上增加了游泳、保龄球、跳绳，参加人数达868人。

2010年9月，中山供电局成立体育协会，体育协会共成立了篮球、足球、乒乓球、羽毛球、网球、台球、田径、自行车、游泳、棋牌、综合等11个俱乐部，俱乐部每周以不同的方式组织会员活动，丰富了员工工余生活，增强了员工归属感。

2018年至今，为丰富员工工余生活，倡导良好的职业健康风气，营造和谐的氛围，增强员工的归属感、幸福感、获得感，局工会连续多年举办"同心筑梦，共创一流"健步走系列活动。

▶ "同心杯"趣味运动赛

▶ 运动会田径比赛

中山供电局构建了文艺、体育年交替的机制，擦亮了文化体育活动品牌。连续多年举办"安全文化进家庭"文艺汇演活动；定期举办一次局职工运动会，并组队参加南方电网公司、广东电网公司、中山市的各项体育比赛；充分发挥文联及文体协会的作用，羽毛球、舞蹈等13个文体协会常态化开展文化体育活动，培养了一大批文体骨干力量；实施"文化暖心工程"，举办篆刻、书法、国画、声乐等各类文化沙龙；组织局合唱队代表广东电网公司参加南网职工文化展示活动，承办广东电网公司"家"故事分享会、省总工会送文艺进企业专场演出。丰富多彩的文化体育活动，提升了员工的幸福感和归属感，形成了文明、健康的良好风尚。

2015年，参加全国电力行业职工乒乓球比赛，杨华获得女子双打第一名；参加广东省电力行业体育协会网球比赛，罗沈获35岁以上组男子双打第五名。2018年，参加省公司"同心杯"趣味体育比赛，获得团体第一名；参加省公司"同心杯"乒乓球比赛，杨华获得45岁以下组别女子单打第一名，吴燕平获得45岁以上组别女子单打第一名。2019年，参加省公司"同心杯"职工网球比赛，刘冬梅获得女子单打第二名。2021年，参加省公司第五届职工运动会网球比赛，罗沈获得男子单打第五名。

一直以来，中山供电局始终秉持"人民电业为人民"的服务宗旨，主动履行企业社会责任，在抗灾救灾、脱贫攻坚和疫情防控工作中敢于担当、勇于斗争，用实际行动服务社会、服务人民。

第十一章 社会责任

第一节　抗灾抢修

台风就是命令，灾情吹响号角。在自然灾害面前，中山供电局党委始终从政治的高度，主动承担社会责任，展现央企担当，团结带领广大员工冲锋在前、攻坚克难，在抗击冰雪灾害、台风中出色地完成一次又一次的抗灾抢修复电任务，打赢了一场又一场没有硝烟的战斗。

一、齐心协力，抗击雨雪冰冻灾害

2008年年初，中国南方遭遇了一场罕见的雨雪冰冻自然灾害。地处广东北部山区的韶关市乳源县、南雄市、乐昌市，清远市连阳县、连山县等地区，冰灾特别严重。连绵的细雨，持续的低温，使滴落在树上、地面上、输电线路上以及露天所有建筑物上的雨水很快变成冰珠、冰块、冰柱。积雪将树林成片成片地压断，房子摇摇欲坠。京珠高速乳源段变成"雪路"，京广铁路韶关段变成"雪龙"。铁塔被拉弯、倒塌，500千伏、220千伏、110千伏、10千伏的输电线路被拉断。冰冻造成停电、停水、停运，给人们的生产生活带来极大影响。

冰冻灾害发生后，南方电网公司和广东电网公司快速响应，先后发出有关抗冰救灾工作的紧急通知，中山供电局党委班子迅速行动，成立抗灾抢修复电指挥部和突击队，兵分多路赶赴广东省韶关市、清远市和贵州省。

2008年1月29日，中山供电局派出由梁桥新、冯建辉、梁锦华三人组成的第一批抗灾队伍，带上一台144千瓦的发电车，前往韶关的云岩镇、坪石镇和梅花镇抗灾复电。

车行韶关境内，眼前一片白茫茫的景象，抗灾车在路面结冰、道路拥挤的情况下缓慢前行。抗灾队员们在食品不足、寒冷的状态下折腾了整整48个小时后，于1月31日凌晨5时赶到云岩服务区。

赶到目的地，梁桥新、冯建辉、梁锦华三人发现情况远比想象的糟糕：供电线路受冰雪侵害，多处出现倒塌、断线险情，整个电网处于瘫痪状态，老百姓很多天没用上电，碾米机不能发动，很多农民都吃不上米饭，只好用红薯、玉米来充饥。抗灾队员们一刻不停地抢修线路，恢复供电。

2月1日凌晨发完电后，他们住在云岩镇政府一个没电的值班室内，习惯把光明

砥砺初心　奉献光热　**第三部分**

▶ 2008年抗冰救灾中，突击队先遣指挥部接受中山供电局时任党委书记黄汉棠授旗

送到千家万户的中山供电人，第一次过上了没有电的黑暗日子。第二天早上醒来，他们惊奇地发现，盖的被子上已经结了一层霜。再到楼顶一看，结成的冰足有20厘米厚。

2月6日，大年三十，这是中国人团圆的时刻，而抗灾队员们为了灾区百姓能够平安过年，过一个有光亮的新年，忍住思家的心情，和当地百姓打成一片，帮他们检修维护线路，做一些力所能及的事。百姓纯朴的笑容，对队员们而言是最好的心理安慰。

在抗冰救灾过程中，面对时间紧、任务重、气温低、施工和生活条件恶劣等困难，突击队员们发扬了中山供电人敢打硬仗、会打硬仗的优良传统，任劳任怨、团结协作，切实做到了组织指挥行云流水，后勤保障滴水不漏，安全技术精湛一流，党团组织作用凸显，南网文化彰显合力，应急体系空前提升，协同作战博爱为怀。

▲ 2008年抗冰抢修复电

二、南下廉江抢险

2012年8月17日，台风"启德"在湛江麻章区湖光镇登陆，湛江、茂名等地区电力设施受损严重。当晚，广东电网公司向中山供电局发出了战斗指令，要求支援粤

西地区开展抢修复电工作。中山供电局党委立即召开了紧急会议，成立了后方指挥机构和前线指挥机构，从组织机构、人员、物资等各个方面对抢修复电工作进行了部署，迅速调配技术人员、抢修人员、抢修车辆及工作物资组成抢修队伍，第一时间奔赴湛江参与抢修。

8月18日上午，中山供电局召开誓师大会，215人的抢修队伍分乘49辆车出发前往湛江市下属的廉江市受灾地区，支援该地区尽快修复在台风"启德"中受损的电力设施。

台风来势汹汹，受灾地区树木被连根拔起，电杆被拦腰折断，电线被吹断。次日，中山供电局抢修队员一大早就前去抢修。抢修队员在指挥部的部署下，顶着时而下雨、时而酷晒的天气奔赴营仔镇、良垌镇、高桥镇各个受灾现场开展抢修工作，争分夺秒抢修复电。

高桥镇10千伏社坛坡支线受灾最为严重，其位于深山里，离指挥部有100多千米的路程。中山供电局抢修人员在山路上一路奔波，翻过了一个又一个山头，终于在东倒西歪的甘蔗林深处找到最集中的故障点。

经过十几个小时的抢修，一条条线路被接通了，一根根电杆被立起来了，一个个配变被恢复了。看到寂静的乡村逐渐亮起了灯光，村民一片欢呼雀跃，抢险队员们疲惫的脸上也露出欣慰的笑容。

8月19日晚，历经2天的抢修奋战，中山供电局支援队圆满完成了广东电网公司交付的抢修任务，践行了出发前的庄重承诺，书写了"南网一家亲"的篇章。

三、抗击台风"彩虹"，战斗堡垒在复电前线坚守

2015年10月4日14时10分，第22号台风"彩虹"在广东省湛江市坡头区沿海登陆，登陆时中心附近最大风力为50米/秒（15级），强风暴雨对湛江电网造成了严重损害。中山供电局党委在南方电网公司党组、广东电网公司党委的领导下，迅速行动，沉着应对，周密部署，用最短的时间组成了一支735人的抗灾抢修复电队伍，以最快的速度奔赴湛江，全力支援湛江电网抗击台风"彩虹"的应急抢修复电工作。

在抗击台风"彩虹"支援湛江的抢修复电行动中，各党（总）支部、广大党员干部把抢修作为践行"三严三实"要求的一次检验，在抢修复电工作中充分发挥基层党组织的战斗堡垒作用和党员的先锋模范作用。党员们第一时间赶赴受灾现场，敢于冲在前面，敢于啃"硬骨头"，时刻铭记"我是共产党员"，怀抱"让灾区人民的电灯早点亮起来"的心愿，用实际行动践行"三严三实"，成为受灾群众信任的"贴心人"。

砥砺初心　奉献光热　**第三部分**

　　10月8日中午12时许，各支部委员、项目负责人又像往日一样聚集在指挥部，与总指挥齐军、副总指挥范新洪等共用快餐盒饭。在大家边商量工作边吃饭时，总指挥齐军给大家宣布了一个喜讯——给大家加"菜"。在大家好奇的神情中，总指挥齐军公布了答案，加什么"菜"？加工程量！遂溪局希望增加修复大家线20多千米、石井尾直线40多千米的受损部分，70千米的线路总长度几乎与原来分配的工程相当。

　　当时，繁重的抢修任务已是时间紧、任务重，要完成原来的工程，对物资准备和工程进度都已是考验，增加这70千米的线路，困难可想而知。但支部委员、项目负责人还是欣然接受了这道"加菜"，主动向指挥部申请增加抢修任务。副总指挥、中山供电局直属机关时任党委书记范新洪表示，作为党员，就是要关键时刻站得出来，危急关头豁得出去，风雨中，正是彰显党性的时刻，并表示中山供电局党员突击队将责无旁贷，切实发挥党员的带头作用，克服一切困难完成任务。

　　"从接到广东电网公司下达的作战命令，到大部队全面铺开现场的抢修工作，我们仅仅用了26个小时，创下了我们支援复电抢修的'中山速度'。"主管安全生产的时任副局长齐军如是说。广大员工风雨兼程、不辞劳苦、日夜奋战，克服了泥地立杆等技术难题，抵抗了降温、降雨等不良施工环境，共修复10千伏主干线7条，组立杆塔234基，扶正杆塔362基，修复10千伏线路共计205.7千米，修复低压台区共136个，修复低压导线72.95千米，以最快的速度完成抢修复电工作，用自己的行动诠释了"南网精神"，为灾区人民送去了光明和希望。

▶ 部队向中山供电局送锦旗致谢

四、应战台风"天鸽",一个党员就是一面旗帜

2017年8月23日12时50分,第13号强台风"天鸽"在珠海金湾区登陆,登陆时中心风力最大14级,这也是近年来对中山市影响最大的台风之一。

中山供电局共成立党员突击队45支,成立青年突击队39支,全局上下连续多天不间断作战,同时联合凯能集团、东莞供电局、清远供电局,累计投入抢修人员6576人次,抢修车3496辆次,应急发电车78辆次,应急发电机131台次,全力以赴保障中山市民正常用电。

◀ 加班加点抢修

五、鏖战台风"山竹",电力员工最美逆行

2018年9月16日17时,被称为"风王"的第22号台风"山竹",以14级强台风的态势、45米/秒的速度,在广东台山海宴镇强势登陆,对中山市造成严重影响,省市政府启动Ⅰ级应急响应。中山供电局全员在岗严阵以待,以最好的状态迎战强台风"山竹"。

中山供电局党委高度重视、积极响应、迅速部署,贯彻落实广东电网公司党委《关于在抗击强台风"百里嘉""山竹"中发挥党团员作用的倡议书》精神,组织成立党员突击队、青年突击队,要求全局党团青年们亮身份、树旗帜、固堡垒,做到"人到、旗到、电通",坚定信心、全力以赴,共同打赢这场保卫战。

在抗击台风"山竹"抢修复电过程中，中山供电局累计投入抢修人员4726人次，组建了66个党员突击队、48个团员青年突击队，投入抢修车辆1603辆次、发电车28辆、发电机17台，打赢了抗风抢修复电攻坚战。中山供电人不懈奋战，与时间赛跑，力争尽早复电，以实际行动兑现"人民电业为人民"的承诺，上演了一幕幕感人的场面，诉说着一则则暖心的故事。

9月16日上午，预测中山南部的坦洲镇可能成为台风袭击的重点区域，中山坦洲供电分局立即组建党员突击队，派出精干力量开展台风登陆前的最后一次巡视，对水浸等隐患重点区域开展紧急停电操作，确保安全。坦洲供电分局党员突击队队员梁德明说："这个巡视时间早了不行、晚了也不行，早了会影响居民生活用电，晚了就怕来不及了，所以我们只能跟风跑。"

9月17日，坦洲镇新合渔家村受到台风"山竹"的强暴雨影响，海水倒灌，内河水位升高，出现前所未有的水淹现象，全村断水断电。中山电力员工迎战台风，逆水而上，坦洲分局第一时间派出带电作业人员，为消防救援队员接通大型抽水泵电源。

9月17日晚，坦洲分局党员突击队奋战在抗击台风一线，协助消防员为留守村民发放饮用水和食品，用行动为人民服务。7时30分，中山供电局坦洲分局紧急抽调大功率22千瓦的防洪抽水车帮助排涝，保障新合渔家村居民生命财产安全。

第二节　脱贫攻坚

扶贫是一项利国惠民的伟大工程，做好扶贫工作是我国全面建成小康社会的重要保障。2009年起，在中山市委市政府和南方电网公司、广东电网公司的统一部署以及局党委的正确领导下，中山供电局主动承担社会责任，全方位推进精准扶贫各项工作，取得了突出的成效，为最终打赢脱贫攻坚战奠定了坚实基础。

一、全力以赴，扶贫"双到"

2013年5月，根据《中山市新一轮扶贫开发"规划到户 责任到人"工作实施方案》（中委办〔2013〕11号）精神，中山供电局牵头，联合中石化中山分公司、中山市质监局、中石油中山分公司、中山市红十字会等成员单位成立了中山供电局扶贫联合工作组（以下简称"联合工作组"），对口帮扶肇庆市怀集县桥头镇岑元村。在各成员单位的高度重视和紧密配合下，联合工作组通过对岑元村进行为期三年的帮扶，逐步实现贫困村和贫困户脱贫的目标，全面完成扶贫开发工作任务。

岑元村位于肇庆市怀集县桥头镇的西南部。该村为典型的喀斯特地貌，耕地少，水资源缺乏，严重制约了农业与农村经济的发展。农业生产以小农经济为主，缺乏主导产业带动；水库年久失修，未能发挥应有的作用；村民收入主要依靠劳务输出、农作物种植以及畜禽养殖；耕地分布零散，不成规模；牛、猪、鸡、鸭养殖主要是家庭散养供自用，农户的物力、财力、劳动力比较缺乏，发展生产的办法不多。

联合工作组严格按照扶贫开发"规划到户、责任到人"的要求，实行领导班子责任制，成立扶贫"双到"工作领导小组及驻村工作组。联合工作组领导小组高度重视，动员各方面力量紧密配合，以项目实施为重点，统筹规划、整合资源、共同推进。

2013—2015年，联合工作组共实施扶贫开发项目34个，因地制宜打造特色项目。联合工作组对气候、环境以及市场等因素进行可行性研究后，确定将葡萄种植项目生态农业作为主导产业进行重点开发。建成葡萄种植基地，采用"公司＋基地＋贫困户"的模式合作经营，为建立稳定脱贫的长效机制奠定了基础。联合工作组帮助村集体及贫困户成立种植专业合作社，采取股份合作方式，引导村民发展以葡萄种植为主导的种植业，通过农业产业化增收致富。

联合工作组充分利用行业优势，积极联系沟通。怀集供电局全力配合，提前布置、倾斜安排、优先改造，加大岑元村10千伏供配电支线有关台区改造的投入，并进行35千伏桥头变电站综合改造，大大提高了岑元村乃至桥头镇的供电质量。

岑元村主干河流龙塘河部分陂头已被洪水冲垮，失去了蓄水灌溉的功能。联合工

◀ 温室种植农作物

▶ 修建村道

作组对山冲河陂等六个陂头进行修建，解决了周边村民的生产用水问题，为当地政府改造农田灌溉防渗漏的"三面光"水渠工程提供了一定的水源条件。

为打通岑元村主干道与封开县之间的"最后2公里"，联合工作组积极带动地方加大公路建设财政投入，在原有泥泞小路的基础上实现村道标准化硬底，修成岑元村内的主干道，促进了两地的经济交流。

此外，充分发挥志愿服务的正面效应，通过红十字会、帮扶单位、爱心服务队等多方联合开展志愿服务，使志愿服务成为联合工作组扶贫工作中一道亮丽的风景线。发挥红十字会的优势，动员社团力量进行捐款捐物，开展助学、就医解困，为贫困户、低保户、五保户送温暖等志愿服务；协调相关医药企业，为升级改造的三所卫生站增设医疗设备、器材、药品等物资，改善了岑元村的医疗卫生条件。发挥"高锋爱心供电服务队"的号召力，针对教育基础设施落后的情况，多次组织志愿者赠送并安装电风扇、电灯管、健身器材，为学生捐赠书籍、文具和体育用品等；组织志愿者与贫困户子女结对，开展一对一助学；组织志愿者在节前向孤寡老人送生活用品等。发动帮扶单位集体捐助，市质监局、石化公司等单位积极组织物资捐赠，慰问学生。

二、实施"三心工程"，脱贫攻坚

根据中山市委市政府的统一部署，2016年以来，中山供电局牵头，联合中山市林业局、国家统计局中山调查队，组成扶贫联合工作组，对口帮扶肇庆市广宁县南街街道林洞村（省定扶贫村）。中山供电局认真贯彻落实中央精准扶贫工作部署，严格按照"三个确保"的工作要求，切实做好精准识别、精准施策、精准推进、精准落地，为打赢林洞村的脱贫攻坚战开展了扎实有力的工作。

中山供电局作为牵头单位，以实干促脱贫，实施凝心、强心、暖心"三心工程"，在党建扶贫、产业发展扶贫、劳动力就业扶贫、社会保障扶贫、教育文化扶贫、医疗保险和医疗救助保障扶贫、农村危房改造扶贫、基础设施建设扶贫、人居环境改善扶贫等领域精准着力，促进精准扶贫、精准脱贫。

（一）实施"凝心工程"，以党建促精准扶贫

驻村工作队帮助村支部完善活动阵地，修缮便民服务站和文化室，打造支部建设长效机制。不仅如此，中山供电局党建工作部党支部以与林洞村党支部开展支部联建为契机，向村支部捐赠党建学习资料与书籍，组织村支部党员以专题形式学习习近平新时代中国特色社会主义思想，利用自身党建工作经验和资源，围绕规范农村党员教育管理、严肃党内政治生活展开讨论。特别是在党的十九大召开后，中山供电局迅速组织直属机关党委、凯能集团党委来到林洞村，与村党支部的党员代表开展党建交流，捐赠了一批新修订的《中国共产党章程》，并对习近平总书记关于脱贫攻坚的重要论述开展了学习讨论，坚定了村委脱贫攻坚的信心。

▲ 支部联建及爱心助学活动

（二）实施"强心工程"，打造长效脱贫机制

扶贫联合工作组结合林洞村当地的地理及气候条件、产品的市场效益、技术的成熟性和可靠性以及后续的经营维护等，在调查摸底以及多方沟通协商的基础上，组织实施"一村一品"行动，建设林洞村大棚蔬菜基地，发展特色产业，促进村集体经济收入稳定增长。作为新时期精准扶贫产业项目，蔬菜基地采取"基地＋合作社（贫困户）＋企业"的模式开展生产种植经营，中山供电局扶贫联合工作组出资建设基地及购置加工设备，贫困户入股作为股东，村牵头成立专业合作社管理和运营。林洞大棚蔬菜基地于2017年年底顺利投产，成为肇庆地区最大的现代农业产业基地，也是广宁县第一个现代设施农业示范项目。2017年成立了林洞农产品种养专业合作社并取得工商营业执照，发动林洞村25户贫困户62人加入合作社，与合作方签订了5年的合作协议（购销协议）。

此外，通过线上微店推广、线下参加扶贫农产品展销会，以及食堂采购、员工订购等渠道进一步扩大彩椒的销售规模。"现在，贫困户加入合作社在基地务工，除了务工收入之外，还能有分红，大大改善了贫困户的生活，还能让他们掌握种植技术，拥有一技之长，大大增强了贫困户脱贫致富的信心。"驻村干部高锋介绍道。

驻村工作队注重发挥电力行业的优势，积极发展新能源，"照亮"精准脱贫路。光伏发电项目具有运行维护简单、长期产生效益的优势，可作为林洞村长效脱贫发展的重点项目。中山供电局扶贫联合工作组在林洞村建设了五期总规模为360千瓦的光伏

▲ 林洞村大棚彩椒丰收

发电项目，目前光伏发电项目全部并网运行，且运转良好。

此外，林洞村供电能力比较薄弱，阴天下雨时线路跳闸率较高，岽顶、大寨等几个自然村夏天电力供应不够、电压偏低。为了提高供电可靠性，中山供电局作为牵头单位，积极联系肇庆供电局加快林洞村农网改造。2020年6月，林洞村农网升级改造项目顺利完成，户均配变容量、电压合格率、供电可靠性三大指标均已达到国家要求，可为林洞村提供充足、稳定、可靠的电力供应。

驻村工作队通过召开现场招聘会、开展技能培训、提供就业补贴等措施，积极开展劳动力转移就业工作，促进增收脱贫。

▲ 林洞村扶贫光伏项目施工

▲ 林洞村采取"招聘+培训+补贴"模式促进就业增收

（三）实施"暖心工程"，助力新农村建设

在镇委镇政府的牵头下，驻村工作队协助开展新农村示范村建设和基础设施建设。扶贫联合工作组重建坑塘桥梁，修建文化健身广场，完成自来水管网改造工程，协助购置卫生站医疗设备，建设农家书屋，全面改善林洞村生产生活条件。此外，修建了太阳能路灯、村路指示牌、村文化站、农家书屋、垃圾及污水处理设施，协助开展"三清理、三拆除、三整治"工作，着力改善村容村貌，努力把林洞建设成美丽乡村。

三、全面打赢脱贫攻坚战

经过驻村工作队与村两委共同努力，林洞村提前一年实现贫困人口全部稳定脱贫，林洞村也同步退出贫困村序列。2019年11月5日，根据广东省相对贫困户退出标准，经过村级民主评议、核查组入户核实、贫困户认可、村级公示，林洞村贫困户全部退出；根据广东省相对贫困村退出标准，经过村级和驻村工作队民主评议，林洞村全部指标达标，退出贫困村序列。

中山供电局以提高脱贫实效为导向，通过实施"三心工程"，扎实推进定点扶贫，所做工作得到了上级党委政府的肯定。副省长张虎、时任中山市委书记赖泽华、时任肇庆市委书记范中杰、时任肇庆市市长吕玉印先后到大棚蔬菜基地调研扶贫工作，林洞村的脱贫事迹也被广东电视台公共频道、央视英语频道及央视17套《三农资讯》栏目等省级以上媒体报道。中山供电局连续两年获得"广东扶贫济困日"红棉杯铜杯，林洞村被评为"广东电网首批精准扶贫示范村"，驻村工作队被评为"肇庆市精准扶贫先进集体"。驻村干部高锋同志获评"南方电网公司脱贫攻坚先进个人""广东电网脱贫攻坚先进个人"，王剑波同志获评"肇庆市脱贫攻坚先进个人""广东电网公司脱贫攻坚优秀扶贫干部"。

第三节 疫情防控

2020年，新冠病毒突袭而至，抗击疫情的阻击战、保卫战、持久战在全国打响。在党中央、国务院以及中山市委市政府、南方电网公司、广东电网公司的坚强领导下，中山供电局吹响了众志成城防控疫情的集结号，全面落实党中央、国务院以及南方电网公司、广东电网公司关于疫情防控工作的总体部署和要求，精心谋划制定防控机制，精准施策守牢防控堡垒，精耕细作持续深化防控部署。与此同时，中山供电局用电力串联起千家万户，为抗击疫情、保障民生提供坚强的电力支撑，谱写了中山电力人众志成城抗击疫情的壮丽凯歌。

一、全力阻击疫情，彰显央企担当

统一领导、统一行动、守土有责、守土尽责，是中山供电局在抗击疫情战场上坚定的信念。疫情面前，中山供电局勇担央企三大责任，把社会民生的安全健康放在首位，把打赢疫情防控阻击战作为最重要、最紧迫的政治任务来抓，全力为疫情防控提供优质的供电服务和安全可靠的电力保障，确保应急单位、医疗机构、疾控中心等重点用户不断电，并开辟绿色通道提供应急技术支援，随时做好应对突发情况的准备。党员同志亮身份、担责任，主动请战、带头冲锋，坚定地走在防疫期间保供电的第一线，让党旗在防疫保电工作一线高高飘扬。

◀ 调度值班员坚守岗位，保证用电

（一）做好群众生活用电服务

不停电就是最好的服务，全力确保市域供电可靠性，为疫情防控提供坚强电力保障是中山供电人坚守的承诺。"仔细点，再仔细点，不可以放过任何隐患，确保用电安全稳定。"这是保供电人的口头禅。中山供电局主动服务重要电力用户，为医院、口罩厂、药剂厂开展特巡工作；24个供电分局根据"一户一册"预案做好供电应急准备，各基层单位安排技术团队在岗值班。供电人坚守岗位，对重要变电站、重点线路实行24小时盯防，确保每一处设备、每一个部位、每一个环节检查到位，以随时响应防疫重要场所与社会重点部位的供电保障需要。疫情期间，中山供电局通过移动端"南方电网95598"微信公众号、"南网在线"App、支付宝生活号等线上渠道办理电费缴纳、电费查询、故障报修等业务，减少用户外出时间，使用户享受便捷安全的远程供电服务。

（二）护航第二人民医院

中山市第二人民医院是新型冠状病毒肺炎感染患者的定点收治医院，是战"疫"的前线阵地。在与地方卫生行政部门、防疫部门和专业医疗机构沟通协调后，港口供电分局针对第二人民医院实际情况做好应急准备，每日安排多名员工在岗值守，预备发电车一台，对该医院实行一日两次、定时定点的测温、巡视工作。2020年1月28日，港口供电分局配电运维班响应医院需求，为医院门口设立的临时测温点提供相应的电力支撑，顺利架起了220伏供电设备，为医院顺利开展防疫工作提供了坚强的电力保障。

为进一步满足新冠患者隔离的需要，市二院紧急扩建临时防疫病房。2月1日，

▲ 市二院铺设电缆

▲ 市二院项目现场联合勘察

市二院向中山供电局提出增容需求，中山供电局立即成立党员突击队，组织专业人员前往实地考察，经研究，认为在一期建设中，只需从原有的电房拉4条低压电缆到集装箱处就能满足电力需求，但二期安装的集装箱数量多，而二院的变压器容量不够，只有从外部环网拉高压电缆，并在院内增加箱变负荷才可满足用电需求。面对这种情况，港口供电分局立即召开扩建项目专题会议，迅速确定施工方案，决定采用一期从原有电房拉电缆，二期建设两台630千伏安专变的方案，两期建设"双管齐下"，用最短的时间、最高的质量完成施工任务。整个定方案的过程只花了半天的时间，在这半天里，客户服务班洪作辉顾不上好好吃饭，啃着面包就将勘察、制图、研讨、做方案、办工作票等工序全部完成，他说就像与时间赛跑一样，生怕自己哪个环节慢半拍，耽误了整个工程的进度，并计划将原本一个多月才能完成的工程压缩到12天内。方案敲定后，中山供电局党员突击队率先垂范，带领施工团队、物流团队、后勤团队日夜兼程、连续施工，此时的中山供电局宛如一套精密的机械齿轮，环环相扣，为该工程的顺利开展创造了有利条件。通过不懈的努力，中山供电局成功将原计划的12天工期再次缩短，仅用6天便将通向扩建病房的电网动脉打通，将电力覆盖到医院的每一个角落。

（三）电力支援口罩生产企业

中山市南区赛夫特劳保用品厂生产的KN95防护口罩，是防疫期间的重要物资。由于防疫形势日趋严峻，口罩的需求量持续激增，工厂急需加开产线，以满足生产需求。2020年2月2日晚上8时，南区供电分局收到增容需求，立即组织技术力量开展现场勘查，制定施工方案，成立党员突击队连夜赶工，于2月5日上午12时，顺利完成赛夫特劳保用品厂增容工作。南区供电分局仅用时2天，就将厂区内用电容量由45千瓦扩大到165千瓦，满足了工厂新开生产设备的用电需求。

（四）寒雨夜抢修送光明

在新型冠状病毒肺炎防疫战如火如荼之际，中山供电局在与故障设备"作战"的战场上同样丝毫不敢松懈。农历大年初一深夜，中山供电局古镇供电分局的急修电话响起——客户停电，请求帮助复电。配电运维班的值班人员了解情况后，立即赶往现

◀ 现场施工紧急，党员冲锋在前

场，组织抢修。当晚降温，又下起毛毛雨，中山市发出了黄色寒冷预警，供电人员戴上防护口罩，有序开展抢修工作，很快就为客户送上光明。

同样的故事还发生在市内的各个角落，只要百姓有需要，中山供电人就会第一时间奔赴现场，及时进行电力抢修，万家灯火通明就是中山供电人最大的心愿。

（五）全力支援疫情防控

2020年1月27日，为抗击新冠肺炎疫情，中山市公安局民众供电分局联同民众医院坚守在高速路防控点。为满足体温检测点的用电需求，民众供电分局迅速组织值班人员在检测点装设220伏临时用电线路，为照明及保

▲ 大年初一寒雨夜快速抢修送光明

暖用电提供可靠保障，并对防控点电源接入点、电缆、开关、照明及取暖设施等进行了详细检查，及时解决防疫人员用电问题，助力疫情防控工作顺利开展。

（六）深化电力保障，助力复工复产

疫情防控是硬任务，改革发展是硬道理。疫情防控激战正酣，企业、工业分区分级、有序推进的复工复产战"疫"又在全国打响。在中山供电局党委的统一部署下，中山供电局就"一手抓疫情防控，一手抓复工复产"做出相关部署，不等不靠，创造条件加快把人员调配到位，全力保障项目有序复工复产。

（七）施工项目严防严控，助推企业复工复产

随着中山经济秩序的逐渐恢复，中山市大小企业也恢复了正常的运行秩序。中山供电局用电负荷"晴雨表"显示，截至2020年2月28日中午12时，复工第3周（2月24—28日）较第2周（2月17—23日）供电量增长39%，于28日中午10点42分电网负荷达到最高值304.7万千瓦，两周环比增幅达40.6%。从数据来看，全面复工后中山电网的日最高负荷、供电量总体呈现逐步攀升趋势。

为进一步满足社会用电需求，中山供电局响应上级号召，全面贯彻落实南方电网公司助推企业复工复产的要求。位于中山市三角镇的110千伏高平二输变电工程是中山供电局首批复工的电网基建项目，中山供电局编制了《110千伏高平二输变电工程新冠肺炎疫情应急方案和疫情防控方案》。2月24日，在项目复工部署会上，

▲ 2020年2月28日，中山供电局项目部陪同市政府重点项目复工督查组进行检查巡视，现场支援500个口罩

项目部向参建单位进行了疫情防控专项安全交底，提出了疫情期间施工管理的15项措施，明确了项目各参建单位的防疫责任、停工期间的防疫管理要求、项目开复工的必备条件、项目开复工后的防疫管理要求、应急处理原则和信息报送流程，以及防疫监督检查要求等。

根据项目部的安排，在施工人员每天进场前，工作负责人将逐一登记进场时间、体温情况；实行人员分批错峰就餐并确保餐饮来源卫生；采用专车接送施工人员上下班，确保行踪可追溯；设立隔离观察宿舍；等等。与此同时，项目部做好防疫物资保障工作，现场配备了测温仪3只、口罩1100只、消毒液50升，确保防疫物资供应充足。

（八）发放电力政策"红包"，帮助企业渡过难关

为缓解疫情给企业带来的经营压力，中山供电局全面承接降电价政策，对于除高耗能行业以外的一般工商业和大工业企业，减免5%的电费。在此基础上，中山供电局落实2020年2月7日出台的支持性两部制电价政策，推出全力保障民生和企业用电、降低企业用电成本等8项工作举措，进一步加强企业供电服务保障，为企业开工增添信心。

此外，中山供电局还在加快满足企业疫情防控新增用电需求方面深化举措，为客户开辟办电绿色通道，建立专属服务团队，实行用电报装客户零上门、供电部门业务

▲ 中山供电局东区供电分局受理客户增容申请，开辟办电绿色通道，为客户办理业务

流程零审批政策。位于黄圃镇的中山永发纸业有限公司是"特事特办"的对象之一，该公司申请的2.68万千瓦增容工程于2020年2月28日正式通电投运，工期提前了42天。施工期间，客户服务中心和黄圃供电分局充分发挥"电管家"的作用，全过程闭环跟进客户服务，确保了安全生产、客户服务与防疫管控"三不误"，为企业完成供货订单、渡过疫情难关提供了电力支持。

二、李志平：做好"保电＋战'疫'"指挥官

"组织给予我信任，证明我还不老，岗位就是战场，我要继续发光发热。"李志平以这样的信条时刻激励着自己，要求自己尽最大的努力为党和人民做出更大的贡献，为中山电力事业增添新的力量。

2020年春，新冠肺炎疫情突袭而至，全民防疫形势严峻。中山供电局第一时间成立疫情防控小组，中山港口供电分局根据防控要求和保供电要求，组建了"防控＋保供电"服务队。身为党支部副书记的李志平主动放弃春节与家人团聚的机会，带头坚守岗位，连续多天在岗值班，每天检查保供电特巡开展情况及防疫情况，确保港口镇人民过一个平安祥和的春节。

（一）扎营一线指挥，勇当防疫前沿"急先锋"

从接到市政府计划在中山市第二人民医院紧急扩建临时防疫病房并要求供电部门

在12天内必须提供配套电力设施的通知那一刻起，李志平就深知时间紧、任务重、责任大，但又必须坚决完成任务，决不能拖中山防疫抗疫的后腿。李志平主动将责任扛在肩上，立刻前往医院勘察地形，充分考虑防疫医院的用电情况，仅用半天就敲定了供电方案。

方案确定后，李志平舍家忘我，发挥党员干部的先锋模范作用，带头冲锋在前，连续6天都坚守在中山市第二人民医院防疫病房扩建工地。如何才能时间短又高效地完成任务，成为他日夜思考的问题。由于市二院是新冠患者收治场所，他既要管控安全风险、协调物资供应及保障施工进度，也要保障施工人员的防疫安全。

在工期紧迫的情况下，他充分考虑电缆支撑点和受力的问题，果断对河面原有的污水管支架进行加固、整装，巧妙借助原有支架将电缆从铁桥上引伸到对岸。为了让电缆安全"过路"，同时不影响医院的救护车通行，要在最短的时间里破路。李志平带领党支部团队，集思广益，想出一个办法，在桥头路面深埋的原有3条运行中低压电缆下，一点一点、小心翼翼地用人工开挖方式掏出5条电缆的空间，然后埋管、回填，保障了医院原有电缆的安全运行。

（二）立足实际，做好安全保障"勤务兵"

本次的任务与以往不同，施工点距离新冠肺炎患者定点收治病区仅咫尺之遥，既要抓施工安全与进度，又要守护整个施工队的防疫安全，这就给李志平带来不少的挑战，他紧绷精神之弦，坚守安全防线。每天，李志平像"勤务兵"一样，守护着整个施工队的防疫安全，严格执行现场各项防疫措施，开工前对所有施工人员测体温，施工中全过程要求佩戴口罩、做好消毒措施等，一手抓施工进度，一手抓疫情防控。

他坚信科技能改变效率，充分利用可视化智能安监系统，确保现场每个施工地点都安装有视频监控，发挥"线上"和"线下"齐抓共管的作用。即使他休息的时候，也会远程利用网络监控安全，及时发现并制止违章行为，督促施工人员做好现场防疫各项措施，避免发生病毒感染事件。大家说他是时刻远程在线的安全"大管家"。

终于，2020年2月6日，经过连续奋战，中山市第二人民医院临时防疫病房顺利通电，原计划12天的工期缩短为6天，创造了"中山电力建设新速度"，为中山打赢本次疫情防控阻击战提供了坚强的电力保障。

中山供电局始终挺立时代潮头，结合内外部发展环境，打造"六张名片""书记有约·知行有为""三'性'三'精'"特色品牌，激发员工工作激情，推动改革优势转化为企业发展优势，展现敢担当，勇作为的精神面貌。

第十二章 特色品牌

第一节　特色品牌一："三张名片"和新"三张名片"

2020年，中山供电局结合发展现状和优势，以更好地服务粤港澳大湾区建设、助力中山打赢经济翻身仗和决战决胜"全国最好"为出发点，做出打造"三张名片"的重要决定。2021年，为充分体现大部制改革成效，做好改革的"后半篇"文章，切实把改革优势转化为企业发展优势，中山供电局党委研究决定再打造改革后的新"三张名片"。

一、"三张名片"

（一）高供电可靠性

始终保持供电可靠性全国领先的地位。一是加强电网建设，打牢物质基础。一张坚强的电网是确保供电可靠的物质基础，在规划层面，要高质量完成"十四五"电网规划编制，积极推动研究成果纳入政府规划，尤其是要充分利用好未来几年中山市交通大会战的窗口期，抓紧推进"十四五"电网规划与交通规划相融合，确保以灵活可靠的供电方式实现用户停电"零感知"；在项目建设层面，加快推进220千伏团结、古海变电站，110千伏翠景变电站以及文山配套线路等一批重点工程建设，争取早日投产，解决好区域电力输送受限的问题。二是提升靠前服务意识和能力。构建以停电时间和客户诉求为"双轮驱动"的供电可靠性管理体系，做好综合停电管控，做好停电预安排，做到一次停电消除多个缺陷、解决多个隐患。同时，通过构建数据驱动型的网格式服务体系，充分掌握不同用户对可靠性的需求，提前分析研判设备状态，以维代修、主动抢修，实现客户诉求管控关口前置。三是推动被动应对向主动防范转变。积极主动做好防范和应对举措，防止极端天气和外力破坏所造成的故障停电对可靠供电造成较大影响，确保应急处置及时，尽可能降低停电对客户的影响。

（二）全市域智能电网

加快打造全市域智能电网。一是深化"智能"核心引领。以建设220千伏团结智能变电站为契机，全面推进智能变电站建设，打造安全高效的主网。同时按照智慧工地管理模式，全方位保障施工现场安全规范高效，并依托生产监控指挥系统打通数据流，推动实现基建、运维、调度等各环节智能互联。二是积极向客户侧延伸。智能电网建设的最终目的是让客户享受到更智能、更便捷的用电服务，因此不仅要有安全高效的主网，还要有灵活可靠的配网。中山供电局持续推进以自愈为目的的电网自动化建设，通过智能技术手段尽可能减少故障停电时间。同时，积极发挥好南头镇、神湾镇"四网融合"试点的示范作用，争取政府支持，加大建设推广力度，为日后深度满足客户需求和抢占入户市场打好"前战"。三是积极探索智慧能源新技术，着力培育能源生产消费新模式、新业态，以南头科创园为引领，同步推进翠亨新区起步区智慧能源项目，支撑中山智慧城市建设。

（三）现代供电服务体系标杆

高标准打造南网现代服务体系标杆。一是坚持以客户为中心。急客户之所急，想客户之所想，将12398和95598重复投诉"归零"作为立服务标杆的突破点，着力提高及时响应和处置客户诉求的能力。进一步压缩企业办电接电时间，促请政府出台《中山市电力外线工程建设项目并联审批实施细则》，让客户享受更加顺畅便捷的服务。二是坚持推动客户服务升级。随着经济社会不断向前发展，客户所需要的服务呈现多样化的趋势，因此要推动客户服务升级，充分利用好"云大物移智"技术，做好客户用电行为、用电诉求等数据分析，画好用户画像，实现点对点个性化服务。三是坚持为客户创造价值。"优质在技，服务于心"，要真正做到服务过程中技术、技能、技巧兼备，用心、真心、耐心投入。另外，不仅要做到"以客户为中心"，还要努力做到"为客户创造价值"，想方设法帮助客户降低用能成本、改善用能体验。

二、新"三张名片"

（一）资产全生命周期管理体系新名片

中山供电局高度重视资产投资回报和价值创造，充分借鉴国内外先进的资产管理经验，结合自身现状与特点，以资产绩效分析为抓手，以全生命周期管控为主线，以信息系统和技术标准为支撑，优化业务流程，解决突出问题，推动规划计划、物资采购、工程建设、运维检修、退役报废各业务环节高效协同，达到资产实物管理和经济价值管理的统一，实现资产全生命周期风险、效能和成本综合最优的目标。

（二）系统规划建设体系新名片

中山供电局基于中山经济发展形势、电网现状，做到"发展需求、系统需求、负荷需要在哪里，电网规划、项目建设就要跟进到哪里、落实到哪里"。重点解决规划与建设衔接不到位的痛点、堵点问题，推动电力专项规划纳入地方空间规划，并主动延伸至基建阶段，实现规划与基建的强关联。加强主配网协同发展，确保各电压等级安全、稳定、可靠、高效运行。

（三）合规与大监督管理体系新名片

合规管理与纪检监督整合有利于提升企业治理体系和治理能力的现代化水平。中山供电局以"强监管、严问责"为主态势，构建"合规与大监督"一体化管理平台，整合优化内控、风险管理、合规管理、法律风险防范、审计、纪检监督等职能，打造前中后台上下贯通、全面覆盖的立体化监督格局和全方位监督网络，形成"合规与监督并举、支撑与防控并行、教育与问责并存"的监督合力。

三、新"三张名片"的具体实践

2021年4月20日，中山供电局印发《中山供电局锻造"合规与大监督"一体化管理体系三年行动方案（2021—2023年）》，以"深度融合、依法合规、合力共治"为总体原则，以一体推进"不敢腐、不能腐、不想腐"为抓手，整合优化内部管控、风险管理、纪检监督、法规管理以及审计管理等专业监督资源，推动专责监督、专业监督与职能监督、安全监督、基层日常监督有机贯通、相互协调，构建前中后台上下贯通、整体联动的立体化合规管理监控网络，打出"合规与大监督"一体化组合拳，形成"合规与监督并举、支撑与防控并行、教育与问责并存"的全业务合规管理合力。

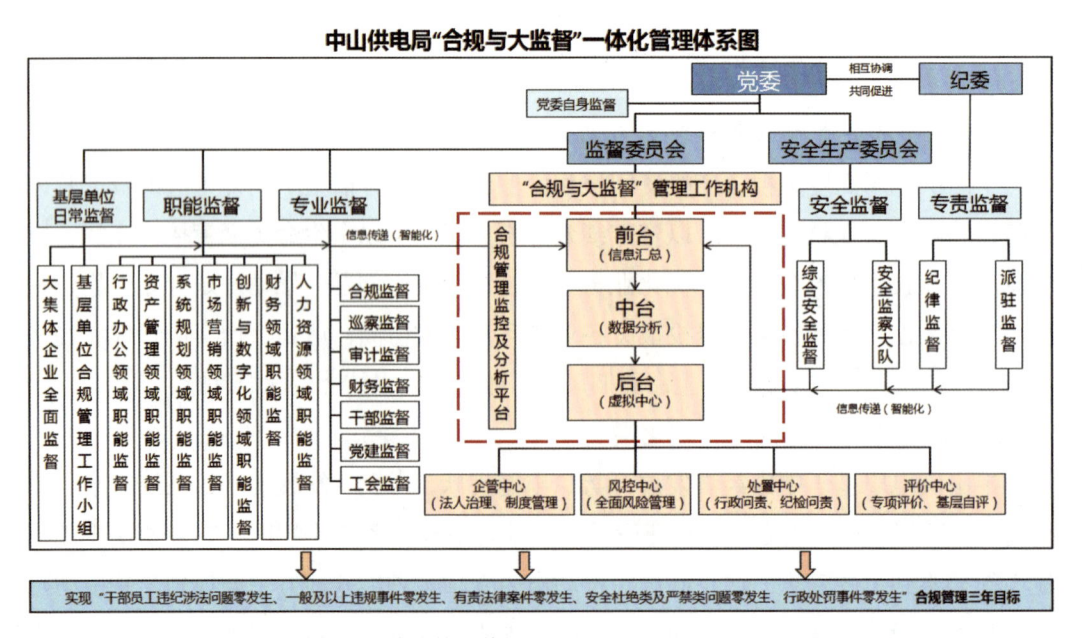

▲ 中山供电局"合规与大监督"一体化管理体系图

2021年4月30日，中山供电局印发《中山供电局构建系统规划建设敏捷体系行动方案（2021—2023年）》，以国民经济和社会发展第十四个五年规划以及二〇三五年远景目标为纲领，以碳达峰、碳中和的国家战略为引领，全面服务粤港澳大湾区建设和中山市经济社会发展，立足当下、乘势而为，秉承"系统需求即是规划方向"的理念，着力推进"两强三化"，即系统与规划强耦合、规划与建设强关联、组织扁平化、业务集约化、全过程体系化，再造系统规划建设体系的新优势。

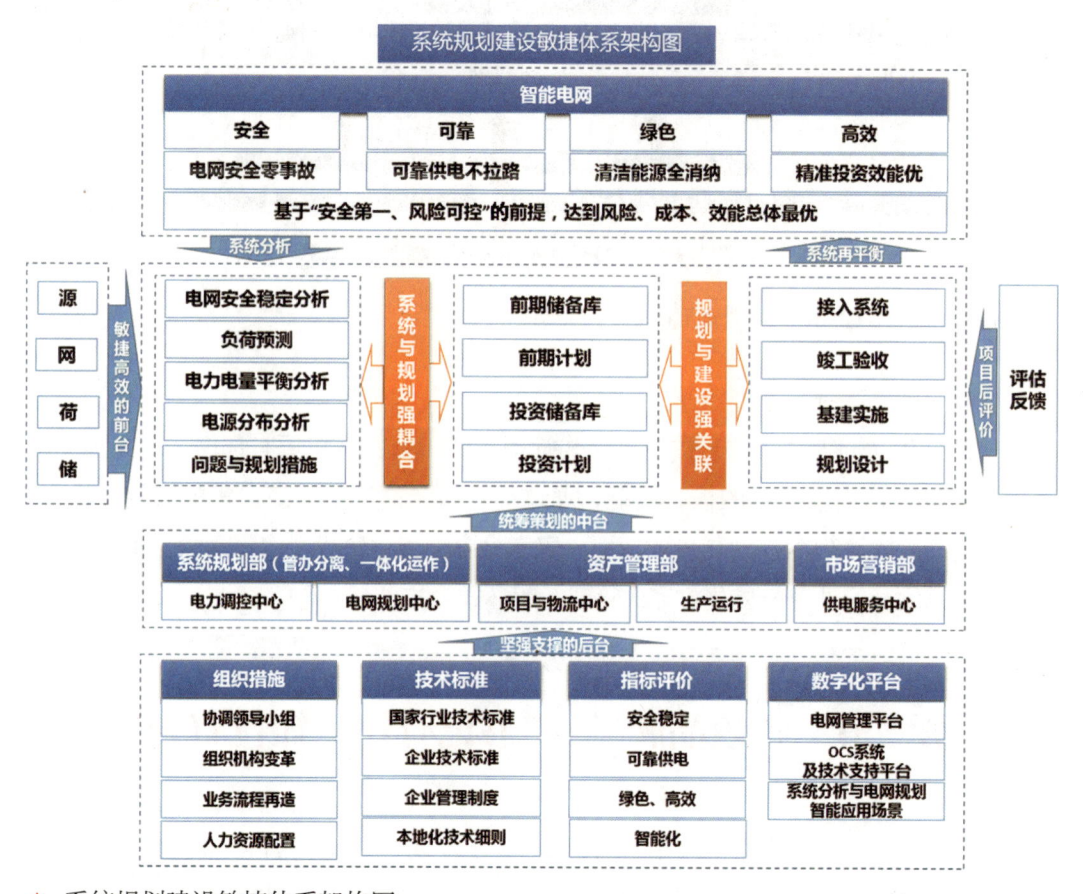

▲ 系统规划建设敏捷体系架构图

2021年4月28日，中山供电局印发《中山供电局锻造高效率、高效能、高质量发展的资产全生命周期管理三年行动方案（2021—2023年）》，全面加强党对资产全生命周期管理工作的领导，夯实大资产管理格局，深化完善资产全生命周期"六位一体"贯穿式管理模式，充分发挥中山供电局大部制职能管理的优势，巩固提升资产全生命周期管理水平。

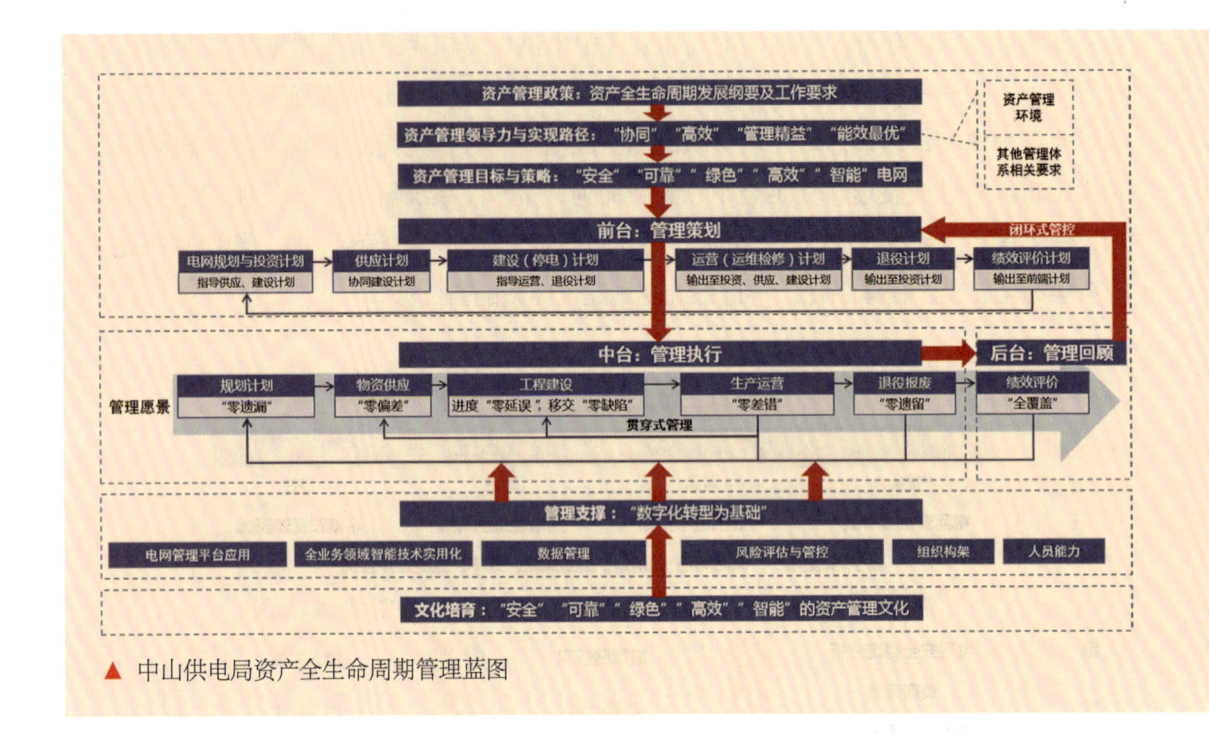

▲ 中山供电局资产全生命周期管理蓝图

资产全生命周期"六位一体"贯穿式管理模式：合并重组原有部门，设立独立的资产管理部，以高度集中的核心职能，通过高效率、高效能、高质量的策划、执行、回顾和支持，实现电网规划与投资计划、资产供应、工程建设、资产运营、退役报废、绩效评价六大核心业务一体化贯穿式管理、闭环式管控。

第二节　特色品牌二："书记有约·知行有为"

为发挥党委书记对青年的指导作用，充分体现"以知促行，知行合一"的理念，中山供电局党委搭建"书记有约·知行有为"平台，党委书记不定期约谈青年代表，倾听青年心声，了解青年思想动态，聚焦热点难点，督促落实办理，促进企业改革发展。

以党建"约起"，以"知行"落地，常态化、体系化、机制化开展"书记有约·知行有为"活动，确保谈话对象覆盖全专业、全工作阶段。

通过"书记有约·知行有为"特色品牌活动，实现局党委"把脉问诊"企业改革发展从"三到"（看到、听到、传到）向"三转"（转职能、转方式、转作风）转变。

一、看到（转职能）

（1）直观感受来自不同部门、单位和不同层级青年的精气神。

（2）透过青年状态，了解基层工作氛围。

二、听到（转方式）

（1）倾听青年心声和诉求，了解青年思想动态。

（2）收集青年好的意见建议，作为局党委决策参考，促进决策事项更加科学精准。

（3）分析青年反映的情况，综合判断局党委决策部署在基层落地的情况。

三、传到（转作风）

（1）正面回应青年在学习、工作、生活、思想、身心健康等方面遇到的现实问题，共同探讨切实可行的解决办法。

（2）党委书记结合自身经历和企业理念，对青年提出指导意见，让青年了解中山供电局的现状和发展前景，点燃干事创业的激情。

▲ 中山供电局线上开展"书记有约·知行有为"活动，党委书记谭跃凯和滞留湖北员工畅谈

（3）让青年代表把党委书记的教导和期待带回所在的部门、单位，传递给身边的青年。

2020年3月12日，中山供电局党委开展了一期特别的"书记有约·知行有为"活动，党委书记谭跃凯和受疫情影响滞留湖北的五位青年代表相聚云端畅谈，他关注滞留员工的身心健康，并叮嘱青年在隔离期间多学习、多思考、多积累，练就"真才实学"。

2021年4月26日，在五四青年节102周年到来之际，中山供电局党委结合青年员工党史学习教育，举办"书记有约·知行有为"之"五四青年节"专场活动，党委书记谭跃凯与五位年轻的团支部书记分享党史故事、探讨成长困惑、畅谈青年梦想，激发青年员工干事创业的激情。

中山东升供电分局团支部书记陈楚君在活动之后谈到，通过书记一堂课，她对新时代的"红色"精神有了更深的了解，今后要锻炼自己的"技术、技能、技巧"，更加"耐心、用心、真心"地为客户服务，勇于探索，善于沟通，不断提升自己各方面的能力，带动青年员工贡献青春力量。

截至2021年6月，"书记有约·知行有为"活动已经举办二十期，共约谈青年

▲ 2021年4月26日，"书记有约·知行有为"之"五四青年节"专场活动上，党委书记谭跃凯与青年员工共话成长

190人次，切实为青年解难题、办实事，鼓励青年成长成才。

知行合一，止于至善。中山供电局通过"书记有约·知行有为"特色品牌活动营造了良好的"知行、执行"文化氛围，推动"知行"文化与企业生产经营、员工日常行为有效融合，促进干部员工学思践悟、知行合一。

第三节　特色品牌三：三"性"三"精"

为推进党建与业务深度融合，形成"我为企业发展献一策"、积极投身企业改革发展的浓厚氛围，中山供电局以三"性"三"精"正向引导员工开展大讨论、大反思，针对日常工作中"三性"的具体表现征集解决建议。中山供电局围绕"抓好'三基建设'，筑牢'两道防线'，发挥'一个作用'"，结合支部实际采取系列举措，把支部打造为坚强战斗堡垒，以支部建设成效推动企业改革发展。鼓励员工参与到企业建设中，积极建言献策，共同推动企业发展质量持续提升。同时，深化"以知促行，知行合一"的执行力文化建设。

一、三性：思维惯性、工作随性、作风惰性

思维惯性：主要指工作时不主动思考，思想跟不上新形势变化，过度依赖固有经验，习惯用老眼光、老方法看待问题、解决问题，更不会抓住机遇大胆创新，习惯找借口而不是深入分析主观原因，存在以管窥豹、闭门造车、教条主义等方面的问题。

工作随性：主要指工作时主观随意，执行力欠缺，对工作没有超前谋划，想怎么干就怎么干，头疼医头、脚疼医脚，对规章制度和工作要求熟视无睹、满不在乎。

作风惰性：主要指在其位不谋其政，认为"多干多错，少干少错，不如不干"，遇到问题绕着走，对工作推诿扯皮，不敢担当，更不敢开垦"敢为人先"的试验田，进取精神不强，干事创业动力不足。

二、三精：精心谋划、精准施策、精耕细作

精心谋划：主要指"看得更远一些"。围绕企业改革发展大局，加强各专业统筹协同，开好局、起好步，做事有规划、高瞻远瞩、提前部署、统筹安排、周密组织。

精准施策：主要指"想得更细一些"。提早制定针对性措施，提升管理效能，"分

层、分级、分类、分专业"精准谋划落实，进行价值整合，集中优势资源攻坚克难、重点突破。

精耕细作：主要指"干得更实一些"。发挥工匠精神，追求精益求精，在开展工作的过程中注重精细打磨、反复推敲、实干苦干，推动企业可持续高质量发展。

中山供电局始终坚持问题导向、目标导向和结果导向，切实解决工作中存在的落实管党治党责任不力、发挥作用不到位等问题，鼓励员工摒弃"三性"，强化"三精"，拒做"差不多先生"，做电力"精准先生"。2020年5月，组织开展党支部建设年之"摒弃'三性'，知行有为"金点子征集活动，面向全体员工征集摒弃"三性"的意见建议，共征集到涉及各专业领域的金点子1068条，并对金点子形成任务督办，切实为员工减负、为基层松绑。2021年3月，组织开展"摒弃'三性'，强化'三精'"暨"我为基层减负献良策"金点子征集评选活动，充分发挥员工的主人翁精神。

2020—2021年期间，推出宣传视频《差不多先生》和《精准先生来啦！》，以文化宣传影响员工意识形态，引导员工摒弃"三性"，强化"三精"，做知行有为的南网人。

▲ 中山供电局表彰"金点子"获奖代表

砥砺初心　奉献光热　**第三部分**

▲ 2021年5月11日"金点子"评审现场

第十三章 未来展望

"十三五"时期，中山供电局党委始终坚持以习近平新时代中国特色社会主义思想为指导，认真贯彻落实中山市委市政府和南方电网公司党组、广东电网公司党委决策部署，全力抓好各项改革发展生产经营工作，党的建设显著加强，经营业绩稳中有进，电网架构更加安全可靠，队伍精气神焕然一新，企业科学发展水平迈上新台阶。

2021年是"十四五"开局之年，是开启全面建设社会主义现代化国家新征程，向第二个百年奋斗目标迈进的关键之年。站在"两个一百年"奋斗目标的历史交汇点，中山供电局党委将继续不忘初心、牢记使命，承前启后、顺势而为，不停息、不止步、不懈怠，砥砺前行，努力进取，用顽强的攀登精神，向着更高的目标迈进。

"十四五"时期，中山市坚持以粤港澳大湾区建设为"纲"，以对接深圳先行示范区建设为牵引，充分用好"双区"驱动效应，推动城市环湾布局、向东发展，打造国际化现代化创新型城市。中山供电局作为中山市电力先行官，将全力建设与"湾区枢纽、精品中山"相匹配的坚强电网。

一、"十四五"规划

在"十四五"开局起步的关键节点上，中山供电局将继续以习近平新时代中国特色社会主义思想为指导，深入贯彻落实党的十九大和十九届二中、三中、四中、五中全会精神，认真落实南方电网公司、广东电网公司工作部署，全力谋划好"十四五"时期企业发展蓝图。

（一）深化实施国企改革

十九届中央纪委五次全会对新形势下全面从严治党做出重大部署，要求把严的主基调长期坚持下去，把毫不懈怠纠治"四风"，坚决防止形式主义、官僚主义提到更加重要的位置，进一步营造更加良好的干事创业氛围。随着从严治党、从严管控要求进一步提高，纪委监委查处案件的力度加大，"从严动真"的态势为中山供电局广大干部员工守住廉洁底线再次敲响警钟。

（二）推动能源转型

2021年3月11日，十三届全国人大四次会议表决通过了关于国民经济和社会发展第十四个五年规划和2035年远景目标纲要的决议，为我国今后的发展擘画了雄伟的蓝图。"十四五"期间，我国能源革命、电力转型将走向前台，这意味着传统煤电受淘汰落后产业力度加大的影响，投资会受到较大制约，发电占比将进一步降低；水电因在电力调峰中作用更加突出，投资开发尤其是抽水蓄能电站投资将稳步上升；核电投资建设节奏有望趋于稳定，发电占比得到相应提升；随着平价上网时代全面来临，风能、光能等新能源投资有望得到爆发性增长，发电占比将实现较大幅度提高。与此同时，氢能、燃料电池、化学储能等新型能源以及以充电桩为代表的电力替代业务将迎来突破性发展，成为电力投资与建设的又一片"沃土"。另外，建设集绿色、高效、智慧等于一体的综合能源系统将成为能源电力投资转型发展的重要方向。"十四五"期间，我国的电力结构将逐步由传统化石燃料电力为主向清洁低碳的可再生能源电力为主转变，电力业态更加丰富多彩。中山供电局将加强综合能源推广应用，进一步推动电能替代项目落地实施，擦亮"电力之光，绿亮中山"科普品牌。

（三）强化电网投资建设

当前，中山正强化市级统筹，整合优化产业空间布局，推进"3+4"重大产业平台建设，未来发展前景可期，负荷增长需求旺盛，必将为电网发展带来新契机。中山供电局要充分发挥好电力的先导作用，紧紧抓住"双区驱动"的历史机遇，重点强化电网投资建设，坚决把电网这个企业安身立命之本建好建强。

二、未来道路

中山供电局始终坚持以习近平新时代中国特色社会主义思想为指导，以推动高质量发展为主题，以满足人民日益增长的美好生活需要为根本目的，全面贯彻落实南方电网公司、广东电网公司战略部署，力争为广东电网公司决战决胜"全国最好"、中山市重振虎威做出新的、更大的贡献。

（一）确保安全生产局面

牢固树立安全发展理念，提升本质安全能力，切实将安全生产工作放在优于一切、重于一切的位置。强化设备运维管理，提升应急综合能力，增强网络安全防控能力，确保电网安全稳定运行，守住安全生命线，实现安全生产局面稳中向好。

（二）增强企业经营管理能力

深入推进提质增效，坚持苦练内功、挖潜增效，高质量完成各项经营指标任务。不断提升经营管理水平。坚持"过紧日子"，承接应用投资与效益挂钩机制，抓好成本费用精益管理体系试点建设，优化资源配置，统筹推进升级版的提质增效十个专项行动，全力实现稳增长目标。加强依法合规管理。扎实推进制度简明化，完善制度体系，提升制度实效。全面提升依法治企水平，推动政府成立电力行政执法机构。

（三）提升电力供应服务质量

加快打造现代供电服务体系标杆，不断提升"畅享每一度"品牌影响力，有力服务和支撑实体经济发展。大力优化电力营商环境，加强营销创新和精益化管理，提升客户电力获得感。

（四）推动电网高质量发展

围绕打造全市域智能电网的目标，做强做优电网，确保供电可靠性持续走在全国前列，有力服务中山经济社会发展。提升电网本质可靠能力，夯实大规划基础，提出电力设施与交通设施空间融合的技术要求，形成"十四五"交通道路与电力设施融合实施项目清单。继续提升配网规划"两个责任主体"的业务统筹能力，进一步优化配网规划工作流程及质量。打造坚强主网、灵活配网，优先解决重过载、低电压等问题。提升电网智能化水平，全面建成中山全市域智能电网示范区。坚持以"可靠性、先进性、经济性"为总抓手，充分总结光明、文山变电站两种技术路线试点经验，推进智能运维实用化工作，深化拓展输变配全电压等级智能技术应用场景。完善无人巡视相应规程规定，探索建立与新技术相匹配的变电生产管理模式。

（五）提升企业创新能力

大力实施创新驱动战略，加快推动数字化转型，牢牢掌握创新发展主动权。加大创新驱动力度，持续加强管理创新，通过对标先进、建章立制破解管理的痛点难点问题。大力推进数字化转型和数字电网建设，主动承接南方电网公司、广东电网公司试点工作，推进电网管理平台建设，深化应用"云大物移智"等先进数字技术，全面推广"南网智瞰"等应用，使新建系统上云率保持100%。按照"数字政府"改革建设总体规划，与中山市政务信息资源共享平台对接，实现政务信息资源共享，服务"数据中山"智慧城市发展战略。

（六）推动新兴业务和大集体企业又好又快发展

全面优化业务布局，强化核心资源整合，完成大集体企业"十四五"发展规划编制，实现大集体企业高质量发展。加快综合能源业务拓展，加大综合能源投资力度，落实广东电网公司"十四五"充电基础设施发展规划。提升科技创新服务和转化能力，打造集项目设计与实施、智慧用能、科技信息于一体的综合性企业。深化大集体企业安风体系建设，健全企业安全生产规章制度和技术标准，加强分包管理，夯实安全生产管理基础。推行"三基"工程建设，组织大集体企业整合自有施工力量，打造标准作业现场。指导监督大集体企业开展施工类企业承载能力分析评价及内控工作。科学调整凯能集团本部及子公司组织架构、经营管理层及管理岗位职数，清晰划分职责界面。全力推进集约化管理，充分发挥企业协同效应，形成采购、资源调配、财务管理、信息系统建设等工作的运作机制，提升大集体企业规范运营水平。

（七）建设高素质干部人才队伍

贯彻新时代党的组织路线，坚持党管干部、党管人才，努力打造高素质、专业化的干部人才队伍。全方位推进人事、劳动、分配三项制度改革。全面落实好南方电网公司、广东电网公司"五个一线、五个交流"干部选拔培养和实践锻炼机制。建立干部失职失责问责扣分机制，落实南方电网公司、广东电网公司干部能上能下管理细则。通过竞岗和公推机制,拓宽干部选拔培养通道。严格执行交流轮岗制度,加大供电分局敏感岗位轮岗力度。完善人才建库工作,加快培养年轻人才。多措并举激发人才活力,盘活人才队伍,制定局"十四五"人才发展规划,实施人才登高奖励机制,加强"精英、高潜、专项"人才培养,开展青年技能比武,推动和培养青年人才脱颖而出。优化专业技术岗位人员聘任,开展班组规范设置以及专业技术类岗位人员优化组聘上岗工作。加强员工职业保障体系建设,持续实施暖心工程、十件民生实事。大力弘扬劳模工匠精神,打造"360度智文化"竞赛机制。维护职工合法权益,常态化开展"贴心相伴、精准服务"活动,着力创建"37度家文化"品牌,增强员工归属感、幸福感、获得感。进一步加强职工之家建设,促进广大员工与企业共建美好家园。

(八)加强党的全面领导和党的建设

始终坚持党对国有企业的领导不动摇,切实把党的政治优势转化为企业发展优势。持续提升党的建设质量。强化科学理论武装,学懂弄通习近平新时代中国特色社会主义思想,落实好"第一议题"机制。强化党建带工建带团建,推动党建和工建融合见效,继续选拔优秀青年参加南方电网公司、广东电网公司"青马工程"。擦亮"书记有约·知行有为""摒弃'三性',强化'三精'""智慧党建"等党建品牌。落实意识形态责任制,牢固树立"管业务必须管业务领域的安全和宣传工作"的主责意识,落实基层党支部的政治理论学习。坚定不移推进全面从严治党。坚持严的主基调,压实各级领导干部管党治党的政治责任,提升政治判断力、政治领悟力、政治执行力。加大对巡视巡察整改、营商环境优化、重点工程建设、科技创新等方面的监督力度,确保中央及上级决策部署落到实处。紧盯重点领域、关键环节和重点人。持续完善监督体系,优化派驻监督模式,深化智慧监督应用,做深做实日常监督,促进各类监督贯通融合。加快构建"三不"机制,深化以案促改、以案明纪,进一步筑牢廉洁防线。提高政治巡察站位,做好巡视巡察整改工作。持续深入推进巡察五年规划工作,促进政治生态向好向优。加强保密教育检查,将保密工作纳入巡察内容,强化问题整改,守住不发生失泄密事件的红线。

中山供电局将坚持以习近平新时代中国特色社会主义思想为指导,抢抓机遇、奋力进取,立足新发展阶段、贯彻新发展理念,在新征程中展现新担当、新作为。

后 记

在中山供电局党委的领导和关怀下，经过全体编写人员的共同努力，《百年梦想　电亮中山》现已完成编写，不日将付梓出版。这是中山电力企业文化建设史上又一项丰硕成果。

近年来，中山供电局在实现高质量发展的同时，系统回顾、梳理、总结历史经验，出版了多本企业文化建设图书，以凝聚力量、鼓舞士气，激发职工的自豪感、责任感和使命感。

《百年梦想　电亮中山》一书是中山供电局上下通力合作的成果。该书以时间为纵轴，以专业领域为横轴，系统梳理自1921年建党以来中山电力的发展历程和取得的成就，涵盖党建领航、廉洁正道、队伍建设、电网建设、生产运营、安全生产、科技创新、客户服务、企业经营、文化铸魂、社会责任、特色品牌及未来展望等十三个方面的内容，是中山电力发展成果的集中展示。

2021年3月，中山供电局正式启动《百年梦想　电亮中山》书籍编写工作，从梳理已有丛书、确立编写方向、拟定图书框架、组建工作组，到具体推进图书的编写，每一步工作都倾注着编委们的心血。在大半年的时间里，共完成了对内容的8轮校核、修改、完善，最终定稿。

在本书编写期间，得到了中山供电局党委领导班子的悉心指导，得到了各部门的全力支持与配合；在挖掘史料的过程中，得到了局退休干部职工的倾力帮助，得以还原历史原貌；编写组在文字内容和照片素材的整理环节进行了严格把关，使全书图文更严谨。在此，谨向所有为本书编辑出版付出辛勤劳动的各部门、单位、个人表示衷心感谢！

在本书编写过程中，尽管我们做了很大的努力，但由于经验不足，水平受限，书中可能还存在不足和错讹之处，恳请读者指正。

谨以此书献给所有参与和关心中山电力发展与改革的先行者及后来人。